智慧交通场景中
车辆全息感知理论与技术

赵池航　著

人民交通出版社股份有限公司
北　京

内 容 提 要

本书以车辆全息感知理论与技术为主线，系统地介绍了智慧交通场景中车辆检测和车辆号牌、品牌、类型、颜色等全息感知技术，主要包括：基于鲁棒混合高斯模型的智慧交通场景中车辆检测方法研究、基于级联集成分类器的智慧交通场景中车辆品牌识别方法研究、基于深层网络融合模型的智慧交通场景中车辆类型识别方法研究、基于极限学习深度网络融合模型的智慧交通场景中车辆号牌识别方法研究、基于卷积神经网络模型的智慧交通场景中车辆颜色识别方法研究、基于联合特征的智慧交通场景中车辆异常行为的识别方法研究。

本书可作为交通运输工程、交通信息工程与控制、载运工具运用工程等专业研究生的教材，也可以作为高等院校、科研院所和企事业单位从事智能交通系统研究的工程技术人员的参考书。

图书在版编目(CIP)数据

智慧交通场景中车辆全息感知理论与技术/赵池航著.—北京：人民交通出版社股份有限公司，2020.11

ISBN 978-7-114-16882-6

Ⅰ.①智… Ⅱ.①赵… Ⅲ.①车辆—全息成象—感知—高等学校—教材 Ⅳ.①U270.9

中国版本图书馆 CIP 数据核字(2020)第 191502 号

Zhihui Jiaotong Changjingzhong Cheliang Quanxi Ganzhi Lilun yu Jishu

书　　名：智慧交通场景中车辆全息感知理论与技术
著 作 者：赵池航
责任编辑：郭　跃
责任校对：赵媛媛
责任印制：刘高彤
出版发行：人民交通出版社股份有限公司
地　　址：(100011)北京市朝阳区安定门外外馆斜街 3 号
网　　址：http://www.ccpcl.com.cn
销售电话：(010)59757973
总 经 销：人民交通出版社股份有限公司发行部
经　　销：各地新华书店
印　　刷：北京交通印务有限公司
开　　本：787 × 1092　1/16
印　　张：9.75
字　　数：223 千
版　　次：2020 年 11 月　第 1 版
印　　次：2020 年 11 月　第 1 次印刷
书　　号：ISBN 978-7-114-16882-6
定　　价：40.00 元

QIAN YAN 前言

移动互联网、大数据、云计算等新一代信息技术推动了智慧高速公路的跨越式发展。为提高我国综合交通运输网络效率，基于 ETC 门架的高速公路智慧收费系统建设成为高速公路交通系统工程的一项重要工作。在光照突变、不确定和随机等复杂场景条件下车辆信息（号牌、品牌、类型和颜色）的全息感知与分析成为智慧交通系统中精准采集信息的关键技术。为满足我国智慧高速系统的发展和智慧运输系统专业人才培养的需要，特撰写了该著作。

为适合交通运输工程、交通信息工程与控制、载运工具运用工程等专业研究生及本科生的教学要求，本书将基础理论、对比实验、结论分析等融入教学中，体现了交通运输工程领域研究生教学的特色，特点如下：①加强理论方法和基础知识教学，强化实验分析，符合交通运输工程领域研究生厚基础的人才培养需求；②探索智慧高速公路技术的发展前沿，内容引领高速公路智慧系统建设的发展方向；③内容简洁，理论分析透彻，逻辑性强，图文并茂，易于培养研究生的学习兴趣，提高其学习效率。

本书系统地论述了智慧交通场景中车辆全息感知理论与技术，具体内容如下：第 1 章论述了智慧交通场景中车辆感知技术的研究现状；第 2 章论述了基于鲁棒混合高斯模型的智慧交通场景中车辆检测方法研究；第 3 章论述了基于级联集成分类器的智慧交通场景中车辆品牌识别方法；第 4 章论述了基于深层网络融合模型的智慧交通场景中车辆类型识别方法；第 5 章论述了基于极限学习深度网络融合模型的智慧交通场景中车辆号牌识别方法；第 6 章论述了智慧交通场景中车辆颜色识别的卷积神经网络模型；第 7 章论述了基于联合特征的智慧交通场景中车辆异常行为的识别方法。

本书由东南大学的赵池航教授撰写，钟欣、连捷、党倩、张小琴、张运胜、陈爱伟、齐行知、张秋各、林盛梅、赵敏慧、张婧、钱倩、朱小艳、毛迎兵、钱子晨、化丽茹、郑有凤、李昊、吴德华、刘东杰、刘洋、覃晓明、吴加伦等参加了实验分析和资料组织工作。全书的编辑工作由人民交通出版社股份有限公司的郭跃老师负责。本书的撰写中，东南大学交通学院各级领导和同事给予了大力支持。在此一并谨致谢意。

限于作者水平有限，著作内容难以覆盖全国交通运输工程领域研究生教学的实际情况，书中难免存在不妥和错误之处，恳请广大同行、读者批评指正。

作　者

2020 年 8 月于南京四牌楼

MU LU 目录

第1章 绪论

1.1 研究背景及意义

为提高综合交通运输网络效率、降低运输成本、打通高速公路“堵点”，逐步取消收费站已成为高速公路经营管理的一项重点工作。2018 年 11 月，苏沪省际交通运输协作发展交流座谈会上，江苏省与上海市进一步商定了联合组织开展取消高速公路省(市)界主线收费站试点研究的事项。2019 年 5 月，国务院办公厅印发《深化收费公路制度改革取消高速公路省界收费站实施方案》(国办发〔2019〕23 号)，计划两年内基本取消全国高速公路省界收费站，实现不停车快捷收费。截至 2019 年 7 月 18 日，已有 25 个省份启动 ETC 门架收费系统建设改造工程。江苏省将率先取消与山东省之间的 5 个高速公路省界收费站，同步要拆除的还包括江阴、苏通的其他 5 座省内跨江大桥主要收费站；2019 年 7 月，河北省在新元高速郭村至拐角铺段安装完成首套 ETC 门架系统，这标志着河北取消省界收费站施工建设高潮大幕的开启。取消省界收费站对于方便驾乘人员出行、节省驾乘时间、提升驾乘人员安全等方面意义重大，这项工作的成功推广，将对我国高速公路管理品质是一次极大的提升。

同时，随着社会经济的快速发展，我国机动车数量迅速增长，逐年上升的刑事和治安案件成为平安城市的重大难题。随着科技强警战略和天网工程的实施，智能电子卡口和电子警察为公安管理部门有效打击各类违法犯罪行为提供了科技手段。电子警察具有自动取证车辆的通行行为、违法闯红灯行为和违反标志线停车行为的功能，并可以进行车牌自动识别，以实现电子警察式卡口信息监控；电子卡口具有车速检测、车牌识别、黑名单比对及报警等功能，是综合性的治安管理系统。目前，公安交通管理工作中仍然存在的难题是对假(套)牌车辆的自动辨识，公安交警管理部门亟需一种智能化的识别设备。传统的违法车辆查处是采用人工鉴别方法，公安干警根据电子卡口或电子警察拍摄的车辆图片与车辆数据库中的车辆资料进行比对，进而鉴别假(套)牌车辆。本研究团队研发的具有自主知识产权的“车辆预警及布控智能平台”可对电子警察和电子卡口提供的海量数据进行批量处理，自动对假(套)牌车辆进行辨识及布控，可有效地提升公安交通管理部门的工作效率，维护正常的车辆管理秩序。

光照突变、不确定和随机等智慧场景中车辆全息(包括号牌、品牌、类型和颜色)的智慧感知理论与方法是智慧交通系统中的一项核心技术，但尚未有可适用于光照突变、不确定和随机等智慧交通场景中车辆的全息感知与分析理论和技术；机器视觉、深度学习和模式识别等人工智能技术的发展为车辆全息(包括号牌、品牌、类型和颜色)智慧感知提供了新的解决方案和途径，鉴于此，本书论述了智慧交通场景中(光照突变、不确定和随机等)车辆全息感知与分析理论和技术，研究成果可应用于 ETC 门架智慧收费系统、假(套)牌车识别系统和车路协同等智慧交通场景中。

1.2 研究现状分析

1.2.1 车辆感知技术的研究现状

国内外高校、科研机构和公司纷纷投入大量的资金研究基于视频的智能交通系统。2011 年,Crouzil A. 等人在文献[1]中明确地指出国际上已经存在比较成熟的基于视频的高速公路车辆检测分析系统,这些成熟的系统主要包括美国明尼苏达大学交通工程系研究的 Autoscope 检测系统[2]、法国研究的 Citilog 检测系统[3]、英国研究的 Ipsotek 检测系统[4]、奥地利研究的 Kapsch Traffic Com 检测系统[5]和比利时的 Traficon 检测系统[6]等;国内在智能交通系统的研究虽然起步较晚,但发展较快,主要有中科院自动化所、中国科技大学、浙江大学和上海交通大学等高校及科研机构从事这方面的研究。为了提高智能交通系统 ITS 的性能,国内外学者目前主要致力于精确、实时的车辆检测和车辆计数算法研究,并取得了大量的研究成果。车辆检测是 ITS 的基本步骤之一,也是基于视频的车辆信息参数提取的第一步,车辆前景目标检测方法主要有车辆特征检测方法(bottom-up)和基于背景模型的车辆检测方法(top-down)[1]两种。

1) bottom-up 方法

车辆特征检测方法也称为自下而上的检测方法(bottom-up 方法),该方法一般先收集目标样本并提取样本的特征(如颜色特征、对称性、轮廓特征、纹理特征等),然后对样本进行学习,并通过机器学习的方法(如特征距离度量,聚类,分类器)遍历图像检测车辆目标。2007 年,Tsai L. 等首先收集车辆和非车辆的样本图像,然后用样本的颜色特征训练贝叶斯分类器,在检测的过程中,首先采用贝叶斯分类器判断一张新图像的每一个像素点是否属于车辆而粗略得出图像中车辆可能区域,然后根据车辆的 Wavelet 特征和 Corner 特征在车辆可能区域遍历检测车辆目标[7]。Chen Y. 和 Zou Q. 等于 2011 年和 2015 年在文献[8,9]中利用交通场景夜间车灯的灰度值明显高于该场景其他区域,采用车灯的对称性特征和距离特征检测车辆,并通过时间空间特征聚类方法对摩托车和机动车辆进行粗略统计。2012 年,Wu B. 等在文献[5]中提出了一种自适应车辆检测方法,该方法首先通过直方图均衡方法去除光照和天气状态对图像的干扰和噪声,然后采用 RGB 图像不同通道图像差值直接判断车辆候选区域,并根据车辆候选区域的融合和分离机制检测车辆,最后统计各种光照和天气环境条件下的车辆数量。李叶等于 2013 和 2015 年在文献[6-8]中提出基于"与和图"模型,采用车辆的车窗边缘、车尾车灯、车牌颜色、轮廓和纹理等特征检测拥堵交通场景中的车辆。2008 年,王基真等在局部特征中采用 PCA 和 ICA 技术,并利用统计的方法检测车辆[9]。Feris R. 等[10,11]在 2011 年和 2012 年通过收集不同方向的 RGB 车辆图像,利用车辆图像不同颜色通道的 harr-like 特征训练分类器,采用训练好的分类器检测车辆并统计车辆的数量。2015 年,唐勇等基于车辆的 harr-like 特征和 Ada Boost 分类器检测车辆[12]。为了提高车辆 harr-like 特征选择效率,Wen X. 等于 2015 年结合 Ada Boost 和样本特征值提出了一种选取 harr-like 特征的快速方法,采用支持向量机(SVM)检测车辆[13]。2016 年,杨刚等采用梯度直方图(HOG)

特征和 AdaBoost 分类器区分车辆和非车辆区域[14]。为了提高基于特征方法检测车辆的实时性,2016 年,庄小斌等结合改进的 harr-like 特征和级联分类器提出了一种快速的车辆检测方法[15]。随着人工智能技术的发展,车辆的特征选取和分类器的选取越来越丰富,通常采用的学习分类算法主要包括神经网络、SVM、Adaboost、决策树、随机森林、Deep learning[16]、Probabilistic machine learning[17]、Reinforcement learning[18]以及这些学习算法的改进级联合方法,但是,将 bottom-up 方法用于前景检测有很多不足,需要大量的时间收集全面的样本(包含不同形状、颜色和纹理等信息的车辆样本)和训练分类器,采用遍历方法检测车辆的计算复杂度较高,同时车辆检测的稳定性和有效性也较低,无法满足复杂城市交通场景中车辆实时检测的需求。

2)top-down 方法

top-down 方法是基于背景模型的车辆检测方法,也称为自上而下的检测方法,该方法主要是通过对部分视频帧的学习和分析,找出历史帧与当前帧的差别,或者通过对历史帧的学习建立背景模型,并且通过求当前帧与背景模型差别来判断前景目标。目前经典的 top-down 前景目标检测方法主要有帧差法,光流法和背景差法。帧差法也称为时间序列差分方法,主要包含两帧差法[24,25]、三帧差法[26]和背景差方法[27]。帧差法的优点是计算速度快,两帧差法对缓慢光照不敏感并且能处理动态环境,但由于前景物体运动的速度存在快慢差别[28],从而导致两帧差法的前景目标检测出现"鬼影"或"空洞"现象。三帧差法和两帧差法与背景差方法虽然在"鬼影"和"空洞"问题上有一定程度的改善,但由于阈值需要人工确定而不具有自适应性,且在复杂的环境中不能提取完整的前景目标,因此在实际的工程问题中较少采用帧差法。光流法[24-27]及其改进方法能在动态场景下检测出独立的运动目标,然而光流法对光照变化和环境变化极为敏感,且光流法采用迭代计算,计算复杂度高,难以实现城市交叉路口场景视频中车辆目标的实时检测。背景差法也称背景模型法,其检测效果依赖于所建立背景模型的准确性。背景模型既要准确地检测出前景目标,又要能适应周围环境及光照条件的变化,因此准确的前景目标检测要求背景模型同时具有灵敏性、鲁棒性和自适应性。背景模型法是一种有效的前景目标检测方法,也是在前景目标检测的实际工程应用中主要采用的方法。近 10 年来,各种不同的新背景模型被提出来,背景模型方法相关的综述、评论和对比研究从不同的应用角度对各种方法进行了详细的分析和评价[28-35]。背景模型方法都有相同的步骤,即首先使用第一帧或者先前的一些帧建立背景模型,随后比较当前帧与背景模型获得前景物体,最后为了适应环境变化而更新背景模型。背景模型方法按照处理区域的不同,可以分为基于像素、基于区域和像素及区域混合 3 种类型;按照时间发展,分为传统背景模型和现代背景模型;按照背景模型表达的形式,也有文献将背景模型分为参数背景模型和非参数背景模型。

常用的背景模型包括参数背景模型、非参数背景模型和近期发展起来的其他新背景模型。高斯模型及其改进模型是一类经典且广泛应用的参数背景模型,Wren 等[36]于 1997 年基于像素点高斯分布建立单高斯背景模型,但是单高斯模型的更新效率低,不能处理实际的动态场景。为了消除水波或者树叶的摆动等动态环境对背景模型的影响,Stauffer 和 Grimson 于 1999 年和 2000 年通过 K 个高斯函数为每一个像素点建模,从而提出了混合高斯背景模型(GMM)[37,38],混合高斯背景模型能很好地处理光线的缓慢变化和背景中有规律的动态场景;随后,Stauffer 和 Grimson 基于在线 EM 算法初始化背景参数,对混合高斯模型进行了改进,然而改进后的混合高斯模型非常耗时。为了应对不同的应用场景和提高算法的性能,学者们先后从不同的角度改进了 GMM,并提出了一些改进的 GMM。2005 年,Lee[39]通过为每一个高斯模型设计一种自适应的学习率来提高算法的收敛速度,且不影响算法的稳定性。2006 年,Zivkovic[40]提出了一个动态决定每个像素点高斯模型个数的策略,得到了算法处理速度显著改善的自适应混合高斯背景模型。2007 年,Zhang 等结合时间空间信息提出了时间空间混合高斯模型来处理复杂的运动背景[41]。2011 年,Lin 等基于高级反馈,得到不同的学习率来均衡背景模型的鲁棒性和前景检测的灵敏性[42]。2013 年,Dibyendu 等结合多尺度分解,提出了一个新的、改进的混合高斯背景模型,而提高了模型的性能[43]。2013 年,Liu 等[44]基于每一帧图像的性质和数据驱动原理,得到了一个新的、自适应的混合高斯背景模型。2014 年,Munir 等为了克服学习率的设定问题,提出了一种新的局部在线和自适应的机制来自动选择学习率,通过自动学习动态场景得到相应的学习率[45]。为了有效地处理光线的突然变化场景和阴影问题,2014 年,Chen 等[46]提出了在线自适应混合高斯模型并加入了光线变化因素到混合高斯背景模型中,从而处理光线突然变化的场景。为了提高 GMM 算法的速度,Claudio 于 2014 年提出了两种整数计算技术来更新混合高斯背景模型的参数[47]。为了有效处理动态场景和光照变化,2016 年,Azzam 等[48]结合 RGB 和像素的不确定统计建立了空间全局混合高斯模型。2016 年,Xia 等[49]提出了时间空间改进混合高斯模型处理动态场景和检测阴影。为了解决混合高斯模型浮点数和除运算在 FPGA、SOC 等硬件操作执行困难的问题,Chen 等[50]于 2016 年提出了一种定点混合高斯模型,该模型能很好应用于智能相机及其他便携式智能监控设备。

也有很多统计背景模型算法是基于混合高斯模型的思想提出的,2011 年,Faro A.[51]提出了一种自适应混合泊松模型。2014 年,Tarek E. 等[52]利用非对称的混合高斯模型来增强处理真实动态场景的鲁棒性和灵敏性。Haines T. 等[53]于 2014 年提出了一个基于块的连续调整参数的狄氏过程高斯混合模型。混合高斯背景模型及其改进模型,由于对于各种周期变化、光线逐步变化和多模态背景的鲁棒性,被看作是一种在实际应用中有竞争力的经典背景模型,然而,选择合适的学习率来平衡背景模型的鲁棒性和模型的灵敏性依然是一个关键和急需解决的问题。在真实的城市道路交叉路口场景中,交通参与者(车辆、行人)以不同的速度移动,甚至时而开始移动、时而突然停止,因此,如果混合高斯模型的学习率太高,缓慢移动的前景物体会破坏模型的背景;如果学习率太低,将要用很长的时间在物体突然“醒来”或者“入睡”的区域得到一个合理的背景模型。

核密度估计算法(KDE)[54,55]是常用的非参数背景模型算法。参数背景模型能有效刻画的平稳变化或者一定限度变化场景,但是在动态变化或者是非平稳的场景中,背景不能用参数模型描述,而使用 KDE 方法采用最近的样本为每一个像素建立一个背景概率模型能克服这个问题。2014 年,Spampinato C.[56]提出了一种在极端条件下以纹理为基础的 KDE 背景模型,但这类背景模型计算非常耗时,并且不能处理缓慢移动和多模态的场景。另外一类常用的非参数背景模型算法是 Kim 等于 2005 年提出的 Cookbook 模型[57],该模型中的每个像素背景模型通过一系列的数码来表示。2010 年,为了处理动态背景,Wu M. 等人将时间和空间信息引入 Codebook 算法[58]。2013 年,Guo J. 等提出了一个多层次的 Codebook 模型移除许多动态背景,该改进算法的效率显著提高[59]。2015 年,Shah M 提出了一类自适应参数 Codebook 模型,但是基于 Codebook 的算法,没有机制来处理缓慢移动或者短暂停留的前景物体[60]。

近年来,随着智能技术的发展,国内外学者提出了一些新的高效非参数背景模型。Maddalena 等在 2008 年借鉴神经网络的特点,将背景模型中的像素映射到模型的多个位置,运用像素的邻域空间关系更新方式,提出了一种自组织神经网络的背景差分算法(SOBS)[61];随后他们又在 2013 和 2014 年分别提出了基于时间和空间的、能够有效处理动态背景模型及一些光照变化场景的改进 SOBS 算法[62]和改进的 3dSOBS + 算法[63]。2006 年,Wang 等基于背景样本的一致性,提出了一个基于统计样本一致性的背景模型(SACON),并利用颜色信息和运动信息检测前景目标[64]。在 2009 和 2011 年,Barnich 等基于像素点提出了一种称为 ViBe 的非参数背景模型[65-66],在模型更新时随机选择替换背景样本,同时随机选择邻域像素更新该像素邻域背景样本。2013 年 Hofmann 等[67]结合 SACON 和 ViBe 各自的特点和处理视频监控场景的优势,在这两个算法的基础之上建立了基于像素点的自适应反馈分割背景模型(PBAS),该方法在前景检测的性能上相对 SACON、ViBe 及其他背景模型算法得到了很大的改善。Han G. 等于 2014 年通过人类视觉系统(HVS)确定分割阈值 R,结合 HVS 和 ViBe 得到了一个自适应的距离阈值 ViBe 算法[68]。2014 年,Yin B. 等根据像素值的动态变化确定分割阈值 R,提出了一种改进的 ViBe 动态场景对偶模型[69],该算法利用一帧视频序列初始化背景模型,从而减少了背景初始建模的过程,有利于处理场景突变的情况。为了处理光照突变场景,Cheng F 等于 2015 年基于 ViBe 方法初始化的优点[70],通过熵的变化判断场景中光照突变化,然后重新建立背景模型。为了提高 ViBe 算法的准确性,2015 年,Huang W. [71]加入时间图机制到 ViBe 算法中,通过时间和空间信息,提高算法的鲁棒性。这些基于 ViBe 的算法在城市道路交叉路口场景中依然不能达到满意的车辆检测效果。

Sigma-Delta 背景模型算法[72]是 Manzanera A. 等于 2007 年提出的另外一类计算速度较快的非参数模型,该算法运算过程中只用到简单的加法、求绝对差和比较运算。在 2009 年到 2013 年之间,Manuuel V. 等基于 sigma-delta 背景估计算法,提出一系列改进的算法来处理城市交通的场景,在文献[73-76]中提出了带有置信度的 sigma-delta 背景估计算法,为背景模型中的每一个像素点引入一个置信度,建立一个适当的机制更新置信度,并在交通场景适合更新的时刻做出更新该像素点背景模型的决定。这种算法保持了处理城市交通场景时原有 sigma-delta 算法的计算效率而提高了背景模型的鲁棒性,改进算法能有效地检测停止的车辆,结合原始 Sigma-Delta 背景算法得到交叉路口的交通参数信息。尽管这些改进算法能够有效地检测到前景物体,然而改进的算法仍然容易受到城市道路交叉路口场景中噪声、光照、动态场景和频繁背景变化等因素的影响。

虽然近年来学者们提出了一系列优秀的背景模型方法,然而找到一个通用的、鲁棒的城市道路交叉路口场景中车辆与背景的分割方法依然是一个公开的挑战,没有一种适应所有场景的背景模型方法。面对真实的城市道路交叉路口场景,除去一般视频监控场景所要面对的困难[38-40],例如:图像噪声、背景模型的初始化、传感器抖动、动态背景和阴影、运动物体和背景颜色相似、自然光照变化等,还要处理城市道路交叉路口场景中特有的问题,例如:车辆缓慢移动或短暂停留和交通灯的颜色变化带来的场景光照变化、车灯光在地面的反射、车灯光照的随机变化带来的频繁局部光照突变问题。Manuuel V. 等基于改进的 sigma-delta 算法,研究了城市道路场景中车辆缓慢移动或短暂停留问题,而对于城市交通灯光照射突变且频繁变化的城市交通场景的处理研究很少,背景模型光照突变的研究主要集中在一般的生活中偶尔发生光照突变的场景(如室内开灯或关灯)。混合高斯模型能处理轻微的光照变化,2013 年,Li D. 等调整混合高斯模型的学习率和更新策略,处理光照的缓慢变化或突变,但是调整学习率会使缓慢移动或者停止的车辆快速进入背景模型,从而导致错误的车辆目标检测[77]。为了处理视频监控场景中不同的光照变化,Cheng F 等在 2011 年建立了光照明暗 2 个 sigma-delta 背景模型,并通过熵理论评价光照变化选择对应的 sigma-delta 背景模型[78]。Li J. 等在 2012 年为了处理光照变化,建立分别代表不同光照条件下的背景模型的两个混合高斯模型,通过马尔科夫随机场决策理论来得到最优的前景检测结果[79]。Choi J 在 2012 年结合光照改变模型、色度差模型和亮度模型检测光照变化条件下的前景物体[80]。Luo Y. 于 2015 年基于结构背景模型提出了一种新的光照变化条件下的前景目标检测方法,通过光照变化的感知来设置明暗两个候选背景模型,以更新当前的背景模型[81]。2016 年,Mahmoudpour 等为了解决光照突变时背景模型的更新,使用两个背景模型和快慢自适应学习率得到快速光照补偿,背景模型基于补偿增益值选择性的更新背景模型[82]。这些多层次的背景模型要求有效地评估光照变化以训练一组背景模型,在各种监控场景状态下,根据光照评估的结果选择合适的背景模型,然而在实际的工程应用中对光照变化的准确评估也是一个难题。

为了在光照变化条件下准确检测前景目标物体,2011 年,Dong 等介绍了一种使用多重特征空间和主成分分析(PCA)获取和学习不同光照条件的自适应检测方法[83]。2012 年 Vosters 等人结合 PCA 得到的特征背景和统计光照方法解决光照变化[84]。2015 年,López-Rubio 不假定任何情况的光照变化条件,通过计算检测帧和背景模型结构的相似性和局部颜色的光滑定量估计来处理光照变化场景[85]。2016 年,Delibasis 等[86]结合已经提出的优良特征和最新的背景模型方法(GMM、SOBS 和光照敏感方法)处理两种完全不同类型的室内光照场景。2016 年,Kim 等人基于局部区域奇异值分解(SDV)的最大奇异值能为构建光照不变特征空间提供有用信号的思想,定义了一类局部特征,提出了一类新的背景模型光照处理算法[87]。2016 年,Holtzhausen 等[88]提出了光照不变量和颜色模型相互作用的交互模型。2006 年,Heikkila 等[89]根据局部二值模式 (LBP) 特征对光照变化有一定的容忍性和特征计算复杂度低的特点,通过 LBP 直方图建立统计背景模型,从而区别前景和背景。2010 年,Liao 等[90]提出了一种新的、被称为尺度不变局部三元模式(SILTP)的纹理特征,通过模式核密度估计的方法建立背景模型。2014 年,Yeh 等提出了一个由粗到精的均值纹理特征,然后基于区域建立一个处理光照变化的高效背景模型[91]。2015 年,Davarpanah 等[92]提出了一个背景 LBP 纹理特征,然后基于该特征设计了一个能有效处理大量光照变化的背景模型。2015 年,St-Charles 提出了一个局部二元相似模式(LBSP)纹理特征[93],基于颜色特征和 LBSP 纹理特征建立背景模型,模型能有效地处理光照变化条件下的前景检测。通过对上述文献的分析,对光照突变的处理主要方法有建立不同光照条件下的背景模型和寻找光照的不变特征两种方式。光照条件变化快,建立光照变化的多个模型并不能全面准确地反映真实的光照场景,而寻找光照不变条件的方法又严重影响前景检测的实时性。因此,在光照突变的条件下,寻找一种实时准确前景检测方法依然是一个非常困难的问题。

通过对国内外背景模型和前景检测的研究现状分析,视频监控场景的前景提取算法越来越丰富,每年都有大量的背景模型和前景检测方法被提出。交通场景是视频监控场景中较为普遍的一种场景,因此其他视频监控场景的经典优秀算法也可以作为研究交通场景的一种借鉴。目前在不同交通场景中对车辆的检测取得了一定的成果,特别是在高速公路场景中对车辆的检测已经非常完善,然而,高速公路场景的车辆检测方法并不适合复杂城市道路交叉路口场景的车辆检测,具体城市道路交叉路口场景更为复杂,各种不确定的随机场景,例如车辆的缓慢行驶或者短暂停留和各种光照引起的场景光照缓慢变化或突变现象,还有待进一步深入研究。通过控制理论和其他计算方法准确地定义和度量车辆的缓慢行驶或者短暂停留建立自适应的背景模型,通过寻找光照不变的特征来处理光照突变建立灵敏鲁棒的背景模型,都是未来城市交通场景和城市道路交叉路口场景背景模型研究的趋势。

1.2.2　车辆品牌感知与识别技术的研究现状

目前有很多基于计算机视觉的车辆分类的研究,但是这些分类技术仅仅局限于区分不同类型的车辆,如小汽车,公交车和载货汽车等。近年来有效识别车辆信息的需求对识别车辆品牌和型号的技术研究显得日益迫切。目前商业上的车辆识别主要是对车牌进行识别,但根据相关报告,目前道路上存在的很多假牌及套牌车辆严重影响了公共安全。对车型进行识别可以提升通道控制系统(ACS)的可靠性,例如将自动车牌号码识别和车辆品牌及型号识别相结合,自动识别车辆的视觉信息(包括车辆品牌、型号和颜色信息等)。车辆品牌及型号识别是一项比较新的技术,该技术的基本思路是提取车辆图像的合适特征,之后根据车辆特征进行车辆品牌和型号的识别。许多关于车辆分类的研究是基于车辆结构3D可变模板的车辆笼统分类(将车辆分为小汽车,公交车和大型载货汽车等),Ferryman[94]使用主成分分析(PCA)描述人工抽样几何数据,表征车辆3D结构可变模板。将该模板与车辆图像进行匹配,恢复车辆位置及结构后可进行不同类型车辆分类。Wei et al[95]对可变模板匹配进行了更深入的研究,他们使用多层神经网络来实现基于模板的车辆分类。

目前与车辆品牌及型号识别直接相关的论文还比较少。Petrivic[96,97]提出了一种基于图像梯度特征的车辆识别技术,包括引入直接梯度描述及统计映射等多种特征描述方法,来描述车前脸感兴趣区域(ROI)特征,获得车前脸特征后使用最近距离分类法进行车辆识别。Munroe 和 Madden[98]采用机器学习分类技术进行车辆品牌和型号识别,首先使用腐蚀操作及 Canny 边缘检测算子提取特征向量,之后使用不同的机器学习分类器进行车辆品牌和型号的识别。Dlagnekov[99]和 Zafar 等[100,102]使用尺度不变特征变换(SIFT)研究车辆品牌和型号识别问题,识别车辆图像中感兴趣点后进行图像匹配。Zafar 等通过将 SIFT 关键点检测限制于查询图像,并选取具有最大似然估计面积的候选图像点的尺度不变特征转换(SIFT)描述子进行匹配。作为对 Dlagnekov 工作的延伸,Anthony[102]用能够表征轮廓线的特征代替尺度不变特征转换(SIFT)特征,首先提取车辆后部图像边缘,然后通过使用条形直线检测算法将边缘延展至直线段,最后进行图像匹配以实现车辆识别。Zafar 等[103]提出了使用二维线性统计判别分析(2DLDA)[104]进行车辆品牌和型号识别,2DLDA 可以最大化不同类之间分散度与同类之间分散度的比例,这种方法显著优于之前提出的基于主成分分析(PCA)的方法。Kazemi 等[105]对比分析了快速傅里叶变换(FFT)特征、离散小波变换特征(DWT)和离散 Curvelet 变换特征进行车辆识别。Rahati 等[106]以图像 Contourlet 变换特征替换 Curvelet 变换进行车辆识别,作为对 Rahti 方法的延伸,Zafar[107]将限定子带内 Contourlet 特征作为车辆特征进行识别。Negri [108]使用面向轮廓点的选举算法进行不同种类车辆识别,这种方法在交通拥堵情况下尤为有效。Zhang[109]将 PHOG 特征和 Gabor 变换用于车辆特征描述,并使用随机森林(Random Forest)及旋转森林(Rotation Forest)进行分类器集成,同时赋予分类器的“拒识”功能,提高了分类可靠性。

国内相关研究人员也进行了车型识别技术的研究,如按尺寸及外形对车辆进行分类,杨文强[110]和季晨光[111]通过对车辆进行边缘提取,获取车辆外形几何特征进行车辆分类。也有学者主要专注于对车前脸每个部分特征提取的研究,如王枚[112]首先分割出车灯区域,然后使用图像的不变矩距离分类器在车标确定的车系中进行车灯识别。姚源[113]将车前脸分割成前照灯、散热器栅栏等区域,并分别描述其形状特征,车辆前脸外形特征可以作为车型识别的基础。马蓓[114]提取了车前脸图像灰度共生矩阵特征(GLCM),并使用最小距离分类器进行车型识别。何得平[115]和赵英男[116]通过对车辆进行 Gabor 滤波获取车辆 Gabor 特征识别车型大小。

纵观目前关于车辆品牌及型号识别的研究发展进度,设计出能够有效及时识别车型的系统仍是一项富于挑战性的工作。车型识别问题可被当作一个多值分类问题处理,在模式分类中又有两个重要问题需要解决,即特征描述和分类器设计。一个合适的车辆特征描述子应当能够区分不同品牌及型号的特点。近年来,计算机视觉的发展为我们提供了许多现成的特征描述子来处理图像分析问题。在众多的特征描述方法中,我们选择使用已经成熟应用于行人检测的 HOG 特征[117],它通过计算每个小区间的梯度方向和幅值,并在更大的区间上进行梯度直方图归一化,将所有区间的梯度直方图串联起来得到特征向量。Contourlet 特征作为第一代小波变换特征的延伸,能够对图像进行多尺度多方向的解读,是另外一种被广泛应用于图像识别的特征。

有了合适的图像特征描述子,车型识别系统可以通过使用分类算法完成。机器学习提供了大量先进的模式识别算法,包括支持向量机(SVM)[118]、神经网络[119]、集成分类器[120,121]及随机森林[122]等。集成分类器可以包含多个基分类器,如决策树和多层神经网络(MLP),即使用相同的多个基分类器处理输入样本。对于输入样本,集成分类器中每个基分类独立地对其进行识别,最后根据所有基分类器的结果进行综合判断,如使用多数投票表决的方法决定测试样本的最终类型。集成分类器的代表有 Bagging, AdaBoost 和随机子空间[123]等。最近,有一种基于主成分分析(PCA)被称为旋转森林的分类器集成方法被提出,它能够在提升基分类器多样性的同时保证系统的精确度,首先对随机分割的特征子集进行 PCA,并使用每个特征子集的 PCA 系数构建旋转矩阵,实验证明这种方法的效果优于其他几种分类器集成。

车型识别的精确度是学者们普遍追求的目标,他们致力于提出降低误识率的方法。但是在很多场景中例如监控场景,引入带有“拒识”选项的分类器来提高系统的可靠性显得更为重要,即放弃对某些不确定类型的样本识别。例如,公安部门需要鉴别某一时间点的盗牌车辆，当误识的代价比较高时，自动识别系统拒绝对置信度不高的样本进行识别，并将这些样本留给人工进行详细的处理。可靠的识别系统允许特定领域知识和专家对分类器决策时施加额外的压力以控制精确度。尽管具有“拒识”选项的分类器近年来一直是模式识别中研究的热点[124]，并且已经有一些模型被提出[125]，但提升系统识别的可靠性依然是研究的难点。

1.2.3 车辆感知与类型识别技术的研究现状

国内外很多专家对基于视频图像的车型分类技术展开了深入的研究，车型分类方法的不同主要在于车辆图像特征提取方法和模式识别方法的选取。

车辆的特征的研究主要包括：车辆的几何特征、代数特征、矩特征、变换系数特征和特征点特征。Mithun N C[126]、Wang W[127]. 和 Tao J [128]分别提取了车辆的高度、宽度和长度特征，Zhan W[129]提取了车辆的面积特征，Clady X[130]提取车辆正面图像的几何特征，由于噪声的影响，车辆的几何特征只能粗略地对车辆进行分类，准确率偏低。Arróspide J[131]使用HOG 作为车辆特征对车型分类，但 HOG 特征的计算代价大，并不适合实时应用场合，同时 HOG 只适合目标检测领域，而不适合分类。陈爱斌[132]使用 PCA 方法和加权 LDA 方法对车辆图像进行降维处理，然后利用降维后的数据作为车型分类的特征数据，达到了较高的车型识别精度，但多次的 PCA 运算使算法的实时性变差，不利于实际应用。牟雪娇[133]提出基于车辆图像的奇异值特征车型识别方法，该方法的车型识别精度和算法的实时性都不高。田保慧[134]和 Wang S [135]利用矩变量的旋转、平移和比例变化的不变性，采用车辆轮廓的不变矩特征组合作为车型分类的特征。

Kazemi 等利用快速傅里叶变换、离散 Curvelet、离散 Wavelet 变换、Contourlet 变换和 Garbor 小波变换的特征，以单独或者组合的方式提取车辆特征[136-138]。Zhou[139]用隐马尔可夫模型识别方法对车型分类，将同一车型的不同车辆图像特征点训练单个隐马尔可夫模型，并且每个可选的隐马尔可夫模型代表一种车型。陈爱斌在提取车辆图像的特征后，采用 KNN 与 SVM 相结合的分类方法，该方法只需要较少的 SVM 训练样本数，提高了训练测试的速度。Du[140]提取了车辆的 Harris 角点特征作为车型分类特征，Nag 等中采用 SIFT 特征点作为车型识别特征[141-144]，但 SIFT 特征的维数较高，从而导致识别计算复杂，且车型识别率低，识别种类少，Jang[145]采用类似 SIFT 的思想，通过快速 Hessian 矩阵检测特征点和积分图像减少计算时间的 SURF 特征，提出了基于 SURF 特征描述算法的车型实时识别系统，然而车型的识别率较 SIFT 没有明显的提高。

目前，车型分类的模式识别方法有很多，但分类方法的关键主要在于特征的选取，Mithun 在提取车辆的几何特征后，采用 KNN 的方法对 7 种车型分类，取得了很好的效果。Du 计算待识别车辆与标准轿车、大型客车和载货汽车样本之间 Harris 角点的 Hausdorff 距离，该距离最小的车被判定为相同类型。最小距离匹配法的缺点在于受样本的随机噪声影响很大，尤其是样本在特征空间有重叠出现时。Nag 在提取车脸图像的尺度不变特征后，用概率神经网络(PNN)作为分类器[146]。

除了采用传统的特征提取和模式分类结合的方法，近年来很多车辆分类都采用深度神经网络，该类方法并不需要人工提取特征，而是设定网络参数自动学习特征和自动分类。

2015 年,Rong[146]提出利用自动稀疏编码器生成卷积核,利用该卷积核生成卷积特征,之后进行池化操作,重复该步骤得到深层网络框架,达到车型分类目的的方法。Dong 等[147]基于车辆正面图像,提出一种半监督卷积神经网络模型,引入稀疏拉普拉斯过滤器对无标签数据进行学习,仅使用一小部分数据用于分类层 Softmax 函数训练。2017 年,Wang J et al.[148]使用深度迁移学习对车辆图像进行车型分类,建立一个既可用于网络图像又可用于监控图像的卷积神经网络模型。2018 年,Chen 等[149]基于车尾图像提出卷积神经网络行分类模型,将车辆尾部图像归一化为 32 ×32 送入神经网络中进行车型分类。

1.2.4 车辆号牌感知与识别技术的研究现状

车辆号牌的唯一性决定了它的重要性,车辆号牌自投入使用以来持续得到学者们的广泛关注,国内外研究机构及学者相继开展了车辆号牌的感知与识别技术方面的研究。

1)车辆号牌的国外研究现状分析

近年来,国外研究机构及研究学者仍致力于车辆号牌的感知与识别技术的研究,并取得了一系列研究成果。2006 年,Naito 等提出了一种鲁棒性的车辆号牌识别的方法[150],该方法采用宽动态范围传感系统,将处于不同曝光条件下拍摄的车辆图像进行扩展,以扩大图像的动态范围,同时为了避免图像模糊,采用电荷耦合器捕获图像,并基于在不同光照条件下获取的 1000 辆车的图像进行了车辆号牌字符识别性能测试,常规车辆号牌识别率达到 99%,极度倾斜车辆号牌识别率达到 97%。2006 年,Anagnostopoulos 等基于自适应图像分割算法和连通量分析提出了一种车辆号牌识别算法[151],该方法采用一种新型自适应图像的算法分割技术和连通分量进行车辆号牌定位与字符分割,并采用 PNN(Product-based Neural Network,概率神经网络)对车辆号牌字符进行识别,该方法总体准确率为 86.0%,但实验结果受到距离、视角光照以及背景复杂度等条件影响较大。2008 年,Caner 等提出了一种基于现场可编程门阵列车辆号牌识别系统的视频处理方法[152],该方法采用 Gabor 滤波器、阈值设置和连通域标记算法获取车辆号牌区域,将车辆号牌区域分割成独立的字符,并采用自组织映射神经网络进行字符识别。2014 年,Ashtari 等提出了一种基于新定位方法的车辆号牌识别系统[153],该方法首先基于改进的模板匹配法,通过分析目标颜色像素来定位车辆号牌,然后利用滤波器消除图像噪声并改善图像质量,将图像二值化进行字符分割,最后采用具有同质的五次多项式核和一站式策略的支持向量机对车辆号牌字符进行识别,该方法车辆号牌识别准确率达到 94%。2017 年,Bulan 等提出一种自动车辆号牌识别方法[154],该方法首先采用 SNoW(Sparse Network of Winnows)分类器提取车辆号牌区域候选区,然后采用卷积神经网络对该候选区进行筛选过滤,若车辆图像为通过车辆号牌区域置信度测试,则被进一步分类以确定车辆号牌定位失败,最后对获取的车辆号牌区域采用基于隐马尔可夫模型的概率推算方法进行字符分割与光学字符识别。2017 年,Kim 等提出一种基于深度卷积神经网络的车辆号牌识别方法[155],该方法基于多任务学习,设计了 DCNN(Deep Convolutional Neural Network,深度卷积神经网络),该网络结构同时包含车辆号牌存在判断层和字符识别层。2018 年,Khan 等提出一种基于多特征的车辆号牌识别方法[156],该方法首先从 CIE-Lab 空间中选择亮度通道,对选择通道进行二进制分段,并进行分割处理获取车辆号牌区域,然后采用基于熵算法对方向梯度直方图特征和几何特征进行融合,最后使用支持向量机进行分类。

2018 年,Montero 等提出一种智慧交通场景下的自动车辆号牌识别算法[157],该方法首先进行车辆号牌检测和字符分割,然后基于 K-最近邻算法对车辆号牌字符进行分类,并提出一种置信度评分方法,用于对分类器的结果进行评级。2018 年,Raghunandan 等提出一种基于 Riesz 分数算子的数学模型[158],该模型通过增强车辆号牌图像中的边缘信息细节来对每个输入图像执行 Riesz 分数导数的卷积运算,实验结果表明:与增强前相比,采用该模型检测和识别效果都显著提高。2019 年,Björklund 等提出一种基于卷积神经网络的车辆号牌识别系统[159],该方法首先提出了一个生成合成车辆图像的框架,以避免收集和标注训练卷积神经网络 CNN 所需的数千个图像,然后基于同一神经网络结构,分别训练用于车辆号牌定位和字符识别的模型,并在 3 个不同的数据集上进行测试,实验结果表明:该方法优于在真实图像上训练的车辆号牌模型。2019 年,Khare 等提出一种基于部分字符重建的车辆号牌识别系统[160],该方法首先基于拉普拉斯算子和梯度域中的字符笔划宽度特征,然后依据字符之间的间距和字符长宽比进行字符分割,并采用相同的笔画宽度属性重建灰色域中每个字符的完整形状,实验结果表明:该方法对提高字符识别率非常有效。

2)车辆号牌的国内研究现状分析

由于我国车辆号牌有汉字字符,且不同车辆类型具有不同的车辆号牌颜色,因此我国的车辆号牌样式具有多样性。近 10 年来,我国的车辆号牌技术识别同样也取得了一系列优异的研究成果。2009 年,Chen 等提出一种识别车辆号牌的方法[161],该方法首先采用显著特征对车辆号牌进行定位,将车辆号牌中的 7 个字符进行分段,然后通过字符识别器提取字符的显著特征,并使用特征显著分类器来实现鲁棒性的字符识别。2009 年,Sun 提出了一种车辆号牌定位及字符识别算法[162],该方法首先采用边缘检测、纹理增强和二值图像的 Top-hat 变换对车辆号牌进行粗糙定位,然后使用垂直投影和水平投影对车辆号牌进行精确定位,对车辆号牌进行字符分割,最后对比分析 BP(Back Propagation)神经网络、SVM(Support Vector Machine,支持向量机)分类器和 BP-SVM 融合网络对字符进行识别。2010 年,韩立明等提出一种针对高速公路环境下的车辆号牌识别方法[163],首先通过伪二值化方法消除路面产生的噪声,并利用形态学闭运算定位车辆号牌字符,同时对车牌图像进行灰度变换,以得到无边框、灰度对比强的车辆号牌,然后对车辆号牌图像进行倾斜矫正,采用基于字符连通域宽高检测和先验知识相结合的方法对车辆号牌字符进行字符分割,最后采用基于模板匹配的改进算法对车辆号牌字符进行识别。2010 年,赵志宏等提出了一种基于卷积神经网络 LeNet-5 的车辆号牌字符识别方法[164],该方法对传统的卷积神经网络 LeNet-5 结构进行改进,主要是改变输出单元的数量与增加卷积层 C5 特征图的数量,其实验结果表明:改进后的 LeNet-5 网络比传统的 LeNet-5 网络的车辆号牌字符识别率有所提高。2013 年,呙润华等提出了一种结合 BP 神经网络与模板匹配的车牌识别系统[165],首先提出一种高效的神经网络字符特征提取方法,从单字符的 800 个像素特征中仅提取 211 个特征向量,然后采用联合应用 BP(back propagation)神经网络和模板匹配方法优化车牌字符识别方法,在神经网络收敛后嵌入模板匹配方法对车辆号牌进行精确识别,该方法识别率高达 97.2%。2013 年,Hsu 等将车辆号牌识别应用分为三类,提出一种针对不同应用进行参数调整的解决方案[166],该方法中车辆号牌识别解决方案由车辆号牌定位、字符分割和字符识别三模块组成,首先采用边缘聚类方法定位车辆号牌,采用 MSER 检测进行字符分割,然后采用双层基于 LBP 特征的 LDA

分类器对车辆号牌字符进行识别,车辆号牌应用分为访问控制(AC)、现场执法(LE)和道路巡逻(RP)三大类,依据不同的应用场景调整解决方案中3个模块的参数设置。2013年,王磊等提出了一种基于双边缘检测的车辆号牌识别算法[167],首先采用双边缘检测算法对车辆号牌进行定位,并通过结合寻找连通域与传统投影分割的方法对车辆号牌字符进行分割,最后采用三组支持向量机分类器分别对汉字、字母和数字进行分类,同时对于易混淆的字符进行二次分类。2014年,Cheng等提出了一种倾斜车辆号牌校正和字符分割方法[168],该方法首先利用自组织映射(SOM)算法对倾斜车辆号牌进行校正,然后提出基于短距离分类的字符分割算法进行字符分割,最后分别使用基于连通域特征和标准偏差特征的级联模板匹配对车辆号牌字符进行识别,该方法车辆号牌识别率达到96%,但仅对省份的字符进行了实验。2014年,Chen等基于人类视觉注意机制,提出一种车辆号牌识别方法[169],该方法首先对视频中的车辆进行车辆号牌定位,并对定位的车辆号牌进行字符分割,然后采用字符识别器提取汉字字符特征,并通过多阶段分类器对车辆号牌字符进行识别,整体车辆号牌识别率达到93.9%。2016年,Guo等提出了一种基于特征极值区域和混合判别式的车辆号牌识别方法[170],该方法首先通过顶帽变换、垂直边缘检测、形态学操作和各种验证来执行粗车辆号牌定位,然后,提取特定于字符的ER(Extremal Regions,极值区域)作为牌照候选中的字符区域,并选择合适的ER值以同时实现字符分割和车辆号牌精确定位,最后采用HDRBM(Hybrid Discriminative Restricted Boltzmann Machines,混合判别式受限玻尔兹曼机)的离线训练模式分类器来进行车辆号牌字符识别。2018年,Yang等提出一种结合卷积神经网络CNN(Convolutional Neural Network)和极限学习机ELM(Extreme Learning Machine)的车辆号牌字符识别方法[171],该方法首先采用去除全连接层的卷积神经网络CNN对车辆号牌字符进行深层特征提取,然后将提取的深层特征输入基于内核的极限学习机分类器中进行识别分类,并与使用Softmax、支持向量机和ELM的CNN进行对比实验,结果表明:采用KELM(Kernel-based Extreme Learning Machine,基于内核的极限学习机)的CNN具有较短的训练时间,且字符识别准确率达到96.38%。2018年,陈利提出了一种基于深度学习的车辆号牌识别系统[172],首先通过图像灰度化处理等一系列操作抑制非车辆号牌区域的噪声,并提出使用基于深度学习的目标检测方法对车辆号牌进行定位,在对定位得到的车辆号牌进行二值化、倾斜校正后,使用垂直投影法分割出车辆号牌字符,最后通过改进的Hausdorff距离计算待识别图像与模板之间的相似程度,利用模板匹配的方法识别出车牌字符,实验结果显示:该系统车牌识别准确率高。2018年,Wang等提出一种用于中国车辆号牌智能识别的序列识别方法[173],该方法首先采用空间变换网络来对倾斜和变形的车辆号牌进行校正,然后设计改进的卷积神经网络以提取车辆号牌序列特征,其中不同的卷积层特征被整合为双向递归神经网络的输入,不需要进行字符分割,最后通过双向递归神经网络和联结主义时间分类器对字符进行识别。

1.2.5 车辆颜色感知与识别技术的研究现状

作为车辆的显著且稳定的属性,颜色可以用作智能交通系统中各应用中有用且可靠的信息提示。目前,对车辆颜色的识别主要有两种途径:对车辆整体颜色进行识别;提取车辆感兴趣区域的颜色特征进行识别。

1）车辆颜色识别的国外研究现状分析

近年来，国外研究机构和学者在车辆颜色识别方面取得了一系列研究成果。2007 年，Baek 等人提出一种基于 HSV 色彩空间和 SVM 的车辆颜色识别方法[174]，该方法首先将车辆图像从 RGB 颜色空间转换为 HSV 颜色空间，以消除由于光照强度变化引起的扭曲，并通过色调和饱和度特征生成二维直方图，然后使用支持向量机进行分类，颜色识别正确率达到 94.32%。2007 年，Son 等提出一种利用卷积核提取车辆颜色信息的方法[175]，该方法将图像映射到高位特征空间，然后使用内核卷积对颜色进行分类，其识别准确率为 92%。2010 年，Dule 等提出一种基于可接受方法链的车辆颜色识别方法[176]，该方法基于 16 种颜色空间组件，通过提取两个感兴趣区域 ROI（Region of Interest）对车辆进行特征提取，采用 K-最近邻、人工神经网络和支持向量机三种分类方法对车辆颜色进行分类。2015 年，Hsieh 等提出一种新的车辆颜色分类技术[177]，该方法首先建立映射函数来最小化帧之间的颜色失真，并执行窗口移除任务以使具有相同颜色的车辆像素更集中在受分析的车辆上，然后设计一种树形结构的分类器，用于将车辆分类为彩色和非彩色两个类别，然后对彩色类别进行详细分类，该方法可以显著提高车辆颜色分类的准确性。

2）车辆颜色的国内研究现状分析

近年来，国内研究机构和学者均在车辆颜色识别方面取得了一系列研究成果。2010 年，Wu 等提出一种基于两步细化前景蒙版的 VCC（Vehicle Color Classification）算法[178]，该方法首先通过目标分割获取车辆前景图像，然后进行连通区域分析以删除车轮、反光镜等干扰区域，得到车辆颜色明显的区域，最后采用基于支持向量机的两层分类器，成功将颜色分为黑、白、银、红、黄、绿、蓝等 7 种类型，但是对黑、银、绿 3 种颜色的分类正确率较低。2011 年，Fang 等在模型构建和运动车辆提取的基础上，提出了一种基于颜色容器和 BP（Back Propagation）神经网络识别车辆颜色的新方法[179]，该方法首先通过在 HIS（Hue-Saturation-Intensity）的 3 个通道中提取车辆颜色每个像素的微观特性值，定义了 7 种颜色的阈值范围与相互关系，最后借助 BP（Back Propagation）神经网络将颜色分为 7 类。2014 年，Chen 等提出一种隐式选择 ROI（region of Interest）的颜色识别的方法[180]，该方法首先对图像进行预处理以克服图像质量劣化的影响，然后通过分配具有在车辆图像上训练的分类器学习不同的权重的子区域选择车辆图像中的 ROI，最后采用线性支持向量机分类器对车辆图像进行训练并提高了效率和精度。2015 年，Hu 等提出了一种基于深度学习的自动车辆颜色识别算法[181]，该方法将广泛使用的空间金字塔策略与原始卷积神经网络架构相结合，并能够自适应地学习对车辆颜色识别任务更有效的特征，但该方法的车辆颜色识别精度以及识别效率不太高。2015 年，Su 等提出一种使用卷积神经网络的颜色识别方法[182]，该方法通过使用 NIN（Network In Network）网络结构进行分类器训练，以提高分类准确率。

1.2.6　车辆行为分析技术的研究现状

城市交通场景中的车辆异常行为主要包括非法占道、逆向行驶、车辆压线、闯红灯、违章变道、超速行驶等。目前对于车辆异常违章行为的检测方式主要有感应线圈检测、激光检测和微波检测等。感应线圈检测在车辆违章行为中应用很广，它应用电磁感应原理，在路面下埋上线圈，并通有一定电流，当车辆经过感应线圈时，会切割磁感线，造成回路电感量的变化,以此来检测出车辆通过和存在的信息,它主要应用于车辆闯红灯行为,具有性能稳定、精度高等优点,但缺点是破坏路面,影响道路寿命。激光检测主要应用于车速检测方面,采用激光测距原理,主要包括激光发射器和接收器等硬件设备,通过对被测物体发射激光光束,接收该光束的反射波以记录时间差,从而确定被测物体与测试地点的距离,最终得到该物体的移动速度。对于微波检测来说,其硬件系统主要由发射天线和接收器构成,其工作原理是当被测物体通过检测区域时,覆盖检测区域发射天线发射的微波波速会以不同的频率返回天线,并被接收器接收,检测器通过这种频率变化来判断被测车辆是否通过。这几种检测方式虽然得到一定应用,但却容易被干扰,同时检测区域受限,并且只适用于闯红灯、超速等个别车辆异常行为的检测。

随着近年来智能交通领域新型技术的兴起,人们开始将计算机视觉、图像处理等技术应用到车辆违章检测领域。在车辆及其异常行为检测方面,1998 年,Alan[183]等人提出一种端到端的方法,从连续视频流中提取运动目标,并且进行跟踪。他们通过连续图像帧的像素差来检测运动目标,通过 classijcation 度量和时态约束一致性将行人、车辆等目标分类。最终结合时间差分法和模板匹配对车辆目标进行跟踪。2002 年,Lin[184]设计了一套可以对车辆闯红灯、超速违章、停止线违章及跟踪个别车辆的系统,通过双摄像头来检测违规行为,一个是用于实时跟踪的模拟摄像机,另一个是用于车牌读取的数字相机;并且与交通信号系统控制相连,以监测每个红灯、绿灯的相位;并通过两个道路循环对车辆路径和速度进行检测;最终由行驶轨迹、标线位置、信号灯状态和车速来判断车辆是否违章;实验表明:该系统具有良好的鲁棒性。2009 年,Zhang[185]等人设计了一套在交叉路口环境下对违章车辆进行识别和跟踪的监控系统,该算法通过静态背景的混合高斯模型并使用 Hough 变换检测出道路标线,而从监控图像中得到协调序列,车辆信息由背景帧差法获得,并由车辆与标线的距离和均值漂移法分别对违章车辆进行检测和跟踪,实验结果表明:该方法的检测精度达 80% 以上。2010 年,Iswanjono[186]等人基于 RFID 技术,通过 Scilab 仿真模拟对交叉路口的红绿灯违章进行检测,并对车流量作出了预测,该方法通过对车辆身份证标签在阅读器的移动来检测不遵守信号灯控制,由 RFID 阅读器形成的通道距离对车辆进行预测,实验证实了该方法的检测精度。2011 年,Zhao[187]等人提出了一种在城市交通道路下基于视频的车辆追尾检测方法,基于道路交通中对违法停车的规定,作者提出了在实时视频中交通信号灯检测、车辆跟踪分析和道路拥堵检测等算法,通过测量车辆行驶轨迹、速度和交通状况等识别交通违章行为。该算法在实际道路上达到 90% 的正确率。2012 年,Kota[188]等人通过使用多元线性关系的时空图像,提取群体行为中的车辆异常运动,当多台摄像机以不同速度在不同方向上平移运动时,多元线性时空图像才会成立,一旦车辆运动异常,将会出现速度不均的平移运动现象,基于此种属性,Kota 通过真实场景图片检测出车辆弯曲、横向运动等车辆异常运动。2013 年,对于发生红灯停止线前的违章变道行为,Klubsuwan[189]基于车辆在感兴趣区域的移动和均方位移(MSD)方法,结合多车辆轨迹行为的评估,对车辆闯红灯和变道进行检测,实验表明:该方法具有较高的检测精度。2015 年,Aaron[190]等人提出了一种检测交通违章转弯和阻塞行人道机器视觉算法,通过背景差分法和系统遗传算法来检测这些行为,实验结果表明:该系统适用于实时的交通检测系统。

在国内,2004 年,Jen-Chao Tai[191]等人通过在实时位置建立活动轮廓模型来得到汽车的位置,然后利用 Kalman 滤波来对车辆进行跟踪,使用一个特殊电路板以及一个独立图像跟踪器等硬件设备构建自动交通监控系统,系统实验结果表明:该方法对于多车道上的车辆有良好的跟踪性能。2006 年,对于交通违章行为,佟守愚[192]先选用中值滤波、增强模板和形态学边缘检测对交通场景图像进行预处理,在背景差分算法的基础上,提出了基于形态学边缘检测和背景差分结合的车辆检测算法,并在充分研究违章车辆信息的基础上,提出了基于颜色的违章车辆数据库检索方法,通过背景更新、阈值选取和阴影处理等技术,对车辆闯红灯、违章超速和违章右转弯等行为有较高的检测性能,但在智慧场景下,系统性能还有待于进一步提高。2009 年,袁涛[193]在基于帧间差分的运动车辆检测算法上,通过车身与车宽的投影面积来消除非汽车和行人的运动影响,对于轨迹跟踪,他通过计算运动车辆质心、运动车辆轨迹和中心线的夹角变化趋势以及运动车辆轨迹和中心线的相对近端距离的变化趋势来确定车辆的运动线路,最后通过基于颜色号牌、数学形态学方法和面积匹配的车辆号牌定位法来确定号牌。2009 年,西华大学的骆迪[194]采用背景差分法提取出运动目标,设定 Otsu 阈值选取法将差分图像二值化,并在后处理中提出一种邻域统计方法去除噪声,对车辆逆行和闯红灯行为进行检测。2012 年,付城[195]等人提出了一种基于混合高斯模型和 CPU 的车辆闯红灯检测算法,他们先用时间均值法构建监控系统运行的第一个红灯期间采集的视频数据的背景图像,再利用背景图像初始化混合高斯模型参数,进而检测运动车辆,并通过 CPU 并行计算实现实时检测,实验表明:该算法具有良好的实时性。2012 年,叶荣炬[196]等人采用多高斯背景模型,提取出前景运动车辆及其质心,并利用 Kalman 滤波算法跟踪运动车辆,以此得到行驶车辆的时空图,通过车辆时空图对车辆轨迹进行确定分析,根据时间序列上车辆位置的变化检测车辆逆行等异常行为。2012 年,Sang Haifeng[197]等人采用背景差法来检测运动车辆,背景差法就是选一参考帧作为背景图像,再用当前帧与背景帧作差分运算,如果背景帧选取得当,便可分割出运行物体,同时建立信息链跟踪车辆库来对车辆进行跟踪和行为判别,该方法很好地解决了传统方法中失去检测盒错误匹配的问题,并且能准确地计算交通流。2012 年,蔡英凤[198]等人提出基于视频的虚拟传感器设计方案,运用带有时间和空间信息的车辆轨迹对自组织神经网络进行训练,通过概率模型对车辆轨迹进行提取,所提算法可对超低(高)速行驶、违章停车、违规掉头等异常行为实行有效监控,且系统具有直观、安装方便和维护费用低等优点。2013 年,长沙理工大学的熊金艳[199]提出了一种 HSV 颜色空间分析和灰度帧差统计的混合检测法,以车辆左侧车轮为研究对象,建立车轮与黄线间的车辆—黄线位置模型,采用 Camshift-kalman 算法滤波后对车辆运动过程进行跟踪判断,以此检测车辆是否压线违章。2013 年,王会[200]通过背景差、二值化、数学形态学处理等检测运动车辆,提出了一种自适应阈值算法来检验算法有效性,在分析车辆运动轨迹的基础上,对超速、闯红灯、逆行、违章停车 4 种行为进行检测的效果良好。2013 年,西南大学的冯春贵[201]通过在限速牌上设置 RFID 标签,在车载系统 RFID 读取装置上比较路段的限速,以检测车辆是否超速。2014 年,曹凯[202]等人采用多隐马尔可夫的建模方法,识别和预测交通场景中车辆的机动行为,通过使用 Baum-Welch 算法和前向算法,生成模型训练和模型评价两种输入数据,并采用机动驾驶模拟方法,建立车辆机动行为数据库,提高了 HMM 参数的学习效率,实验结果表明:该方法具有较高的准确率。

1.3 研究现状评述

鉴于上述国内外文献分析可知,国内外研究机构和学者在车辆信息感知方面的研究已取得了一定的成果,但在光照突变、不确定和随机等智慧交通场景中车辆信息的感知与识别方面的研究较少,并且针对车辆号牌、品牌、类型、颜色等方面的研究尚处于分散研究阶段,未形成系统性的智慧交通场景中车辆全息感知与分析理论与方法,具体存在以下问题:

(1)智慧交通场景中车辆的高精度检测。目前针对光照突变、不确定和随机等智慧场景,例如车辆的缓慢行驶或短暂停留和各种光照引起的场景光照缓慢变化或突变现象,尚未有有效的车辆检测理论与方法,本书通过控制理论和其他计算方法准确的定义和度量车辆的缓慢行驶或者短暂停留,建立自适应的背景模型,通过寻找光照不变的特征来处理光照突变,建立灵敏鲁棒的车辆检测模型。

(2)智慧交通场景中车辆品牌的高精度感知与识别。国内外研究机构和学者的研究成果主要致力于降低常规场景中车辆品牌的误识率,但目前针对光照突变、不确定和随机等智慧交通场景中车辆品牌的识别尚未有有效的理论和方法,本项目构建具有"拒识"选项的级联集成分类器可有效提高智慧交通场景中车辆品牌感知与识别的精度。

(3)智慧交通场景中车辆类型的高精度感知与识别。国内外研究机构和学者的研究成果主要致力于常规场景中车辆类型的识别,但目前针对光照突变、不确定和随机等智慧交通场景中车辆类型的感知与识别尚未有有效的理论和方法,本项目采用并行融合规则,构建适用于智慧交通场景中车辆类型识别的深层网络融合模型。

(4)智慧交通场景中车辆号牌的高精度感知与识别。国内外研究机构和学者的研究成果主要致力于常规场景中车辆号牌的识别,在光照突变、不确定和随机等智慧交通场景中车辆号牌字符易出现污染严重、字符模糊和人为遮挡等情况,本书基于深度学习理论,构建适用于车辆号牌感知与识别的极限学习深度网络融合模型。

(5)智慧交通场景中车辆颜色的高精度感知与识别。国内外研究机构和学者的研究成果主要致力于常规场景中车辆颜色的识别,但目前针对光照突变、不确定和随机等智慧交通场景中车辆颜色的感知与识别尚未有有效的理论和方法,本项目构建适用于智慧交通场景中车辆颜色感知与识别的卷积神经网络模型。

(6)智慧交通场景中车辆行为分析。国内外研究机构和学者的研究成果主要致力于通过车辆轨迹判断车辆行为,如何通过提取的光照突变、不确定和随机等智慧交通场景中的车辆特征向量来分析车辆行为尚未有有效理论与方法。

鉴于此,本书论述了智慧交通场景中车辆全息感知与分析理论与技术,重点探索了基于鲁棒混合高斯模型的智慧交通场景中车辆检测方法、基于级联集成分类器的智慧交通场景中车辆品牌识别方法、基于深层网络融合模型的智慧交通场景中车辆类型识别方法、基于极限学习深度网络融合模型的智慧交通场景中车辆号牌识别方法、基于卷积神经网络模型的智慧交通场景中车辆颜色识别方法和基于联合特征的智慧交通场景中车辆异常行为识别方法。

1.4 研究内容与方法

本书内容分为7个部分,具体如下:

(1)第一章,绪论。论述了国内外车辆全息感知技术的研究现状及存在问题。

(2)第二章,基于鲁棒混合高斯模型的智慧交通场景中车辆检测方法研究。为了解决智慧交通场景中(包括光照突变、不确定和随机等各种影响因素)基于经典背景模型(混合高斯模型)的车辆检测方法容易受到缓慢行驶或短时停留车辆的影响而“污染”背景模型的问题,本章分析了智慧交通场景中像素点的交通状态和背景模型更新机制之间的关系,通过评估背景模型的稳定性和交通状态来研究背景模型的更新策略,从而得到背景模型的自适应更新方式并验证更新方法处理缓慢行驶或短时停留车辆的有效性。

(3)第三章,基于级联集成分类器的智慧交通场景中车辆品牌感知与识别方法研究。在光照突变、不确定和随机等各种因素影响的智慧交通场景中,引入带有“拒识”选项的分类器来提高车辆品牌识别系统的可靠性具有重要意义,例如,警方需要鉴别某一时间点的假牌车辆,当误识的代价比较高时,自动识别系统拒绝对置信度不高的样本进行识别,并将这些样本留给人工处理。本章研究级联集成分类器的设计方案,保证系统可靠性的同时,提高了车辆品牌识别的正确率,级联集成分类器是一个串行的方法,第二级输入的样本是第一级被拒绝的样本,可以通过引入多级级联分类器,进一步降低被“拒识”的样本的数目,分析衡“拒识”样本数目和系统可靠性的关系。

(4)第四章,基于深层网络融合模型的智慧交通场景中车辆类型感知与识别方法研究。车辆类型的识别技术广泛应用于辅助驾驶系统、交通流检测和ETC不停车收费等智能交通系统中,光照突变、不确定和随机等因素影响的智慧交通场景中的车辆类型高精度感知与识别具有一定的挑战性。本章分析用于车辆类型分类的常规深层神经网络模型,探讨深层网络融合规则,提出了用于车型分类的深层网络融合模型,并进行实验研究。

(5)第五章,基于极限学习深度网络融合模型的智慧交通场景中车辆号牌感知与识别方法研究。车辆号牌字符识别是判别车辆号牌文字(汉字、英文字母和数字)的过程,但由于在智慧交通场景中,车辆号牌字符易受污染严重、字符模糊和人为遮挡等因素的影响,并且汉字字符的结构复杂且笔画数较多,在成像质量较低的情况下不易区分,这给车辆号牌字符识别增加了难度。本章基于极限学习InceptionV3模型、极限学习XceptionV3模型和极限学习NASNet模型,提出了基于极限学习深度网络融合模型的货车车辆号牌识别方法,分析了卷积神经网络融合规则,构建了一种货车颜色识别的卷积神经网络模型,并进行实验研究。

(6)第六章,基于卷积神经网络模型的智慧交通场景中车辆颜色感知与识别方法研究。车辆颜色易受场景光照变化、随机因素的影响,智慧交通场景中车辆颜色的精确识别具有一定难度和挑战性。本章研究基于车辆号牌及车辆对称性的车脸区域定位方法,基于构建的车辆颜色图像集,研究适用于车辆颜色识别的卷积神经网络模型,并开展实验结果。

(7)第七章,基于联合特征的智慧交通场景中车辆异常行为的分析方法研究。在光照突变、不确定和随机等多种因素影响的智慧交通场景中进行车辆行为分析具有一定难度和挑战性。本章构建了智慧交通场景中车辆行为图像库,分析梯度方向直方图、局部二值模式和边缘方向直方图等特征提取方法，提出基于联合特征的智慧交通场景中车辆异常行为的识别方法，并进行实验研究。

本章参考文献

[1] Buch N, Velastin S and Orwell J. A review of computer vision techniques for the analysis of urban traffic[J]. IEEE Transactions on Intelligent Transportation Systems, 2011, 12(3): 920-939.

[2] Tsai L W, Hsieh J W and Fan K C. Vehicle detection using normalized color and edge map [J]. IEEE Transactions on Image Processing, 2007, 16(3): 850-864.

[3] Chen Y L, Wu B F and Huang H Y, et al. A real-time vision system for nighttime vehicle detection and traffic surveillance[J]. IEEE Transactions on Industrial Electronics, 2011, 58(5): 2030-2044.

[4] Zou Q, Ling H and Luo S, et al. Robust Nighttime Vehicle Detection by Tracking and Grouping Headlights[J]. IEEE Transactions on Intelligent Transportation Systems, 2015, 16(5): 2838-2849.

[5] Wu B F, Juang J H. Adaptive vehicle detector approach for complex environments[J]. IEEE Transactions on Intelligent Transportation Systems, 2012, 13(2): 817-827.

[6] Li Y, Li B, Tian B, et al. Vehicle detection based on the AND-OR graph for congested traffic conditions[J]. IEEE Transactions on Intelligent Transportation Systems, 2013, 14(2): 984-993.

[7] Li Y, Er M J, Shen D. A Novel Approach for Vehicle Detection Using an AND-OR-Graph-Based Multiscale Model[J]. IEEE Transactions on Intelligent Transportation Systems, 2015, 16(4): 2284-2289.

[8] Li Y, Wang F Y. Vehicle detection based on And-Or Graph and Hybrid Image Templates for complex urban traffic conditions[J]. Transportation Research Part C: Emerging Technologies, 2015, 51: 19-28.

[9] Wang C C R, Lien J J J. Automatic vehicle detection using local features—A statistical approach[J]. IEEE Transactions on Intelligent Transportation Systems, 2008, 9(1): 83-96.

[10] Feris R, Petterson J, Siddiquie B, et al. Large-scale vehicle detection in challenging urban surveillance environments: IEEE Workshop on Applications of Computer Vision[C]. NYC: IEEE Press, 2011.

[11] Feris R S, Siddiquie B, Petterson J, et al. Large-scale vehicle detection, indexing, and search in urban surveillance videos[J]. IEEE Transactions on Multimedia, 2012, 14(1): 28-42.

[12] Tang Y, Zhang C, Gu R, et al. Vehicle detection and recognition for intelligent traffic surveillance system[J]. Multimedia Tools and Applications, 2015, 76(4): 1-16.

[13] Wen X, Shao L, Fang W, et al. Efficient feature selection and classification for vehicle detection[J]. IEEE Transactions on Circuits and Systems for Video Technology, 2015, 25(3): 508-517.

[14] Yan G, Yu M, Yu Y, et al. Real-time vehicle detection using histograms of oriented gradients and AdaBoost classification[J]. Optik-International Journal for Light and Electron Optics, 2016. 127(19):7941-7951.

[15] Zhuang X, Kang W, Wu Q. Real-time vehicle detection with foreground-based cascade classifier[J]. IET Image Processing, 2016. 10(4):289-296.

[16] Yann L, Yoshua B, Geoffrey H. Deep learning[J]. Nature, 2015, 5(521):436-444.

[17] Zoubin G. Probabilistic machine learning and artificial intelligence[J]. Nature, 2015, 5(521):452-459.

[18] Michael L. Reinforcement learning improves behaviors from evaluative feedback[J]. Nature, 2015, 5(521):445-451.

[19] Tsitsiklis J N, Van Roy B. An analysis of temporal-difference learning with function approximation[J]. IEEE Transactions on Automatic Control, 1997, 42(5):674-690.

[20] Lipton A J, Fujiyoshi H, Patil R S. Moving target classification and tracking from real-time video: Proceedings of the Fourth IEEE Workshop on Applications of Computer Vision. Princeton. NJ, October[C]. NYC: IEEE Press, 1998.

[21] Lv G, Zhao S, Zhao J. A new method of object detection based on three-frame difference and connectivity analyses[J]. Liquid Crystals and Displays, 2007, 22(1):87-93.

[22] Fei M, Li J, Liu H. Visual tracking based on improved foreground detection and perceptual hashing[J]. Neurocomputing, 2015, 152(1):413-428.

[23] Lipton A, Kanade T, Fujiyoshi H, et al. A system for video surveillance and monitoring[M]. Pittsburg: Carnegie Mellon University, the Robotics Institute, 2000.

[24] Horn B K and Schunck B G. Determining optical flow: Technical symposium east. International Society for Optics and Photonics, [C]. NYC: IEEE Press, 1981.

[25] Garcia F, Cerri P, Broggi A, et al. Data fusion for overtaking vehicle detection based on radar and optical flow: IEEE Intelligent Vehicles Symposium[C]. NYC: IEEE Press, 2012.

[26] Yuan G W, Chen Z Q. A moving detection algorithm combining optical flow and three frame difference[J], Computer System. 2013, 34(3):669-671.

[27] Sengar S S, Mukhopadhyay S. Moving object area detection using normalized self-adaptive optical flow[J]. Optik-International Journal for Light and Electron Optics, 2016, 127(16):6258-6267.

[28] Piccardi M. Background subtraction techniques: a review: IEEE International Conference on Systems, Man and Cybernetics[C]. NYC: IEEE Press, October 2004.

[29] Elhabian S, El-Sayed K, Ahmed S. Moving object detection in spatial domain using background removal techniques-state-of-art[J]. Recent Patents on Computer Science, 2008, 1(1):32-54.

[30] Bouwmaas T, El Baf F and Vachon B. Background modeling using mixture of gaussians for foreground detection-a survey[J]. Recent Patents on Computer Science, 2008, 1(3):219-237.

[31] Bouwmans T. Subspace learning for background modeling: A survey[J]. Recent Patents on Computer Science, 2009, 2(3): 223-234.

[32] Brutzer S, Hferlin B and Heidemaim G. Evaluation of background subtraction techniques for video surveillance: Proceedings of IEEE Conference on Computer Vision and Pattern Recognition[C]. NYC: IEEE Press, 2011.

[33] Bouwmans T. Traditional and recent approaches in background modeling for foreground detection: An overview[J]. Computer Science Review, 2014, 11(5): 31-66.

[34] Sobral A, Vacavant A. A comprehensive review of background subtraction algorithms evaluated with synthetic and real videos[J]. Computer Vision and Image Understanding, 2014, 122(5): 4-21.

[35] Xu Y, Dong J, Zhang B, et al. Background modeling methods in video analysis: A review and comparative evaluation[J]. CAAI Transactions on Intelligence Technology, 2016, 1(1): 43-60.

[36] Wren C, Azarbayejani A, Darrell T, et al. Pfinder: Real-time tracking of the human body[J]. IEEE Transactions on Pattern Analysis and Machine Intelligence, 1997, 19(7): 780-785.

[37] Stauffer C, Grimson W E L. Learning patterns of activity using real-time tracking[J]. IEEE Transactions on Pattern Analysis and Machine Intelligence, 2000, 22(8): 747-757.

[38] Stauffer C, Grimson W E L. Adaptive background mixture models for real-time tracking: Proceedings of IEEE Conference on Computer Vision and Pattern Recognition[C]. NYC: IEEE Press, 1999.

[39] Lee DS. Effective Gaussian mixture learning for video background Subtraction[J]. IEEE Transactions on Pattern Analysis and Machine Intelligence 2005, 27(5), 827-832.

[40] Zivkovic Z, Heijden F V D. Efficient adaptive density estimation per image pixel for the task of background subtraction[J]. Pattern Recognition Letters. 2006, 27(7), 773-780.

[41] Zhang W. Spatiotemporal Gaussian mixture model to detect moving objects in dynamic scenes[J]. Electronic Imaging, 2007, 16(2): 0230131-0230136.

[42] Lin H H, Chuang J H, Liu T L. Regularized background adaptation: a novel learning rate control scheme for Gaussian mixture modeling[J]. IEEE Transactions on Image Processing, 2011, 20(3): 822-836.

[43] Mukherjee D, Wu Q M, Nguyen T M. Multiresolution based gaussian mixture model for background suppression[J]. IEEE Transactions on Image Processing, 2013, 22(12): 5022-5035.

[44] Liu X, Qi C. Future-data driven modeling of complex backgrounds using mixture of Gaussians[J]. Neurocomputing, 2013, 119(11): 439-453.

[45] Shah M, Deng J D, Woodford B J. Video background modeling: recent approaches, issues and our proposed techniques[J]. Machine Vision and Applications, 2014, 25(5): 1105-1119.

[46] Chen Z, Ellis T. A self-adaptive Gaussian mixture model[J]. Computer Vision and Image Understanding, 2014, 122(5): 35-46.

[47] Salvadori C, Petracca M, Rincon J M, et al. An optimisation of Gaussian mixture models for

integer processing units[J]. Journal of Real-Time Image Processing,2017,13(2):1-17.

[48] Azzam R,Kemouche M S,Aouf N,et al. Efficient visual object detection with spatially global gaussian mixture models and uncertainties[J]. Journal of Visual Communication and Image Representation,2016,36(4):90-106.

[49] Xia H,Song S,He L. A modified Gaussian mixture background model via spatiotemporal distribution with shadow detection[J]. Signal, Image and Video Processing, 2016, 10(2): 343-350.

[50] Chen W,Tian Y,Wang Y,et al. Fixed-point Gaussian Mixture Model for analysis-friendly surveillance video coding[J]. Computer Vision and Image Understanding,2016,142(1): 65-79.

[51] Faro A,Giordano D,Spampinato C. Adaptive background modeling integrated with luminosity sensors and occlusion processing for reliable vehicle detection[J]. IEEE Transactions on Intelligent Transportation Systems,2011,12(4):1398-1412.

[52] Tarek Elguebaly,Nizar Bouguila. Background subtraction using finite mixtures of asymmetric Gaussian distributions and shadow detection[J]. Machine Vision and Applications,2014,25(1):1145-1162.

[53] Haines T S F,Xiang T. Background subtraction with Dirichlet process mixture models. IEEE Transactions on Pattern Analysis and Machine Intelligence[J]. 2014,36(4):670-683.

[54] Elgammal A. Background and foreground modeling using nonparametric kernel density estimation for visual surveillance,Proc. IEEE,2001,90(7):1151-1163.

[55] Sheikh Y, Shah M. Bayesian modeling of dynamic scenes for object detection[J]. IEEE Trans. Pattern Anal. Mach. Intell. 2005,27(11):1778-1792.

[56] Spampinato C,Palazzo S,Kavasidis I. A texton-based kernel density estimation approach for background modeling under extreme conditions[J]. Computer Vision and Image Understanding,2014,122(5):77-83.

[57] Kim K. Real-time foreground-background segmentation using codebook model[J]. Real-Time Imaging,2005,11(3):172-185.

[58] Wu M J,Peng X R. Spatio-temporal context for codebook-based dynamic background subtraction[J]. AEU-International Journal of Electronics and Communications,2010,64(8): 739-747.

[59] Guo J. Fast background subtraction based on a multilayer codebook model for moving object detection[J]. IEEE Trans. Circuits Syst. Video Technol. 2013,23(10):1809-1821.

[60] Shah M,Deng J D,Woodford B J. A Self-adaptive CodeBook (SACB) model for real-time background subtraction[J]. Image and Vision Computing,2015,38(6):52-64.

[61] Maddalena L, Petrosino A. A self-organizing approach to background subtraction for visual surveillance applications [J]. IEEE Transactions on Image Processing, 2008, 17(7): 1168-1177.

[62] Maddalena L,Petrosino A. Stopped object detection by learning foreground model in videos

[J]. IEEE Transactions on Neural Networks and Learning Systems,2013,24(5):723-735.

[63] Maddalena L,Petrosino A. The 3dSOBS + algorithm for moving object detection[J]. Computer Vision and Image Understanding,2014,122(5):65-73.

[64] Wang H,Suter D. Background subtraction based on a robust consensus method:International Conference on Pattern Recognition[C]. NYC:IEEE Press,2006.

[65] Barnich O,Van Droogenbroeck M. ViBe:a powerful random technique to estimate the background in video sequences:IEEE International Conference on Acoustics,Speech and Signal Processing[C]. NYC:IEEE Press,2009.

[66] Barnich O,Van Droogenbroeck M. ViBe:A universal background subtraction algorithm for video sequences[J]. IEEE Transactions on Image Processing,2011,20(6):1709-1724.

[67] Hofmann M,Tiefenbacher P,Rigoll G. Background segmentation with feedback:The pixel-based adaptive segmenter:IEEE Computer Society Conference on Computer Vision and Pattern Recognition Workshops[C]. NYC:IEEE Press,2012.

[68] Han G,Wang J,Cai X. Improved visual background extractor using an adaptive distance threshold[J]. Journal of Electronic Imaging,2014,23(6):0630051-06300512.

[69] Yin B,Zhang J,Wang Z. Background segmentation of dynamic scenes based on dual model [J]. Computer Vision,IET,2014,8(6):545-555.

[70] Cheng F C,Chen B H and Huang S C. A background model re-initialization method based on sudden luminance change detection[J]. Engineering Applications of Artificial Intelligence, 2015,38(2):138-146.

[71] Huang W,Liu L and Yue C,et al. The moving target detection algorithm based on the improved visual background extraction[J]. Infrared Physics & Technology,2015,71(7): 518-525.

[72] Manzanera A,Richefeu J C. A new motion detection algorithm based on $\Sigma-\Delta$ background estimation[J]. Pattern Recognition Letters,2007,28(3):320-328.

[73] Toral S L,Vargas M,Barrero F. Embedded multimedia processors for road-traffic parameter estimation[J]. Computer,2009 (12):61-68.

[74] Toral S,Vargas M,Barrero F,et al. Improved sigma-delta background estimation for vehicle detection[J]. Electronics letters,2009,45(1):32-34.

[75] Vargas M,Milla J M,Toral S L,et al. An enhanced background estimation algorithm for vehicle detection in urban traffic scenes[J]. IEEE Transactions on Vehicular Technology,2010, 59(8):3694-3709.

[76] Milla J M,Toral S L,Vargas M,et al. Dual-rate background subtraction approach for estimating traffic queue parameters in urban scenes[J]. IET Intelligent Transport Systems,2013,7 (1):122-130.

[77] Li D,Xu L,Goodman E D. Illumination-robust foreground detection in a video surveillance system[J]. IEEE Transactions on Circuits and Systems for Video Technology,2013,23 (10):1637-1650.

[78] Cheng F C, Huang S C, Ruan S J. Illumination-sensitive background modeling approach for accurate moving object detection[J]. IEEE Transactions on Broadcasting, 2011, 57(4): 794-801.

[79] Li J, Miao Z. Foreground segmentation for dynamic scenes with sudden illumination changes [J]. IET image processing, 2012, 6(5): 606-615.

[80] Choi J M, Chang H J, Yoo Y J, et al. Robust moving object detection against fast illumination change[J]. Computer Vision and Image Understanding, 2012, 116(2): 179-193.

[81] Luo Y, Guan Y P. Motion objects segmentation based on structural similarity background modeling[J]. IET Computer Vision, 2015, 9(4): 474-488.

[82] Mahmoudpour S, Kim M. Robust foreground detection in sudden illumination change[J]. Electronics Letters, 2016, 52(6): 441-443.

[83] Dong Y, DeSouza G N. Adaptive learning of multi-subspace for foreground detection under illumination changes[J]. Computer Vision and Image Understanding, 2011, 115(1): 31-49.

[84] Vosters L, Shan C, Gritti T. Real-time robust background subtraction under rapidly changing illumination conditions[J]. Image and Vision Computing, 2012, 30(12): 1004-1015.

[85] López-Rubio F J, López-Rubio E. Local color transformation analysis for sudden illumination change detection[J]. Image and Vision Computing, 2015, 37(5): 31-47.

[86] Delibasis K K, Goudas T, Maglogiannis I. A novel robust approach for handling illumination changes in video segmentation[J]. Engineering Applications of Artificial Intelligence, 2016, 49(3): 43-60.

[87] Kim W, Kim Y. Background Subtraction Using Illumination-Invariant Structural Complexity [J]. IEEE Signal Processing Letters, 2016, 23(5): 634-638.

[88] Holtzhausen P J, Crnojevic V, Herbst B M. An illumination invariant framework for real-time foreground detection[J]. Journal of Real-Time Image Processing, 2015, 10(2): 423-433.

[89] Heikkilä M, Pietikäinen M. A texture-based method for modeling the background and detecting moving object[J]. IEEE Transactions on Pattern Analysis and Machine Intelligence, 2006, 28(4): 657-662.

[90] Liao S, Zhao G, Kellokumpu V, et al. Modeling pixel process with scale invariant local patterns for background subtraction in complex scenes: IEEE Conference on Computer Vision and Pattern Recognition[C]. NYC: IEEE Press, 2010.

[91] Yeh C H, Lin C Y, Muchtar K, et al. Real-time background modeling based on a multi-level texture description[J]. Information Sciences, 2014, 269(6): 106-127.

[92] Davarpanah S H, Khalid F and Abdullah L N, et al. A texture descriptor: BackGround Local Binary Pattern (BGLBP)[J]. Multimedia Tools and Applications, 2015, 75(11): 1-20.

[93] St-Charles P L, Bilodeau G A, Bergevin R. SuBSENSE: A Universal Change Detection Method with Local Adaptive Sensitivity[J]. IEEE Transactions on Image Processing, 2015, 24(1): 359-373.

[94] Ferryman J, Worral A, Sulliva G, et al. A generic deformable model for vehicle recognition:

British Machine Vision Conference[C]. NYC:IEEE Press,1995.

[95] Wei W,Zhang Q,Wang M. A method of vehicle classification using models and neural networks:IEEE Vehicular Technology Conference[C]. NYC:IEEE Press,2001.

[96] Petrović V,Cootes T. Analysis of features for rigid structure vehicle type recognition:British Machine Vision Conference[C]. NYC:IEEE Press,2004.

[97] Petrović V,Cootes T. Vehicle type recognition with match refinement:International Conference on Pattern Recognition[C]. NYC:IEEE Press,2004.

[98] Munroe D T,Madden M G. Multi-class and single-class classification approaches to vehicle Model recognition from images:Irish Conference on Artificial Intelligence and Cognitive Science[C]. Portstewart:NUI Galway,2005.

[99] Dlagnekov L. Video-based car surveillance:License plate make and model recognition[D]. California:University of California at San Diego,2005.

[100] Zafar I,Edirisinghe E A,Acar B S. Vehicle make & model identification using scale invariant transforms: International Conference on Visualization, Imaging and Image Processing [C]. United State:A CTA Press,2007.

[101] Lowe D G. Distinctive image features from scale-invariant keypoints[J]. International Journal of Computer Vision,2004,60(2):91-110.

[102] Anthony D. More local structure information for Make-Model Recognition[D]. California: University of California at San Diego,2008.

[103] Zafar I,Edirisinghe E A,Acar B S,et al. Two dimensional statistical linear discriminant analysis for real-time robust vehicle type recognition: International Conference on Real-Time Image Processing[C]. NYC:IEEE Press,2007.

[104] Li M,Yuan B. 2D-LDA:A statistical linear discriminant analysis for image matrix[J]. Pattern Recognition letters,2005,26:527-532.

[105] Kazemi F,Samadi S,Pourreza H,et al. Vehicle recognition based on fourier,wavelet and curvelet transforms - a comparative study:The 4th International Conference on Information Technology[C]. NYC:IEEE Press,2007.

[106] Rahati S,Moravejian R,Kazemi E M,et al. Vehicle recognition using contourlet transform and SVM:Proceedings of the 5th IEEE International Conference on Information Technology:New Generations[C]. NYC:IEEE Press,2008.

[107] Zafar I,Edirisinghe E A,Acar B S. Localized contourlet features in vehicle make and model recognition[J]. In Proceedings SPIE,Electronic Imaging,2009,7251.

[108] Negri P. An Oriented-Contour Point Based Voting Algorithm for Vehicle Type Classification:Proceedings of the 18th International Conference on Pattern Recognition[C]. NYC: IEEE Press,2006.

[109] Zhang B. Reliable Classification of Vehicle Types Based on Cascade Classifier Ensembles [J]. IEEE Transactions on Intelligent Transportation Systems,2013,14(1):322-332.

[110] 杨文强,吴冰,陈步威. 基于特征匹配算法的车型识别研究[J]. 信息通信,2008,(4):

73-75.

[111] 季晨光,张晓宇,白相宇. 基于视频图像中的车型识别[J]. 辽宁工业大学学报,2010,30(1):5-7.

[112] 王枚,王国宏,于元港,谢洪森. 新车型识别方法及其在套牌车辆鉴别中的应用[J]. 计算机工程与应用,2009,45(17):211-214.

[113] 姚源. 车辆图像的特征提取[D]. 湖南:中南大学,2008.

[114] 马蓓,张乐. 基于纹理特征的汽车车型识别[J]. 图像编码与软件,2010,23(2):94-97.

[115] 何得平,朱光喜,赵广州. 快速 Gabor 滤波器在车型识别中的应用[J]. 计算机应用,2008(12):193-195.

[116] 赵英男,刘正东,杨静宇. 一种基于 Gabor 滤波器的车型识别方法[J]. 计算机工程,2005,31(22):172-174.

[117] Dalal N,Triggs B. Histogram of oriented gradients for human detection:IEEE Computer Society Conference on Computer Vision and Pattern Recognition[C]. NYC:IEEE Press,2005.

[118] Cortes C, Vapnik V. Support-Vector Networks [J]. Machine Learning, 1995, 20 (3): 273-2979.

[119] Haykin S. Neural Networks: A Comprehensive Foundation [M]. 2nd edition. Englewood Cliffs, NJ: Prentice-Hall, 1998.

[120] Breiman L. Bagging predictors[J]. Machine Learning. 1996,24(1):123-140.

[121] Freund Y,Schapire R. A decision-theoretic generalization of on-line learning and an application to boosting[J]. Computational Learning Theory Lecture Notes in Computer Science, 1997,55(1):119-139.

[122] Breiman L. Random forests[J]. Machine Learning,2001,45(1):5-32.

[123] Kuncheva L,Rodriguez J,Plumpton C,et al. Random subspace ensembles for fMRI classification[J]. IEEE Transactions on Medical Imaging,2010,29(2):531-542.

[124] Chow C K. On optimum recognition error and reject tradeoff[J]. IEEE Transactions on Information Theory vol. 1970,16(1):41-46.

[125] Giusti N,Masulli F,Sperduti A. A theoretical and experimental analysis of a two-stage system for classification[J]. IEEE Transactions on Pattern Analysis and Machine Intelligence, 2002,24(7):893-904.

[126] Mithun N C,Rashid N U,Rahman S M. Detection and classification of vehicles from video using multiple time-spatial images[J]. Intelligent Transportation Systems, IEEE Transactions on,2012,13(3):1215-1225.

[127] Wang W. A study on contour feature algorithm for vehicle type recognition: International Joint Conference on IEEE Artificial Intelligence[C]. NYC:IEEE Press,2009.

[128] Tao J, Chen S, Yang L, et al. Ultrasonic technique based on neural networks in vehicle modulation recognition: International Joint Conference on IEEE Intelligent Transportation Systems[C]. NYC: IEEE Press,2004.

[129] Zhan W,Luo Z. System design of real time vehicle type recognition based on video for win-

dows (AVI) files[M]. Berlin Heidelberg:Springer Press,2011.

[130] Clady X, Negri P, Milgram M, et al. Multi-class vehicle type recognition system: IAPR Workshop on Artificial Neural Networks in Pattern Recognition[C]. Berlin Heidelberg: Springer Press,2008.

[131] Arróspide J,Salgado L,Camplani M. Image-based on-road vehicle detection using cost-effective histograms of oriented gradients[J]. Journal of Visual Communication and Image Representation,2013,24(7):1182-1190.

[132] 陈爱斌. 基于支持向量机的车型识别[D]. 长沙:中南大学,2004.

[133] 牟雪娇. 奇异值分解和主成分分析在车型识别中的应用[D]. 上海:上海交通大学,2008.

[134] 田保慧. 智能交通系统中自动车型识别技术的研究[D]. 西安:西安电子科技大学,2008.

[135] Wang S,Li X,Lv X,et al. Research on the vehicle recognition based on invariant moment: New Trends in Information Science and Service Science[C]. NYC:IEEE Press,2010.

[136] Kazemi F M,Samai S,Pourreza H R,et al. Vehicle Recognition Based on Fourier,Wavelet and Curvelet Transforms-a Comparative Study[J]. International Journal of Computer Science & Network Security,2007,7(1):939-940.

[137] Kazemi,F M Samadi,S,Poorreza H R,Akbarzadeh T M. Vehicle Recognition Using Curvelet Transform and SVM:International Conference on Information Technology[C]. Berlin Heidelberg:Springer Press,2007.

[138] Rahati S,Moravejian R,Mohamad E,et al. Vehicle recognition using contourlet transform and SVM:International Conference on Information Technology New Generations Press,2008.

[139] Zhou Z,Deng T,Lv X. Study for Vehicle Recognition and ClassificationBased on Gabor Wavelets Transform & HMM:IEEE Conference on Consumer Eletronics,Comunications and Networks[C]. NYC:IEEE Press,2011.

[140] Du Y,Liu C,Shi W. A real-time vehicle recognition method based on video sequence images:International Conference on Electronic Measurement & Instruments[C]. NYC:IEEE Press,2009.

[141] Nag A,Miller D J,Brown A P,et al. A system for vehicle recognition in video based on SIFT features,mixture models,and support vector machines:International Society for Optics and Photonics,Defense and Security Symposium:2007.

[142] 余孔梁. 基于视频的车型识别技术研究[D]. 杭州:浙江大学,2009.

[143] Iqbal U,Zamir S W,Shahid M H,et al. Image based vehicle type identification:International Conference on IEEE Information and Emerging Technologies[C]. NYC:IEEE Press,2010.

[144] Psyllos A,Anagnostopoulos C N,Kayafas E. Vehicle model recognition from frontal view image measurements[J]. Computer Standards & Interfaces,2011,33(2):142-151.

[145] Jang D M,Turk M. Car-Rec:A real time car recognition system:IEEE Workshop on Applications of computer vision[C]. NYC:IEEE Press,2011.

[146] Rong H L, Xia Y X. A Vehicle Type Recognition Method based on Sparse Auto Encoder: International Conference on Computer Information Systems and Industrial Applications [C]. NYC: IEEE Press, 2015.

[147] Dong Z, Wu Y, Pei M, et al. Vehicle Type Classification Using a Semisupervised Convolutional Neural Network[J]. IEEE Transactions on Intelligent Transportation Systems, 2015, 16(4):2247-2256.

[148] Wang J, Zheng H, Huang Y, et al. Vehicle Type Recognition in Surveillance Images from Labeled Web-Nature Data Using Deep Transfer Learning[J]. IEEE Transactions on Intelligent Transportation Systems, 2017, 19(9):2913-2922.

[149] Chen Y, Zhu W, Yao D, et al. Vehicle type classification based on convolutional neural network: Chinese Automation Congress[C]. NYC: IEEE Press, 2018.

[150] Naito T, Tsukada T, Yamada K, et al. Robust license-plate recognition method for passing vehicles under outside environment [J]. IEEE Transactions on Vehicular Technology, 2000, 49(6):2309-2319.

[151] Anagnostopoulos C N E, Anagnostopoulos I E, Loumos V, et al. A License Plate-Recognition Algorithm for Intelligent Transportation System Applications[J]. IEEE Transactions on Intelligent Transportation Systems, 2006, 7(3):377-392.

[152] Caner H, Gecim H S, Alkar A Z. Efficient Embedded Neural-Network-Based License Plate Recognition System [J]. IEEE Transactions on Vehicular Technology, 2008, 57 (5): 2675-2683.

[153] Ashtari A H, Nordin M J, Fathy M. An Iranian License Plate Recognition System Based on Color Features[J]. IEEE Transactions on Intelligent Transportation Systems, 2014, 15(4): 1690-1705.

[154] Bulan O, Kozitsky V, Ramesh P, et al. Segmentation-and Annotation-Free License Plate Recognition with Deep Localization and Failure Identification[J]. IEEE Transactions on Intelligent Transportation Systems, 2017, 18(9):2351-2363.

[155] Kim H H, Park J K, Oh J H, et al. Multi-task convolutional neural network system for license plate recognition [J]. International Journal of Control, Automation and Systems, 2017, 15(6):2942-2949.

[156] Khan M A, Sharif M, Javed M Y, et al. License number plate recognition system using entropy-based features selection approach with SVM [J]. IET Image Processing, 2018, 12 (2):200-209.

[157] Montero V J, Jeong Y J. Development of License Plate Recognition on Complex Scene with Plate-Style Classification and Confidence Scoring Based on KNN[J]. IEICE TRANSACTIONS on Information and Systems, 2018, 101(12):3181-3189.

[158] Raghunandan K S, Shivakumara P, Jalab H A, et al. Riesz Fractional Based Model for Enhancing License Plate Detection and Recognition[J]. IEEE Transactions on Circuits and Systems for Video Technology, 2018, 28(9):2276-2288.

[159] Björklund T, Fiandrotti A, Annarumma M, et al. Robust license plate recognition using neural networks trained on synthetic images[J]. Pattern Recognition, 2019, 93(9): 134-146.

[160] Khare V, Shivakumara P, Chan C S, et al. A novel character segmentation-reconstruction approach for license plate recognition[J]. Expert Systems with Applications, 2019, 131(10): 219-239.

[161] Chen Z X, Liu C Y, Chang F L, et al. Automatic License-Plate Location and Recognition Based on Feature Salience[J]. IEEE Transactions on Vehicular Technology, 2009, 58(7): 3781-3785.

[162] Sun G, Li G, Xu L, et al. The Location and Recognition of Chinese Vehicle License Plates under Complex Backgrounds[J]. Journal of multimedia, 2009, 4(6): 442-449.

[163] 韩立明,王波涛. 车牌识别中关键技术的研究与实现[J]. 计算机工程与设计, 2010, 31(17): 2919-3923.

[164] 赵志宏,杨绍普,马增强. 基于卷积神经网络 LeNet-5 的车牌字符识别研究[J]. 系统仿真学报, 2010, 22(03): 638-641.

[165] 呙润华,苏婷婷,马晓伟. BP 神经网络联合模板匹配的车牌识别系统[J]. 清华大学学报:自然科学版, 2013, 53(9): 1221-1226.

[166] Hsu G S, Chen J C, Chung Y Z. Application-Oriented License Plate Recognition[J]. IEEE Transactions on Vehicular Technology, 2013, 62(2): 552-561.

[167] 王磊,王瀚漓,何良华. 基于双边缘检测的车牌识别算法[J]. 计算机工程与应用, 2013, 49(8): 169-173.

[168] Cheng R, Bai Y. A novel approach for license plate slant correction, character segmentation and Chinese character recognition[J]. Int. J. Signal Process. Image Process. Pattern Recognit, 2014, 7(4): 998-1014.

[169] Chen Z, Chang F, Liu C. CHINESE LICENSE PLATE RECOGNITION BASED ON HUMAN VISION ATTENTION MECHANISM[J]. International Journal of Pattern Recognition and Artificial Intelligence, 2014, 27(08): 1-19.

[170] Gou C, Wang K, Yao Y, et al. Vehicle License Plate Recognition Based on Extremal Regions and Restricted Boltzmann Machines[J]. IEEE Transactions on Intelligent Transportation Systems, 2016, 17(4): 1096-1107.

[171] Yang Y, Li D, Duan Z. Chinese vehicle license plate recognition using kernel-based extreme learning machine with deep convolutional features[J]. IET Intelligent Transport Systems, 2018, 12(3): 213-219.

[172] 陈利. 基于深度学习的车牌识别系统设计[J]. 计算机技术与发展, 2018, 28(06): 85-89.

[173] Wang J, Huang H, Qian X, et al. Sequence recognition of Chinese license plates[J]. Neurocomputing, 2018, 317(11): 149-158.

[174] Baek N, Park S M, Kim K J, et al. Vehicle Color Classification Based on the Support Vector Machine Method[J]. 2007, 2(1): 1133-1139.

[175] Son J W,Park S B,Kim K J. A Convolution Kernel Method for Color Recognition:International Conference on Advanced Language Processing & Web Information Technology[C]. NYC:IEEE Computer Society,2007.

[176] Dule E,Gokmen M,Beratoglu M S. A convenient feature vector construction for vehicle color recognition:Proc. Int. Conf. Neural Netw[C]. NYC:IEEE Press,2010.

[177] Hsieh J W,Chen L C,Chen S Y,et al. Vehicle Color Classification Under Different Lighting Conditions Through Color Correction[J]. IEEE Sensors Journal,2015,15(2):971-983.

[178] Wu Y T,Kao J H,Shih M Y. A Vehicle Color Classification Method for Video Surveillance System Concerning Model-Based Background Subtraction[J]. Lecture Notes in Computer Science,2010,6297(1):369-380.

[179] Fang J,Yue H,Li X,et al. Color identifying of vehicles based on color container and BP network:International Conference on Business Management and Electronic Information [C]. NYC:IEEE Press,2011.

[180] Chen P,Bai X,Liu W. Vehicle color recognition on urban road by feature context[J]. IEEE Transactions on Intelligent Transportation Systems,2014,15(5):2340-2346.

[181] Hu C,Bai X,Qi L,et al. Vehicle Color Recognition with Spatial Pyramid Deep Learning [J]. IEEE Transactions on Intelligent Transportation Systems,2015,16(5):1-10.

[182] Su B,Shao J,Zhou J,et al. Vehicle Color Recognition in the Surveillance with Deep Convolutional Neural Networks:International Mechanical,Electronic and Information Technology Conference[C]. France:Atlantis Press,2015.

[183] Lipton A J,Fujiyoshi H,Patil R S. Moving Target Classification and Tracking from Real-Time Video: IEEE Workshop on Applications of Computer Vision [C]. NYC: IEEE Press,1998.

[184] Lin D,Choi S,Jun J. automated detection of all kinds of violations at a street intersection using real time individual vehicle tracking[J]. Fifth IEEE Southwest Symposium on Image Analysis and Interpretation,2002,1(1):126-129.

[185] Zhang J,Gao T,Liu Z. Traffic Video Based Cross Road Violation Detection:ICMTMA 2009 International Conference on Measuring Technology and Mechatronics Automation [C]. NYC:IEEE Press,2009.

[186] Iswanjono B,Budiardjo K. Simulation for RFID-Based Red Light Violation Detection:Violation Detection and Flow Prediction:International Conference on Computer Research and Development[C]. NYC:IEEE Press,2010.

[187] Zhao Q. Video Based Vehicle Tailgate Behavior Detection in Urban Road Junction:International Conference on Future Computer Sciences and Application[C]. NYC:IEEE Press, 2011.

[188] Kato S,Fumihiko S,Jun S. Detection of Abnormal Driving using Multiple View Geometry in Space-Time:IEEE Intelligent Vehicles Symposium[C]. NYC:IEEE Press,2012.

[189] Klubsuwan K,Thailand B. Traffic Violation Detection Using Multiple Trajectories Evalua-

tion of Vehicles: International Conference on Intelligent Systems Modeling & Simulation [C]. NYC: IEEE Press, 2013.

[190] Aaron C P U, Rhen A B, Ana R Q. Machine vision for traffic violation detection system through genetic algorithm: International Conference on Humanoid, Nanotechnology, Information Technology, Communication and Control, Environment and Management [C]. NYC: IEEE Press, 2015.

[191] Jen-Chao Tai, Shung-Tsang Tseng, Ching-Po Lin, Kai-Tai Song. Real-time image tracking for automatic traffic monitoring and enforcement applications[J]. Image and Vision Computing, 2004, 22(1): 485-501.

[192] 佟守愚. 基于视频技术的交通违章检测与识别理论及方法研究[D]. 长春: 吉林大学, 2006.

[193] 袁涛. 基于图像处理的车辆闯红灯自动检测技术研究[D]. 重庆: 重庆大学, 2009.

[194] 骆迪. 基于视频技术的车辆违章行为检测[D]. 成都: 西华大学, 2009.

[195] 付城, 贾年. 基于混合高斯模型和 CPU 的车辆闯红灯快速检测算法及实现[J]. 西华大学学报, 2012, 31(2): 9-13.

[196] 叶荣炬, 李振龙, 陈阳舟. 一种基于车辆时空图的车辆异常行为检测方法[J]. 交通信息与安全, 2012, 30(4): 89-98.

[197] Sang Haifeng, Wang Hui, Wu Danyang. Vehicle Abnormal Behavior Detection System based on Video: IEEE Fifth International Symposium on Computational Intelligence and Design [C]. NYC: IEEE Press, 2012.

[198] 蔡英凤, 张为公, 王海. 基于视频的城市快速路车辆异常行为检测[J]. 现代交通技术, 2012, 9(1): 60-63.

[199] 熊金艳. 基于视频处理的道路车辆违章检测[D]. 长沙: 长沙理工大学, 2013.

[200] 王会. 基于视频的车辆异常行为检测[D]. 沈阳: 沈阳工业大学, 2013.

[201] 冯春贵. 基于 RFID 的车辆超速自动监测系统设计[D]. 重庆: 西南大学, 2013.

[202] 曹凯, 于善义, 于少伟. 基于多隐马尔可夫模型的车辆机动行为识别和预测[J]. 信息与控制, 2014, 43(4): 506-512.

第2章 基于鲁棒混合高斯模型的智慧交通场景中车辆检测方法研究

运动前景目标检测是智能系统和视觉领域研究的重点和热点,同时也是ITS和城市交通场景分析流程中最重要的技术点之一。运动前景目标检测在视频序列的每一帧图像中获取运动前景物体和车辆的位置、形态等信息,为ITS和智能场景理解等后续工作提供有效信息。运动前景车辆检测是ITS流程最前端的核心步骤,其检测效果的准确性将直接关系到后期交通场景交通参数获取等其他后续处理的准确性,因此要求运动前景检测算法尽可能提供智慧场景中完整和精确的目标前景。由于城市道路交叉路口场景具有复杂多样的前景和背景特征,如车辆行人的缓慢运动或者短时停留,这些特征增加了运动前景检测的复杂度。很长一段时间内,在复杂的城市交通场景下高效准确地获得运动前景目标仍将是ITS研究的热点问题。

2.1 引 言

近10年来,随着计算机计算能力的提高和图像处理、识别技术的发展,运动前景目标检测在理论和应用方面都取得了巨大进展。背景模型方法是目前获得最广泛应用的前景目标检测算法。基于背景模型的目标检测,出现了一批经典算法和评价检测算法的数据库[1-8],例如Sobral[9]建立了包含37种背景相减算法的算法数据库。背景模型算法的核心是由视频序列建立背景模型,根据当前像素特征和背景模型像素特征的比较,判断当前像素点为前景或背景像素。基于背景模型的前景目标检测方法一般可以分为3个步骤,即背景模型的初始化、前景目标检测和背景模型的更新。虽然背景模型方法取得了很多成果,但在不同的场景时,仍然面临许多困难。城市道路交叉路口场景是视频监控中的重要场景,基于城市道路交叉路口的背景模型的前景目标检测算法,算法除了要面临一般场景的困难外,还需要处理好城市道路交叉路口场景特有的一些难题和挑战[10]。当前背景模型方法在城市道路交叉路口场景中除了面临普通视频监控场景的问题外,主要还面临以下几方面的挑战:

(1)复杂的城市道路交叉路口背景模型建立的初始化。在实际应用场景中获得没有运动前景的初始视频序列难度较大。在交通拥堵或人流车流大的时间段获得合理的初始背景模型是非常困难的,然而不合理的初始背景模型会导致前景检测的“鬼影”或“空洞”问题,因此必须建立有效的背景模型初始化方法。

(2)多模态交通场景。城市道路交叉路口场景中存在大量的多模态现象,如道路两旁摇摆的树枝,闪烁的广告牌等。这类现象本质上是属于运动的,但按ITS前景检测的功能和逻辑划分却是背景。因此要求背景模型算法能够有效处理多模态现象。

(3)复杂的运动模式。当运动的车辆或行人进入场景后保持短暂的停留或缓慢行驶时,例如车辆缓慢行驶或者在斑马线前等待绿灯的到来,这时候运动目标应该视为背景还是前景;若算法将停留的车辆视为前景,那么规则对场景内其他目标是否适用;同一场景不同目标前景背景的判断可能不同,这对城市道路交叉路口前景检测提出了更高的要求。

(4)场景的光照变化。光照是视觉的基础,稳定的光照意味着稳定的视觉场景,然而在城市道路交叉路口场景中,始终存在光照的缓慢变化和光照突变现象。自然光的变化会导致场景光照的缓慢变化,而交通灯的转变、车辆前灯及尾灯的开或关、地面反射光的随机性、电子广告牌光照的影响等光照突变使算法性能变得不稳定。

(5)其他复杂情况。如图像噪声、目标车辆与背景区分性低等困难。

由于混合高斯模型(GMM)能够处理光线逐步变化,对多模态背景问题具有鲁棒性,能够有效地处理多模态问题和一些传统算法难以应付的问题,是一种有经典的背景模型方法。改进 GMM 模型都是通过改变模型学习率的变化方式,从而得到更好的实际应用。城市交通场景中的参与者,如车辆、行人以不同的速度移动,时而开始移动,时而突然停止,在这种场景下,如果学习率太高,缓慢移动的物体会破坏模型的背景部分;如果学习率太低,将要花很长的时间来在物体突然“醒来”或者“入睡”的区域得到一个较好的背景模型。因此,本章采用置信度 GMM 处理城市道路交叉路口场景中车辆缓慢行驶和短暂停留问题,提出了一种城市道路交叉路口场景的鲁棒 GMM 算法,引入决定背景模型不被缓慢移动或者短暂停留的车辆或者行人“污染”的置信度,同时,通过置信机制得到一个自适应的学习率,保持背景模型得到及时更新。基于城市道路交叉路口场景视频数据,采用定性和定量分析,与其他优秀的背景模型算法做比较。

2.2 传统 GMM 背景建模

2.2.1 单高斯背景模型

高斯分布又称正态分布,由于能够平滑近似数学、物理及工程许多现象的概率分布,因此是统计学中最常用的分布之一。高斯分布具有两个参数,均值 u(位置参数)和标准差 σ(尺度参数),其概率密度函数的表达式为:

$$f(X \mid u,\sigma) = \frac{1}{(2\pi)^{\frac{1}{2}}\sigma}\exp\left[-\frac{(x-u)^2}{2\sigma^2}\right] \tag{2-1}$$

视频序列中即使没有运动物体,但是各个像素点的灰度值(本章仅讨论黑白图像,彩色图像可以通过类似的推导)也会有小幅度的波动而非固定值,因此可以将视频序列中每个像素的灰度值假设为满足高斯分布。视频中属于背景的像素点表示该点灰度值持续在某个固定值范围内波动,因此当新的视频像素灰度值在高斯分布的 λ 倍标准差之内时,则将该点视为背景,否则为前景。假设视频序列图像任一个像素位置(x,y)在 t 帧图像内像素值集合表示为$\{X_1,\cdots,X_t\}$,$X_i = I(x,y,i)$,$I(x,y,i)$表示在 i 时刻在位置(x,y)的 D 维像素值。若图像是 RGB 或者是 YUV 空间图像,则 $D=3$,若图像为灰度图像,则 $D=1$。在 t 时刻该像素点的概率密度函数可以用 n 维高斯概率密度函数 $\Phi(X_t \mid u_t,\Sigma_t)$表示为:

$$\Phi(X_t \mid u_t,\Sigma_t) = \frac{1}{(2\pi)^{\frac{D}{2}}\left|\Sigma_t\right|^{\frac{1}{2}}}\exp\left(-\frac{1}{2}\Delta^2\right) \tag{2-2}$$

式中,D 是像素值的维数;$\Delta = \sqrt{(X_t - u_t)^T \Sigma_t^{-1} (X_t - u_t)}$ 代表马氏距离,这个距离也被用来测试当前像素值是否属于高斯聚类;T 表示转置;Σ_t 是协方差矩阵。

当视频序列是灰度图像时,即 $D=1$ 时,式(2-2)可以转化为式(2-1)类似的表达形式:

$$\Phi(X_t \mid u_t, \sigma_t) = \frac{1}{(2\pi)^{\frac{1}{2}} \mid \sigma_t \mid^{\frac{1}{2}}} \exp\left[-\frac{1}{2\sigma_t^2}(X_t - u_t)^2 \right] \tag{2-3}$$

文献[11,12]详细论述了单高斯背景模型的前景目标检测。然而,在智慧交通场景中,背景通常包含许多的微小运动,如摇摆的树枝、湖面的波动等,因此背景像素的灰度值通常不止在一个固定值附近变动,可能在某几个值附近变化。为了解决这种多模的现象,本章在单高斯模型的基础上提出了混合高斯背景模型(GMM,Gaussian Mixture Model)。

2.2.2 GMM 背景模型原理

视频序列图像任意像素位置(x,y)在 t 帧图像内像素值集合表示为$\{X_1, \cdots, X_t\}$,其中,$X_i = I(x,y,i)$,这组集合可以看成一个随机变量,以 K 个相互独立的高斯分布为该组随机变量建立模型,则该点概率 $P(X_t)$ 可用 K 个高斯概率密度函数的和表示为:

$$\begin{aligned} P(X_t) &= P(X_t \cap G_1) + \cdots + P(X_t \cap G_k) \\ &= P(G_1)P(X_t \mid G_1) + \cdots + P(G_k)P(X_t \mid G_k) \\ &= \sum_{k=1}^{K} P(G_k)P(X_t \mid G_k) \end{aligned} \tag{2-4}$$

式中,$G_k = \{u_{k,t}, \Sigma_{k,t}\}$ $(k \in \{1,2,\cdots,K\})$为每个高斯分布的参数集合;$u_{k,t}$, $\Sigma_{k,t}$分别表示第 k 个高斯分布的均值和协方差矩阵;$P(G_k)$表示第 k 个高斯分布的概率,也可视为高斯分布的权重值 ω_k,满足$\sum_{k=1}^{K} P(G_k) = \sum_{k=1}^{K} \omega_k = 1$;$P(X_t \mid G_k)$表示在第 k 个高斯分布中像素值 X_t 的概率,并由高斯概率密度函数 $g(X_t \mid u, \Sigma)$得到。因此 $P(X_t)$可表示为:

$$\begin{aligned} P(X_t) &= P(X_t \cap G_1) + \cdots + P(X_t \cap G_k) \\ &= P(G_1)P(X_t \mid G_1) + \cdots + P(G_k)P(X_t \mid G_k) \\ &= \sum_{k=1}^{K} P(G_k)P(X_t \mid G_k) \\ &= \sum_{k=1}^{K} \omega_k g(X_t \mid u_{k,t}, \Sigma_{k,t}) \end{aligned} \tag{2-5}$$

式中,$g(X_t \mid u_{k,t}, \Sigma_{k,t})$表示第 k 个高斯分布在第 t 帧的概率密度函数,由式(2-2)可得:

$$g(X_t \mid u_{k,t}, \Sigma_{k,t}) = \frac{1}{(2\pi)^{\frac{D}{2}} \mid \Sigma_{k,t} \mid^{\frac{1}{2}}} \exp\left(-\frac{1}{2}\Delta^2 \right) \tag{2-6}$$

式中,$\Delta = \sqrt{(X_t - u_{k,t})^T \Sigma_{k,t}^{-1} (X_t - u_{k,t})}$。

为了计算的方便,Stauffer 和 Grimson 假定协方差矩阵$\Sigma_{k,t}$是$(\sigma_{k,t})^2 I$形式的对角矩阵,$\sigma_{k,t}$是混合高斯模型中第 k 个高斯模型在 t 时刻的标准差,此时隐含地假定各个颜色通道之间是独立的,也假定了各个颜色通道有相同的方差,这种假设虽然不完全准确,精度略有减少,但是避免了高昂的矩阵求逆的代价。在实际应用中,GMM 的分布个数 $K \geqslant 3$,当 $K=3$ 时,两个分布代表背景模型,一个分布代表前景模型;$K<3$,则容易使检测效果不好;当 $K \geqslant 7$ 时,会造成巨大的计算量,当 K 继续增加,检测效果并不显著改善。因此 GMM 和其改进算

法一般选择 K 值介于 3 到 6 之间。为降低系统的运算以达到实时效果，本章中高斯分布的个数设定为 5。图 2-1 给出了图像序列及其对应的像素值矩阵，图 2-2 给出了图像序列的混合高斯模与其对应的混合高斯分布示意图。

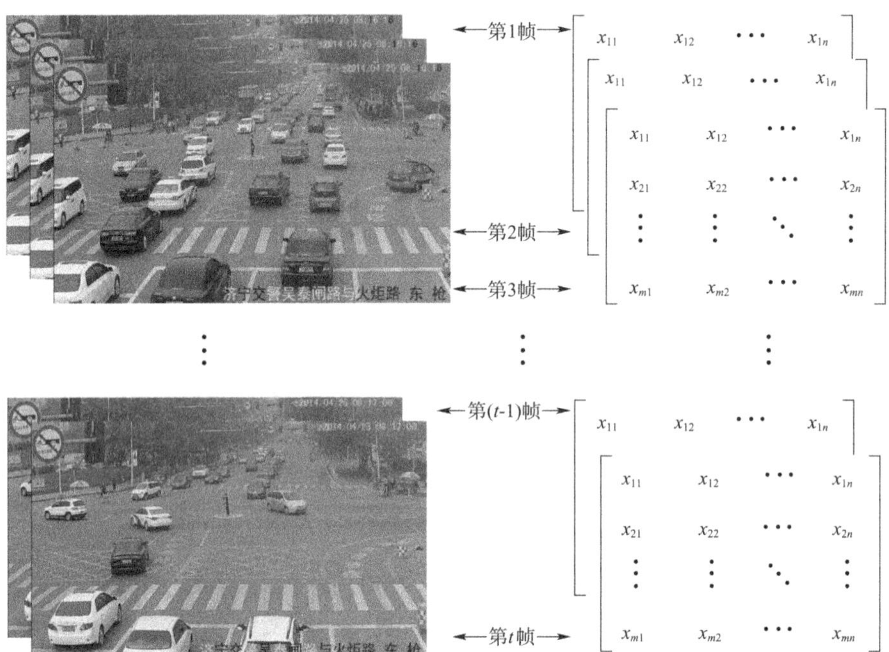

图 2-1　连续的视频图像序列及其图像对应的像素值矩阵

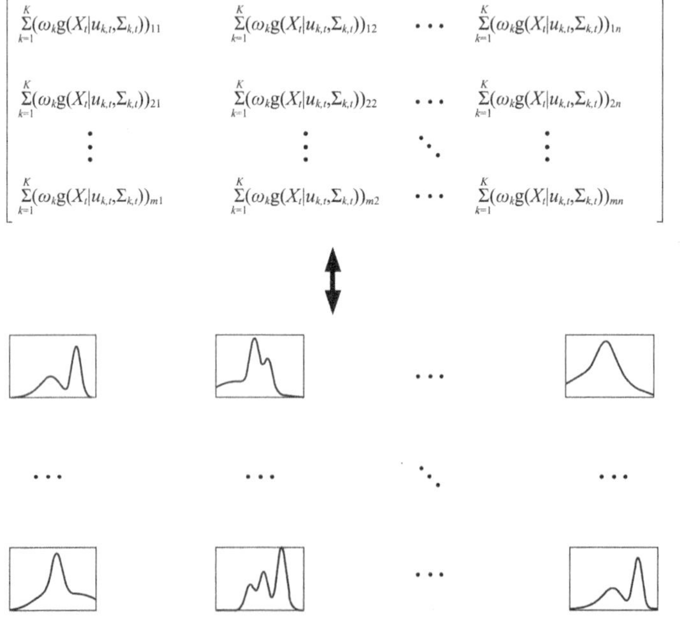

图 2-2　图像每一个像素点的混合高斯模型及其对应的混合高斯分布示意图

GMM 背景模型的目标就是寻找代表背景的最大高斯分布个数，使得：

$$\overline{K} = \arg\max[\omega_k g(X_t \mid u_{k,t}, \Sigma_{k,t})] \tag{2-7}$$

2.2.3 GMM 初始参数估计

高斯概率密度函数的参数 $u_{k,t}$ 与 $\sigma_{k,t}$ 决定分布的性质，为了能以最佳的高斯模型参数做出正确的前景目标检测，必须进行合理的参数估计。合理的参数估计是指估计参数所形成的分布与视频序列像素值的分布有最大的相似度。一般采用极大似然法估计模型参数的方法来得到合理的参数，描述所观察到视频序列像素值的分布。假设在 t 帧图像内像素值集合表示为 $S=\{X_1,\cdots,X_t\}$。由于像素值彼此之间为互相独立的事件，因此可以将概率密度函数相乘，从而得到极大似然函数，即：

$$L(\theta) = P(S \mid \theta) = P(X_1,\cdots,X_t \mid \theta) = \prod_{i=1}^{t} P(X_i \mid \theta) \tag{2-8}$$

式中，θ 代表待估计的参数，即高斯分布的参数 $u_{k,t}$ 与 $\sigma_{k,t}$。

极大似然法估计是通过从已知的像素值集合 $S=\{X_1,\cdots,X_t\}$ 中找出使似然函数具有最大值时的估计参数 $\overline{\theta}$，即：

$$\overline{\theta} = \arg\max_{\theta} L(\theta) \tag{2-9}$$

在极大似然法估计方法中，使得 $L(\theta)$ 具有最大值的估计参数 $\overline{\theta}$，同样也会使得取对数运算的 $L(\theta)$ 有最大值，取对数运算会使原本较为复杂的连乘运算变为连加运算，为了计算方便，将 $L(\theta)$ 取对数运算变为 $l(\theta)$，称为对数似然函数，即：

$$\begin{aligned} l(\theta) &= \ln\left[\prod_{i=1}^{t} P(X_i \mid \theta)\right] = \sum_{i=1}^{t} \ln P(X_i \mid \theta) \\ &= \sum_{i=1}^{t} \ln P(X_i \mid \theta) \\ &= \sum_{i=1}^{t} \ln \sum_{k=1}^{K} \omega_k g(X_t \mid u_k, \Sigma_k) \end{aligned} \tag{2-10}$$

上式中若采用一般的数值计算方法求解估计参数 $\overline{\theta}$，会使计算过程十分繁琐且困难，因此常采用期望最大值(EM)算法来获得极大似然估计。EM 算法包含 E-step 和 M-step 两个步骤，重复迭代运算直到参数估计值收敛为止，下面就 EM 算法做简要介绍，详细的推导过程可参考文献[13]。假设现有的参数为 θ，EM 算法的目的是找出 $\overline{\theta}$ 的值，使得 $l(\overline{\theta}) > l(\theta)$，然后令 $\theta = \overline{\theta}$，重新进行迭代以估计新的 $\overline{\theta}$，直到 $l(\theta)$ 收敛或达到设定的容忍值。EM 算法的 3 个方程式如式(2-11)～式(2-12)所示。

$$u_j = \frac{\sum_{i=1}^{t} P(G_j \mid X_i) X_i}{\sum_{i=1}^{t} P(G_j \mid X_i)} \tag{2-11}$$

$$\sigma_j^2 = \frac{\sum_{i=1}^{t} P(G_j \mid X_i) \times (X_i - u_j)^2}{\sum_{i=1}^{t} P(G_j \mid X_i)} \tag{2-12}$$

$$\omega_j = \sum_{i=1}^{t} P(G_j \mid X_i) \tag{2-13}$$

式中，$j = 1,2,\cdots,K$，$P(G_j \mid X_i)$的计算如(2-14)式所示：

$$P(G_j \mid X_i) = \frac{P(G_j \cap X_i)}{P(X_i)} = \frac{P(G_j)P(X_i \mid G_j)}{P(X_i)} = \frac{\omega_j g(X_i \mid u_j, \Sigma_j)}{\sum_{j=1}^{K} \omega_j g(X_i \mid u_j, \Sigma_j)} \tag{2-14}$$

EM 算法会让 $l(\theta)$ 逐步递增，并且收敛到一个局部极大值点，计算方便。EM 算法的迭代步骤如下：

(1)设定初始的参数值 θ；

(2)将 θ 带入式(2-14)计算 $P(G_j \mid X_i)$，$j = 1,2,\cdots,K$，$i = 1,2,\cdots,t$(称为 E 步)；

(3)由式(2-11)和式(2-12)计算出新的 $\bar{\theta}$(称为 M 步)；

(4)计算 $\|\bar{\theta} - \theta\|$，若 θ 与 $\bar{\theta}$ 的距离小于一个极小的容忍值，则停止计算，否则令 $\theta = \bar{\theta}$，并跳回到 E 步。

2.2.4 GMM 像素值的归类

每个像素点以 K 个高斯模型近似其像素值的分布，当新的一帧到来时，要将观测值归类，像素值归类是指依据贝叶斯定理，通过概率统计分析，将目前所观测到的像素值归类到第 $j(j = 1,2,\cdots,K)$ 个高斯分布中，从而得到未知类别的像素值属于混合高斯分布中的哪一个高斯分布。根据条件概率，在事件 B 发生的条件下，事件 A 发生的概率可以表示为：

$$P(A \mid B) = \frac{P(A \cap B)}{P(B)} \tag{2-15}$$

同理，在事件 A 发生的条件下，事件 B 发生的概率可以表示为：

$$P(B \mid A) = \frac{P(A \cap B)}{P(A)} \tag{2-16}$$

结合式(2-15)和式(2-16)得到：

$$P(B \mid A)P(A) = P(A \mid B)P(B) \tag{2-17}$$

将式(2-17)变形得到贝叶斯定理：

$$P(A \mid B) = \frac{P(B \mid A)P(A)}{P(B)} \tag{2-18}$$

假设视频中像素点的像素值为 X，每个像素点的像素值皆由 K 个高斯函数去近似分布，根据贝叶斯定理得到像素值属于第 j 个高斯分布的概率为 $P(G_j \mid X)$，即：

$$P(G_j \mid X) = \frac{P(X \mid G_j)P(G_j)}{P(X)} \tag{2-19}$$

式中，$P(X)$表示该像素值的概率，计算方法如式(2-5)所示；$P(G_j)$表示第 j 个高斯分布的概率，该概率可视为第 j 个高斯分布的权重值 ω_j；$P(X \mid G_j)$表示第 j 个高斯分布中像素值所呈现的概率分布，可由高斯概率密度函数 $g(X \mid u_j, \sigma_j^2)$ 计算而得。

当该像素点的像素值在第 j 个高斯分布的 λ 倍标准差之外时(λ 通常设定为 2 到 3 之间的实数)，高斯概率密度函数 $P(X \mid G_j)$会趋近于零，为减少计算量，直接设 $P(X \mid G_j) = 0$，因

此 $P(X \mid G_j)$ 可表示为：

$$P(X \mid G_j) = \begin{cases} g(X \mid u_j, \sigma_j^2), & |X - u_j| < \lambda\sigma_k \\ 0, 其他 \end{cases} \tag{2-20}$$

结合式(2-5)和式(2-19)，可以得到该像素的像素值归类到第 j 个高斯分布的概率为：

$$P(G_j \mid X) = \frac{P(X \mid G_j)P(G_j)}{\sum_{j=1}^{K} P(X \mid G_j)P(G_j)} = \frac{\omega_j g(X \mid u_j, \sigma_j^2)}{\sum_{j=1}^{K} \omega_j g(X \mid u_j, \sigma_j^2)} \tag{2-21}$$

在混合高斯模型的 K 个分布中，使得 $P(G_j \mid X)$ 具有最大值者的第 M 个分布，则将像素点的像素值归类到该分布内，则像素值与第 M 个高斯分布匹配，符合的第 M 个高斯分布的权重值增加，其他分布的权重值降低，M 的表示为：

$$M = \arg\max_j P(G_j \mid X) \tag{2-22}$$

2.2.5 GMM 背景模型的建立与前景检测

背景模型建立的目的是判断 K 个混合高斯模型中代表背景和前景的分布，高斯分布的权重值表示归类为该分布的像素值数量的多少。代表背景的分布通常包含的像素值数量较多且变化较小，即在 GMM 中拥有较高权重值 ω 和较低标准差 σ 的分布可视为背景模型。首先，将混合高斯模型的 K 个高斯分布按照 ω/σ 的比值从大到小排列，高斯分布符号 G_j 的下标 j 越小，表示其比重值越高，也就越能代表背景模型，由于视频序列中的背景可能是摆动的树枝或波动的水面，因此代表背景模型的高斯模型通常不止一个，从分布 G_1 开始，逐渐累加权重，直达累加值超过预设的临界值 T 时，此时背景模型高斯分布的下标值 B 可以表示为：

$$B = \arg\min_b \left(\sum_{k=1}^{b} \omega_k > T \right) \tag{2-23}$$

由式(2-23)可以得到当前的背景模型为 G_1 到 G_B 的高斯分布，属于背景的高斯分布的概率 $P(B \mid G_k) = 1$，其余分布的 $P(B \mid G_k)$ 设为 0。临界值 T 代表背景高斯分布占整个混合高斯模型的比例，如果选取的 T 太小，则所得到的背景模型可能只有一个单一模型，假设 $K = 4$，$T = 0.4$，则可得到相应的背景和前景如图 2-3 所示，当环境变化为多重背景时，这种背景模型很容易造成检测错误。另一方面，如果所选取的 T 值太大，表示得到的背景模型包含多个高斯分布，假设 $K = 4$，$T = 0.9$，则可得到相应的背景和前景如图 2-4 所示，将会无法有效地区分前景分布和背景分布，使得误判率变高。因此，T 的选取必须在两者之间找到平衡。

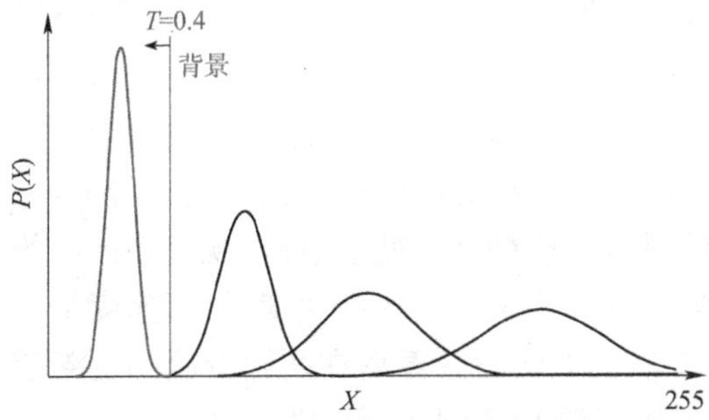

图 2-3　当背景的临界值 T 选取过小的情形

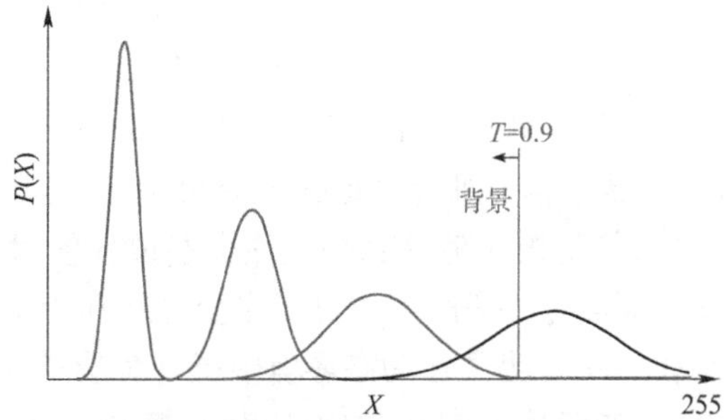

图 2-4　当背景的临界值 T 选取过大的情形

2.2.6 GMM 背景模型的参数更新

视频监控系统大多应用于户外，由于周边环境在不断变化，如光照随时间的缓慢变化，因此背景模型也需要随着时间不断更新。在初始训练阶段，必须将新的视频序列信息不断更新到背景模型中，这样才能保证当前背景模型的准确性。背景模型更新速度的快慢，对于运动物体的判断结果起着重要作用。当背景更新速度过快时，缓慢移动的物体可能被当成背景而不能被检测出来，使得原本属于前景的像素点被误判为背景像素点。当背景模型更新速度过慢时，系统无法实时更新背景模型，则光照变化或者树枝摆动等背景被当成移动物体，使得原本属于背景的像素点被误判为前景像素点。因此，前景目标检测结果的好坏，不仅取决于背景模型建立是否合理，同样取决于合理背景更新方式。许多学者对混合高斯背景模型的更新都提出了不同的见解和方法。

背景参数的更新方式，是将当前视频序列图像的像素值 X_t 与 K 个高斯分布做比较，对满足概率 $P(G_m \mid X_t) > 0$ 的第 m 个高斯分布进行参数的更新。如果比较过程中没有任何一个高斯分布匹配于当前的像素值 X_t，即 $P(X_t) = 0$，表示此像素为新的状态，这可能是运动物体或背景的改变造成的结果。为了使该新状态更新到混合高斯模型中，替换原来 K 个高斯分布中权重最小的分布，以当前的像素值作为新分布的均值，标准差设为初始的状态值，并将新分布的权重值设置为一个很小的数值，这样一个新的高斯分布便取代了权重最小的分布。Stauffer 等学者在原始混合高斯模型中使用在线递归的模型参数更新方式，如式(2-24)～式(2-28)所示。首先调整 K 个高斯分布的权重值，将与像素值 X_t 相匹配的高斯分布的权重值提高，其余分布的权重值降低，调整的方法为：

$$\omega_{k,t} = (1-\alpha)\omega_{k,t-1} + \alpha M_{k,t}, k = 1, \cdots, K \tag{2-24}$$

$$M_{k,t} = \begin{cases} 1, \text{匹配} \\ 0, \text{不匹配} \end{cases} \tag{2-25}$$

式中，α 为学习率，其值 $\alpha \in [0,1]$；$1/\alpha$ 为时间常数，它决定高斯分布的更新速度。

由于 α 为一个定值，无法随着不同场景状态变动。为了更新均值和标准差，定义均值和标准差的学习率为：

$$\rho_{k,t} = \alpha \times P(X_t \mid G_k) \tag{2-26}$$

对于匹配的高斯分布 G_k 均值 $u_{k,t}$ 和标准差 $\sigma_{k,t}$，更新方式为：

$$u_{k,t} = (1-\rho_{k.t})u_{k,t-1} + \rho_{k,t}X_t \tag{2-27}$$

$$\sigma_{k,t}^2 = (1-\rho_{k.t})\sigma_{k,t-1}^2 + \rho_{k,t}(X_t - u_{k,t})^2 \tag{2-28}$$

其他不匹配分布的参数保持不变，此种更新方式的优点是当有新的像素点被视为背景时，其像素值并非完全取代原有模型，而是将其依照比例 ρ 更新到背景模型中。由于 $P(X_t \mid G_k)$ 可能是极小值，因此，往往会造成 ρ 值过小，使得背景模型更新速度缓慢，视频序列中的背景要经过一段时间才可能完全更新到背景模型中，因此为了加快更新速度，更新速度常采用 $\rho_{k,t} = \alpha$。为了在动态环境中提高背景模型的准确性、加快背景模型在初始阶段的更新速度，学者们基于传统 GMM 的背景模型更新方法提出了背景模型更新的改进方法。Kerwtrakulpong 等[14]提出了两阶段的更新方式。在设定的训练样本个数 L 前采用第一阶段更新学习率，更新的学习率为：

$$\alpha_t = \frac{1}{t} \tag{2-29}$$

$$\rho_{k,t} = \frac{P(G_k \mid X_t)}{\sum_{i=1}^{t} P(X_t \mid G_k)} \tag{2-30}$$

式中，t 为时间，在背景模型刚开始建立时，更新速度较快，而随着时间的增加，更新速度减慢。

与固定的更新学习率方法相比较，在相同初始训练样本数 L 之前，此方法有较好的估计值且收敛速度较快。

$$\alpha = \frac{1}{L} \tag{2-31}$$

$$\rho_{k,t} = \alpha \frac{P(G_k \mid X_t)}{\omega_{k.t}} \tag{2-32}$$

其中，高斯分布 G_k 均值 $u_{k,t}$ 和标准差 $\sigma_{k,t}$，更新方式为：

$$u_{k,t} = (1-\alpha) u_{k,t-1} + \rho_{k,t} X_t \tag{2-33}$$

$$\sigma_{k,t}^2 = (1-\alpha)\sigma_{k,t-1}^2 + \rho_{k,t}(X_t - u_{k,t-1})^2 \tag{2-34}$$

二阶段的更新方式在背景模型的训练阶段非常有用，经历训练样本数 L 后，如果有新的高斯分布产生，由于其参数只采用第二阶段的更新方式，且学习率 $(1-\alpha)$ 与 ρ_k 的和可能大于 1，第二阶段更新方法可能导致离散情形的发生。Lee[15] 提出一个可以在背景模型稳定与收敛速度之间取得平衡的更新方式，定义新参数表示从开始时间到时间 t 时，$P(G_k \mid X_i)$ 的累加值为 c_k，即：

$$c_{k,t} = \sum_{i=1}^{t} P(G_k \mid X_i) \tag{2-35}$$

相符合的高斯分布，即满足 $P(G_k \mid X_i) > 0$ 的第 k 个高斯分布进行更新，更新的学习率定义为：

$$\rho_{k,t} = P(G_k \mid X_t) \cdot \left(\frac{1-\alpha}{c_{k,t}} + \alpha\right) \tag{2-36}$$

高斯分布 G_k 均值 $u_{k,t}$ 和标准差 $\sigma_{k,t}$ 为：

$$u_{k,t} = (1-\rho_{k,t}) u_{k,t-1} + \rho_{k,t} X_t \tag{2-37}$$

$$\sigma_{k,t}^2 = (1-\rho_{k,t})\sigma_{k,t-1}^2 + \rho_{k,t}(X_t - u_{k,t-1})^2 \tag{2-38}$$

进一步对每个高斯分布的权重按下式进行调整：

$$\omega_{k,t} = (1-\alpha)\omega_{k,t-1} + \alpha P(G_k \mid X_t), k = 1, \cdots, K \tag{2-39}$$

当高斯分布属于背景模型时，即满足该分布的像素点数量增加时，此时参数学习率的参数将逐渐增加，导致该分布对应的学习率 ρ 下降，因此对于不同模型的像素点会有不同的学习率。

通过上述对传统 GMM 背景模型的分析，简要地了解传统混合高斯模型初始化、前景判断和背景更新的方法。为了有效地处理城市道路交叉路口场景,本书基于传统混合高斯模型,提出了基于鲁棒混合高斯模型的城市道路交叉口场景车辆检测方法。

2.3 基于鲁棒混合高斯模型的城市道路交叉口场景中车辆检测

本书在传统GMM算法的基础上提出了基于置信度的混合高斯模型GMMCM(Gaussian Mixture Model with Confidence Measurement),从而得到城市道路交叉口场景中鲁棒的背景模型车辆检测算法。GMMCM根据当前的交通状态为背景模型中的每一个像素点引入一个自适应的置信度,并量化当前每个背景像素点的置信度为信任值,信任值越高,背景更新的需求越低。通过置信度和当前交通状态判断背景模型是否需要更新得到背景模型选择性更新的策略,当背景模型需要且能够更新时,通过自适应的学习率更新背景模型,这种更新方式确立了一种能防止背景模型受到“污染”的同时,保证模型自适应光照和背景变化的平衡机制,最终目的是保证理想的模型不被缓慢移动或临时停止的车辆破坏,并且对缓慢移动或临时停止的车辆实现精确检测。t表示视频序列的第t帧,N为模型训练的样本数量。首先,模型初始化并训练,当$t \leqslant N$时,采用基于训练帧数量t的学习率,训练得到一个理想的背景模型;其次,背景更新判断,通过设置一个置信度来决定背景模型的更新及更新所用的学习率;最后,进行背景模型的更新和前景检测。

2.3.1 模型的初始化

GMMCM算法是通过传统的GMM模型方法得到一个较为理想的初始背景模型,GMMCM参数初始化的方法与GMM的方法相同。GMM的初始参数设置根据文献[16],选择作者推荐的最优的参数,初始化的同时为每一个位置表示为(x,y)的像素设置一个判断理想背景模型是否已成功获取的背景状态参数$s(x,y)$,并设定初始值为0。在模型的初始训练阶段,如果当前帧t和这帧之前的$(t-n)$帧(本章中$n=25$)被检测为背景,此时,背景状态参数$s(x,y)=1$,表示该像素位置得到了理想的初始背景模型。为了有效地处理城市道路交叉路口场景中缓慢移动或短时停留的车辆,加快背景模型在初始阶段的更新速度从而快速获取理想的初始背景模型,学习率α_t是一个关键的因素。Kerwtrakulpong等[14]提出了两阶段的更新方式,在第一阶段采用的学习率为$\alpha_t=1/\mathrm{t}$,Juanae等[17]在第一阶段采用的学习率为$\alpha_t=1/(1+\log t^2)$。图2-5a)和图2-5b)分别为前300帧($t\in[1,300]$)中,这两种二阶段方法的学习率在第一阶段的变化趋势。由图2-5a)可以看出文献[14]的学习率更新太快,在10帧后低于0.1,在100帧后就是一个非常小的数字了,而图2-5b)可以看出文献[17]的学习率更新太慢,50帧后学习率大于0.2,在约200帧后才低于0.2。结合这两种学习率策略的优点,本文提出了一个新的更新速度恰当的二阶段学习率,并定义如下:

$$\alpha_t=\begin{cases}\dfrac{1+\log t^2}{t+1}, s(x,y)=0\\ a_{\min}, s(x,y)=1\end{cases} \tag{2-40}$$

式中,$a_{\min}$为最小更新速率,设为0.005。

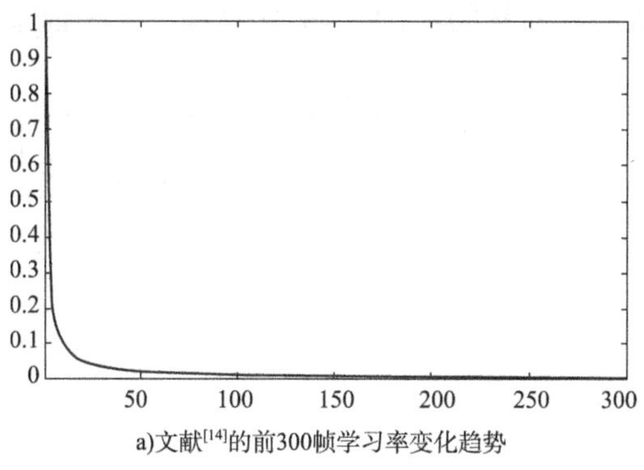
a)文献[14]的前300帧学习率变化趋势

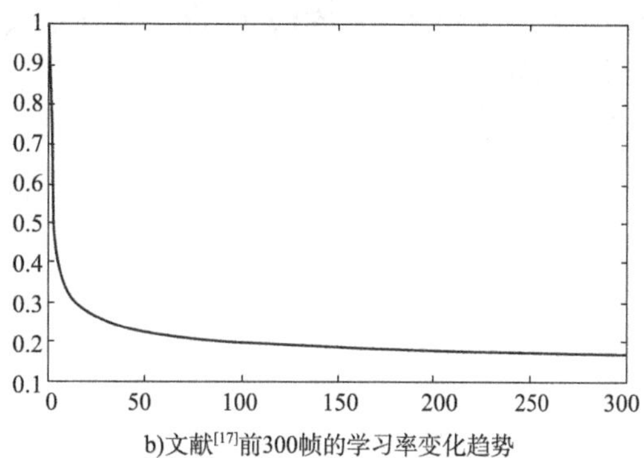
b)文献[17]前300帧的学习率变化趋势

图 2-5　两种方法前 300 帧学习率变化趋势比较

当 $s(x,y)=0$ 时,较大的学习率能够有效地处理城市道路交叉路口场景车辆缓慢行驶或者短时停留现象,当前的视频序列中的图像能够快速地融入背景,从而使背景得到快速更新;当 $s(x,y)=1$ 时,在位置为 (x,y) 的像素点理想背景模型已成功获取,此后学习率低,应采用保守的策略更新背景模型,防止初始合理的背景模型被前景运动的车辆或者停留的车辆破坏。第一阶段采用的学习率 $a_t=(1+\log t^2)/(t+1)$ 能够很好地满足更新学习率快慢变化的要求,在第一阶段的开始阶段学习率变化较大,有利于建立有大量运动物体场景的背景模型,也有利于处理光照的突变,随着帧数的增加,背景模型越来越接近理想的背景模型,此时可以采用微小变化的学习率调整当前背景模型从而得到理想的背景模型。图 2-6 为前 300 帧($t\in[1,300]$)中这种二阶段方法学习率第一阶段的变化趋势。由图可以看出在前 50 帧,更新速率较快,有利于智慧交通场景背景模型的建立,建立粗略的背景模型,在 50 帧时低于 0.1,而在 100 帧后变为 0.05,随着帧数量的增加、保持一个稳定的、减小的更新学习率,此后学习率微小变化,这样有利于建立接近于理想的背景模型。为了能直观对比这 3 种二阶段方法学习率第一阶段的变化趋势,图 2-7 为前 500 帧($t\in[1,500]$)中这三种二阶段方法学习率在第一阶段的变化趋势图。由图可以看出,本书学习率的学习速度介于文献[14]和文献[17]方法之间。通过真实的城市道路交叉路口场景视频序列的对比,分别给出 3 种二阶段学习率算法的视频序列学习率在第一阶第 50 帧,第 150 帧,和第 250 帧的背景对比。图 2-8 所示为 3 种算法在第 50 帧的实时背景模型,图 2-9 所示为 3 种算法在第 150 帧的实时背景,图 2-10 所示为第 250 帧的实时背景模型。尽管算法很容易处理 RGB 彩色图像,得到 RGB 彩色的背景模型,为了保证算法的实时性,所有 RGB 图像都转化为灰度图像做计算,得到相应灰度图像的背景模型。由图 2-8 ~ 2-10 可以直观地比较由三种学习率得到的初始背景模型的效果。文献[14]中第一阶段的学习率 $\alpha_t=1/t$ 的收敛速度比其他两种方法快,导致背景模型开始阶段更新太快,而在 30 帧后就比较小了,算法的学习率趋近于 0,因此基于这种学习率在图 2-8b)、图 2-9b)和图 2-10b)中得到的背景模型都是该视频序列前几帧的场景,视频第一帧的主要场景被保存在背景模型中,随着帧数的增加,背景模型没有明显的变化。文献[17]第一阶段的学习率 $\alpha_t=1/(1+\log t^2)$ 的收敛速度较文献[14]中第一阶段慢,随着帧数量的增加,不会很快趋近于 0,因此背景模型的及时更新,前几帧的场景被迅速地更新,保持了背景的及时更新,本书的初始学习率 $a_t=(1+\log t^2)/(t+1)$ 在开始阶段收敛较平缓,学习率趋近于 0 的速度比 $\alpha_t=1/(1+\log t^2)$ 快,因此从图 2-10c)和图 2-10d)中可以清晰地观察出，文献[17]在250帧时背景模型中包含清晰的前景物体，而本书的算法背景中前景物体已经变得模糊。

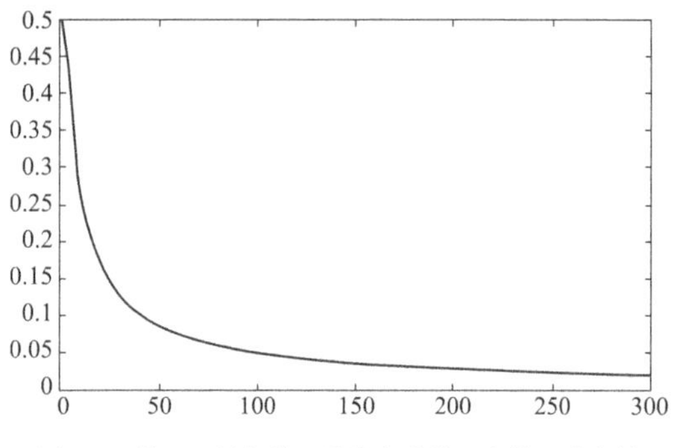

图2-6 前300帧新的二阶段方法学习率第一阶段的变化趋势

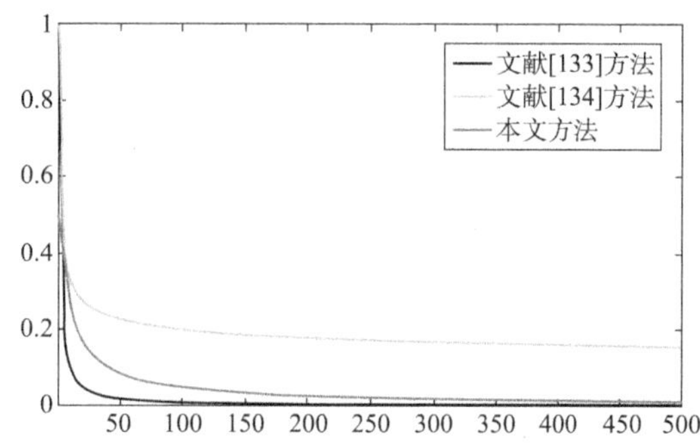

图2-7 3种二阶段学习率算法学习率第一阶段的变化趋势（前500帧视频序列）

a)第一帧原图

b)文献[14]背景

c)文献[17]背景

d)本书背景

图2-8 三种二阶段学习率算法的第一阶段学习率在第50帧时的背景比较

a)第一帧原图

b)文献[14]背景

图 2-9

c)文献[17]背景

d)本书背景

图 2-9 三种二阶段学习率算法的第一阶段学习率在第 150 帧时的背景比较

a)第一帧原图

b)文献[14]背景

c)文献[17]背景

d)本书背景

图 2-10 三种二阶段学习率算法的第一阶段学习率在第 250 帧时的背景比较

2.3.2 像素点的交通场景状态估计和置信度更新

通过初始训练获得理想背景模型后，为了保证理想背景模型不被城市道路交叉路口场景中动态的环境因素（如缓慢移动或者短时停留的车辆）影响，建立了一个基于像素点的稳定性判断和交通场景状态估计的选择性背景模型更新机制。在获得理想背景模型后，对每一个像素点［位置记为(x,y)］设置一个信任时间段 $c(x,y)$，这个时间段称为该像素点的置信度，在这个时间段内该像素点的背景模型被认为是最理想的且不需要每帧都更新的背景模型，同时为每个像素点设置 3 个计数器：$h(x,y)$、$f(x,y)$、$d(x,y)$，其中，$h(x,y)$表示在置信度内，像素点状态由背景转变为前景或者由前景转变为背景的次数，$f(x,y)$表示当前帧为置信度内的第几帧，$d(x,y)$表示置信度内，到当前帧检测结束为止，像素点检测为前景的次数，如假设一个像素点的置信度为 $c(x,y)=5$，在置信度内，第 1 帧到第 3 帧检测为背景，第 4 帧为前景，第 5 帧为背景，则在第 5 帧检测结束后可以得到 3 个计数器的值分别为：$h(x,y)=2$、

$f(x,y)=5$、$d(x,y)=1$。选择性背景模型更新机制的本质是置信度 $c(x,y)$ 越大，背景模型越稳定且更新的需求越低；反之，背景模型更新的评估区间变小，寻找新的背景模型的需求变大。每个像素位置背景模型的稳定性和可靠性由计数器 $h(x,y)$ 决定，$h(x,y)$ 的值越小，表明背景模型是稳定和可靠的，应该被保持，当 $h(x,y)$ 很大时，表明背景模型不稳定而要求寻找一个新的、稳定可靠的背景模型。每个像素点位置的交通状态通过 $f(x,y)$ 和 $d(x,y)$ 比例关系来表示。文献[18-21]提出了一种基于像素点的微观交通状态估计方法，这种交通场景状态不同于基于宏观场景方法的交通状态估计，使用置信区间中的检测比例 $d(x,y)/f(x,y)$，将当前交通场景像素点的状态分为“非常畅通”“畅通”“轻微拥堵”“拥堵”和“严重拥堵”5个等级来估计城市道路交叉路口场景的状态。本章采用同样的方法估计交通状态，即：

$$p(x,y)=\begin{cases}0 & \text{if}\left[\dfrac{d(x,y)}{f(x,y)}\leqslant 0.2\right] \quad (\text{非常畅通})\\ 1 & \text{if}\left[0.2<\dfrac{d(x,y)}{f(x,y)}\leqslant 0.4\right] \quad (\text{畅通})\\ 2 & \text{if}\left[0.4<\dfrac{d(x,y)}{f(x,y)}\leqslant 0.6\right] \quad (\text{轻微拥堵})\\ 3 & \text{if}\left[0.6<\dfrac{d(x,y)}{f(x,y)}\leqslant 0.8\right] \quad (\text{拥堵})\\ 4 & \text{if}\left[0.8<\dfrac{d(x,y)}{f(x,y)}\leqslant 1\right] \quad (\text{严重拥堵})\end{cases} \tag{2-41}$$

在像素点背景的信任时间段最后时刻，即当 $c(x,y)=f(x,y)$ 时，需要根据当前实际的交通场景状态和该像素点位置背景模型的稳定性更新置信度。经过大量实验得出，如果此时 $h(x,y)/f(x,y)<\tau_{\mathrm{d}}$（$\tau_{\mathrm{d}}$ 为阈值本节设置为 $\tau_{\mathrm{d}}=1/3$），表示此时背景模型较稳定，对置信度内的交通场景状态评估是比较准确的，因此在交通场景状态好于“拥堵”的情况下，置信度可保持不变或者适当增加，此时置信度按如下方式更新：

$$c(x,y)=\begin{cases}\min[c(x,y)+10,\max c(x,y)], p(x,y)=0\\ \min[c(x,y)+0,\max c(x,y)], p(x,y)=1 \text{ 或 } p(x,y)=2\\ \max[c(x,y)-1,\min c(x,y)], p(x,y)=3 \text{ 或 } p(x,y)=4\end{cases} \tag{2-42}$$

否则，当 $h(x,y)/f(x,y)\geqslant\tau_{\mathrm{d}}$ 时，此时背景模型可能不稳定，因此交通场景的状态评估可能不准确，应该减小置信度，此时置信度按如下方式更新：

$$c(x,y)=\begin{cases}\max[c(x,y)-10,\min c(x,y)], p(x,y)=0 \text{ 或 } p(x,y)=4\\ \max[c(x,y)-5,\min c(x,y)], \text{其他}\end{cases} \tag{2-43}$$

式中，$c(x,y)\in[\min c(x,y),\max c(x,y)]=[25,125]$。

在初始阶段设 $c(x,y)=25$，式(2-47)和式(2-48)中的参数都是基于真实城市道路交叉路口场景的大量实验得出最好结果的参数。

在置信度更新以后，所有的计数器都重新设为0。对于图2-8中真实城市交叉路口场景，图2-11为该场景视频在第550帧、700帧、1000帧、1500帧的置信度图。在图2-11a)中，由于初始的置信度为25，置信度基于25产生更新变化，整体置信度较低导致图片整体灰度值偏低，而图像中车辆经过处置信度相对更低，稳定区域和不稳定区域置信度的对比度不明显。图2-11b)是在图2-11a)的基础上经过250帧后，置信度的对比度变化明显，有车辆经过的区域置信度较低,而稳定区域置信度较高,显示相对较明亮。图 2-11c)的对比度更加明显,稳定区域置信度高,则灰度值也较大,而不稳定区域置信度相对较低导致灰度值较小。图 2-11c)中部分灰度值低的区域在图 2-11d)中灰度值增加了,即相对不稳定的区域变得稳定了,同时也由于部分区域之前状态较稳定,而此时灰度值变低。通过图 2-11 可以观察到图像每个像素位置的置信度是依据该像素的交通场景状态自适应变化,相对稳定区域置信度高,反之则置信度较低。

a)第550帧置信度图像

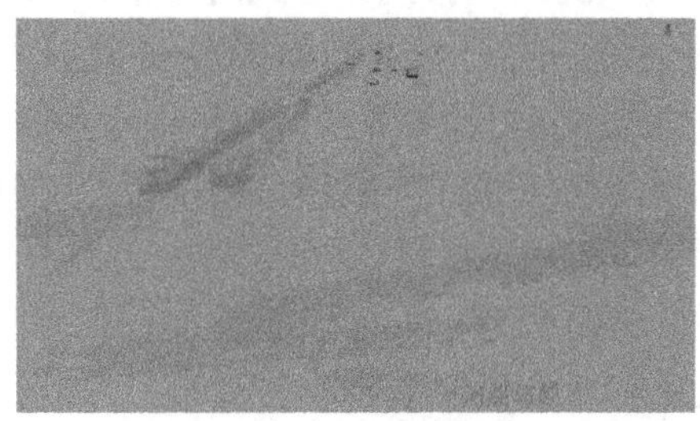

b)第800帧置信度图像

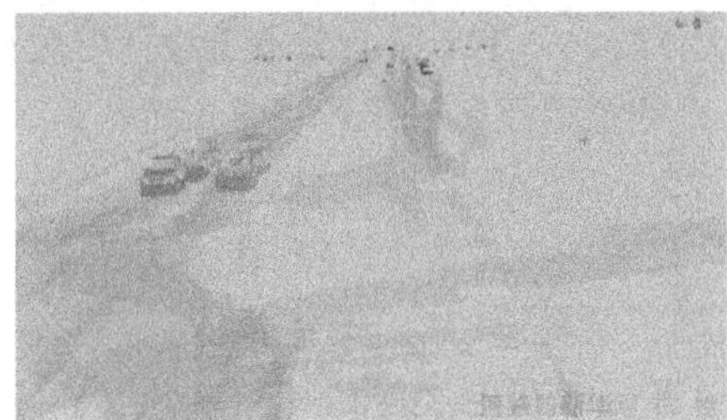

c)第1000帧置信度图像

d)第1500帧置信度图像

图 2-11　真实交通场景置信度图像

2.3.3　基于自适应学习率的背景模型更新

为了使背景模型自适应复杂城市道路交叉路口场景的变化,需要对其进行实时更新来保持模型的准确性,当交通场景适合背景模型更新时应该加速模型更新的速度,因此,基于自适应学习率的选择性背景模型更新是保持背景模型准确性的关键。背景模型更新的原则是当像素点的交通场景状态被判定为适合更新时,则相应位置的像素值基于自适应的学习率更新到背景模型。根据当前像素点是否处于置信期内来选择不同的背景模型更新方式,下面根据 $f(x,y) < c(x,y)$ 和 $f(x,y) = c(x,y)$ 两种情形分析背景模型的更新。

(1)当 $f(x,y) < c(x,y)$ 时,即当前帧的像素点处于置信期内,背景模型同时满足:①在当前交通场景状态为“非常流畅”或“流畅”;②模型固定的刷新周期到期时才更新,刷新周期是模型固定的更新周期,如设定每 P 帧背景模型更新,在本书中设 $P = 10$,即背景模型的固定更新周期为 10 帧,在第 10 帧时分析当前交通场景是否满足更新的条件。在置信期内更新的学习率为 $a' = a_{\min} = 0.005$。

(2)当 $f(x,y) = c(x,y)$ 时,即当前帧的像素点处于置信期到期的位置,一方面,如果 $h(x,y)/f(x,y) < \tau_d$ 且当前的交通场景状态为“非常流畅”或“流畅”时,背景模型基于自适应学习率更新,此时的自适应学习率为:

$$a' = [f(x,y) - d(x,y)] \times a_{\min} \tag{2-44}$$

当置信度到期时，计数器 $h(x,y)$ 记录这个置信期内该像素位置前景和背景间的转变次数，如果 $h(x,y)/f(x,y)<\tau_{\mathrm{d}}$，且交通场景的状态为"非常流畅"时，意味着此刻像素点的状态是稳定的，充分利用当前的交通场景，基于较大的学习率更新背景模型；如果 $h(x,y)/f(x,y)<\tau_{\mathrm{d}}$，且交通场景的状态为"流畅"时，基于较小的学习率更新背景模型，此时背景模型被"污染"的风险很小。另一方面，如果 $h(x,y)/f(x,y)<\tau_{\mathrm{d}}$，且交通场景的状态为"非常流畅""流畅"和"轻微拥堵"时，意味着此时像素点的状态不稳定，当前交通场景的状态可能没有得到准确的评估，为了不让背景模型受到破坏，此时背景模型采用最小的学习率更新，即 $a'=a_{\min}=0.005$。如果 $h(x,y)/f(x,y)<\tau_{\mathrm{d}}$，且交通场景的状态为"拥堵"和"严重拥堵"，由于背景模型被"污染"风险很大，此时背景模型不被更新。此外，为了防止背景模型的更新保持陈旧的背景模型而进入死锁状态，当置信度减小到最小值时，背景模型强制要求更新，此时的更新学习率为 $a'=[f(x,y)-d(x,y)]\times a_{\min}$。在非常极端的交通场景下，这种更新机制能能保持背景模型不被运动前景"污染"，例如，一个像素点的背景模型是理想背景模型，此时也处于在最大置信期 $\max c(x,y)=125$ 结束时刻，如果 $h(x,y)/f(x,y)<\tau_{\mathrm{d}}$，且交通场景的状态为"拥堵"和"严重拥堵"，则置信度降低为 $c(x,y)=124$ 且没有更新发生，假设交通状态一直是"拥堵"和"严重拥堵"，重复这一过程直到置信度降到最小值 $\min c(x,y)=25$，此时强制要求背景模型更新，更新的学习率为 $a'=[25-d(x,y)]\times a_{\min}$，即在经历 7575（$125+124+\cdots+25=7575$）帧后背景模型强制更新，假设视频的帧率为 25/帧，在经历 5min 之后背景模型才以很小的学习率进行更新。如果背景模型需要更新，当前的像素值 X_t 同 K 个高斯分布进行比较，首先调整 K 个高斯分布的权重值，将与像素值 X_t 相匹配符合的高斯分布的权重值提高，其余分布的权重值降低，按照如下的方式更新高斯分布的权值参数：

$$\omega'_{k,t}=(1-\alpha')\omega'_{k,t-1}+\alpha' M_{k,t},k=1,\cdots,K \tag{2-45}$$

$$M_{k,t}=\begin{cases}1,\text{匹配}\\0,\text{不匹配}\end{cases} \tag{2-46}$$

式中，α'代表自适应学习率，$\alpha'\in[0,1]$。

均值和标准差的自适应更新学习率为：

$$\rho'_{k,t}=\alpha'\times P(X_t\mid G_k) \tag{2-47}$$

对于匹配的高斯分布 G_k 均值 $u'_{k,t}$和标准差 $\sigma'_{k,t}$，其更新方式如下：

$$u'_{k,t}=(1-\rho'_{k.t})u'_{k,t-1}+\rho'_{k,t}X_t \tag{2-48}$$

$$\sigma'^2_{k,t}=(1-\rho'_{k.t})\sigma'^2_{k,t-1}+\rho'_{k,t}(X_t-u'_{k,t})^2 \tag{2-49}$$

对于不匹配的高斯分布，均值 $u'_{k,t}$和标准差 $\sigma'_{k,t}$保持不变，由式（2-50）可得不匹配的分布权重通过乘因子（$1-a'$）而减小。如果没有找到与当前像素值匹配的高斯分布，按照权重最小的分布被替代的原则建立一个新分布，用当前的像素值作为新分布的均值，初始的标准差作为新分布的标准差，一个较小的权值作为新分布的初始权值。

2.3.4 前景检测

与传统 GMM 的背景模型建立的目标相同，带有置信度的 GMM 模型的目标也是判断 K 个混合高斯模型中代表背景和前景的分布，高斯分布的权重值表示归类为该分布的像素值数量的多少。通常代表背景的分布包含的像素值数量较多且变化较小，即在 GMMCM 中拥

有较高权重值 ω 与较低标准差 σ 的分布可视为背景模型。首先,将 GMMCM 的 K 个高斯分布按照 ω/σ 的比值从大到小排列,高斯分布符号 G_j 的下标 j 越小,表示其比重值越高,也就越能代表背景模型,由于视频序列中的背景可能是摆动的树枝或波动的水面,因此代表背景模型的高斯模型通常不止一个,从分布 G_1 开始,逐渐累加权重,直到累加值超过预设的临界值 T 时,此时 GMMCM 分布的下标值 B'可以表示为:

$$B' = \arg\min_{b}\left(\sum_{k=1}^{b}\omega'_k > T\right) \tag{2-50}$$

则这 B'个分布即为背景模型。对于一个新的视频像素点,其像素值与这 B'个分布比较,如果该像素值能在 B'个分布找到匹配的分布,该像素为背景。不同于传统的 GMM 及其改进模型,在 GMMCM 算法中,像素值不能在这 B'个分布找到匹配的分布时,也不足以说明该像素为前景。对于不能在 B'个分布找到匹配的分布的像素点,分两种情况讨论该像素是否为前景。

(1)如果该像素点满足下式:

$$\frac{h(x,y)}{f(x,y)} < \tau_t \tag{2-51}$$

则该像素点被判定为前景像素点,这里 $\tau_t = 1/10$ 是百分比阈值,$h(x,y)/f(x,y) < 1/10$ 意味着当前像素点位置(x,y)在过去的$f(x,y)$帧中前景背景状态改变的次数小于 10% 。

(2)如果该像素点满足下式:

$$\frac{h(x,y)}{f(x,y)} \geqslant \tau_t \tag{2-52}$$

分析该像素位置(x,y)的 9 邻域窗口像素的 $h(x,y)/f(x,y)$,当有 80% 的邻域像素满足 $h(x,y)/f(x,y) < \tau_t$,则该像素为前景。通过上述关于像素点稳定性和邻域方法的分析,能够增加前景像素检测的准确性和鲁棒性。

2.4 实验论证与对比分析

这一节将把本章提出的基于鲁棒混合高斯模型的方法和一些经典的方法在不同的视频场景下进行实验对比,以验证和分析 GMMCM 方法的性能。下面首先讨论 GMMCM 方法的参数设定问题和实验测试数据集;然后以真实城市道路交叉路口场景为测试对象,与最新的其他 GMM 改进方法进行对比,定性分析这些方法的背景模型;最后依据背景模型方法的性能评价指标,与 GMM 改进方法和其他最新的背景模型方法做比较,通过定量统计对比分析,进一步讨论 GMMCM 方法的性能。

2.4.1 参数设置和实验测试数据集

本章提出的 GMMCM 方法的参数与传统 GMM 方法的参数一致,通过微调传统 GMM 方法的这些参数可能会提高 GMMCM 的性能,但提高程度非常有限。因此在本节的实验中,设置参数见表 2-1。为了验证 GMMCM 方法处理城市道路交叉路口场景中对缓慢行驶或短暂停留车辆检测的有效性,本节实验所用的都是真实的城市道路交叉路口场景视频和广泛应用的公用背景模型测试数据集(Changedetection. net)[22-23]中包含车辆缓慢行驶或短暂停留的场景部分。城市道路交叉路口场景视频主要是由山东省济宁市交警大队提供的城市交通监控视频数据,该数据是由安装在济宁市繁华街道的不同道路交叉路口的电荷耦合装置摄像头(720P 型号)从上午 5:00 到晚上 10:00 所拍摄的视频,视频持续的时间为一周并包含了广泛的天气变化和光照变化情形。本节主要选取了视频数据中的 3 个包含缓慢行驶或短暂停留车辆场景序列的典型城市道路交叉路口数据,这 3 个场景序列分别为"白天的交通灯场景""夜晚的交通灯场景"和"晴天树枝摇摆和阴影场景"。公用背景模型测试数据集 Changedetection. net(CDnet2014)可以从网站 http://changedetection. net/上获得,其中 Intermittent object motion 目录下的视频包含了运动目标的停留和其他运动场景,该目录下的视频既有室内场景也有室外场景,该目录下的"streetlight"视频是典型的交通场景,包含多目标的运动情形,这个交通场景主要关注右上角交叉路口车辆的运动状况。CDnet 数据集中同时包含对于序列真实的前景和阴影分割。图 2-12 是"白天的交通灯场景""夜晚的交通灯场景""晴天树枝摇摆和阴影场景""streetlight"这 4 个场景的原始样本图像。此外,本书各章节中的实验都在 VisualStudio2008 开发环境下用 C + + 语言执行,执行过程中调用了计算机视觉的函数库 Opencv 2.4.2,计算机的配置是:2.66 GHz Pentium(R) Dual-Core CPU E5300 内存为 2GB RAM。

主要的参数设置 表 2-1

参　数	数　值	参　数	数　值
K	5	a_{min}	0.005
T	0.6	τ_d	1/3
λ	2.5	τ_t	1/10
初始 σ'	15	$minc(x,y)$	25
初始 ω'	0.05	$maxc(x,y)$	125

a)白天的交通灯场景

b)夜晚的交通灯场景

c)强烈光照条件下树枝阴影和摇摆场景

d)Changedetection.net中的streetlight场景

图 2-12　数据集中 4 个场景的原始样本图像

2.4.2 GMMCM 方法的定性实验

GMMCM 方法主要是通过改进传统 GMM 更新方式,得到自适应学习率和背景模型的选择性更新,因此,将 GMMCM 与传统 GMM 算法、最新的两种基于学习率的改进 GMM 算法做比较,其中一种是新的局部参数学习率 GMM 方法 LPLGMM (Local Parameter Learning Gaussian Mixture Model)[24],另外一种改进方法被称为自适应混合高斯模型 SAGMM (Self-Adaptive Gaussian Mixture Model)[25],其中 GMM、LPLGMM 和 SAGMM 分别选择相应参考文献中最优的参数。由于本节没有考虑阴影去除的机制,因此将阴影看作前景目标。定性分析是通过视觉主观地观察检测运动物体和各种环境下的背景模型,当运动车辆缓慢行驶或短时停留时,将其看作运动前景,运动前景更新到背景中会导致后继检测的错误。在城市道路交叉路口不存在车辆由动到永久静止的现象,因此要保持背景模型不被前景污染而又实时更新以保持背景模型的准确性。基于检测的前景和背景模型,图 2-13 ~ 图 2-16 分别给出了四个场景不同方法的定性对比分析。这些图中基于像素的运动物体检测结果没有经过去噪预处理和形态学滤波后处理。图 2-13 是城市道路交叉路口场景中的白天交通灯场景,图 2-13a)中从第一行到第四行分别是 GMM、SAGMM、LPLGMM、GMMCM 的当前输入图像(Cuttent input image)、背景模型图像(Background model image)和前景检测(Detection mask)结果。该图的第一列展示了这个场景中第 900 帧的图像,在图像的水平方向,车辆和行人正在以不同的速度穿越该交叉路口,而在另外一个方向,部分车辆已经停止而另外部分车辆正在减速以等待绿灯的到来;图像的第二列是四种方法的背景模型在第 900 帧时刻的比较;最后一列是四种方法在第 900 帧时的前景检测结果。从该图可以看出,在第 900 帧时 GMM 的背景模型有轻微的“污染”,SAGMM 的背景模型没有忘记前面帧的场景,背景模型中包含前面某一时刻的车辆,而在 LPLGMM 中缓慢移动的车辆和短时停留的车辆已经快速地融入背景模型中,而本书的方法 GMMCM 能保证背景模型既不被“污染”,又能得到合理的背景模型,四种方法都能检测出此时刻的运动前景。图 2-13b)为四种方法在该场景第 1425 帧时背景模型和前景检测的对比结果,此时一些车辆已经等待了 25s,这些车辆已经融入前三种方法的背景模型,而 GMMCM 方法能保持背景模型不被污染,又能准确地检测出前景目标,包括临时制动的车辆。图 2-13c)为四种方法在该场景第 1710 帧时背景模型和前景检测的对比结果,图 2-13b)中制动的车辆在绿灯到来时开始移动,GMM、SAGMM 方法的背景模型被当前帧之前停止的车辆和另外一个方向先前移动的车辆污染,而在 LPLGMM 中开始移动的车辆快速更新到背景模型中,因此,GMM、SAGMM、LPLGMM 方法导致了前景检测的错误,此时 GMMCM 很好地保持了理想背景模型的同时,得到了准确的前景目标检测结果。图 2-13d)为四种方法在该场景第 5410 帧时背景模型和前景检测的对比结果,此时正是该场景第三个交通灯循环周期的开始,图 2-13d)与图 2-13b)有相同的定性分析结果。图 2-14 所示为城市道路交叉路口场景中的夜晚交通灯场景,这个场景中除了存在大量交通场景中特有图像噪声、街道的路灯干扰和车辆前照灯灯光在地面反射产生的强光照、道路交叉路口上方的交通灯及其变化产生的光照变化,还有车辆的缓慢行驶和短时停留。图 2-14a)为四种方法在该场景第 6700 帧时背景模型和前景检测的对比结果,图中一辆新来的车辆短时停留而等待绿灯的到来,从前景检测的结果中可以看出,GMM、SAGMM、LPLGMM 方法完全忽视了这辆等待的车辆，而 GMMCM 方法完全检测出该车和相应的光照反射区域。图 2-14b）为在第 7200 帧时的比较结果，此时在图 2-14a）中等待绿灯的车开始移动，从检测的结果可以看出 GMM 方法完全不能检测出该车，而 SAGMM、LPLGMM 方法只能部分地检测出该车，但同时带来了很多前景噪声，GMMCM 方法较 SAGMM、LPLGMM 能更完整地检测出该车辆，同时没有带来更多的噪声。图 2-15 所示为城市道路交叉路口场景中的晴天树枝摇摆和阴影场景。图 2-15a）为四种方法在该场景视频中第 1690 帧时背景模型和前景检测结果的对比，图中车辆正在减速行驶直至停止，SAGMM 和 GMMCM 完全检测出了这些车辆，而 LPLGMM 和 GMM 部分地检测出了这些车辆。图 2-15b）展示了在第 1900 帧时的比较结果，制动的车辆开始移动，前三种方法对这些车辆检测的效果较差，而 GMMCM 得到了较为准确的前景目标检测结果。

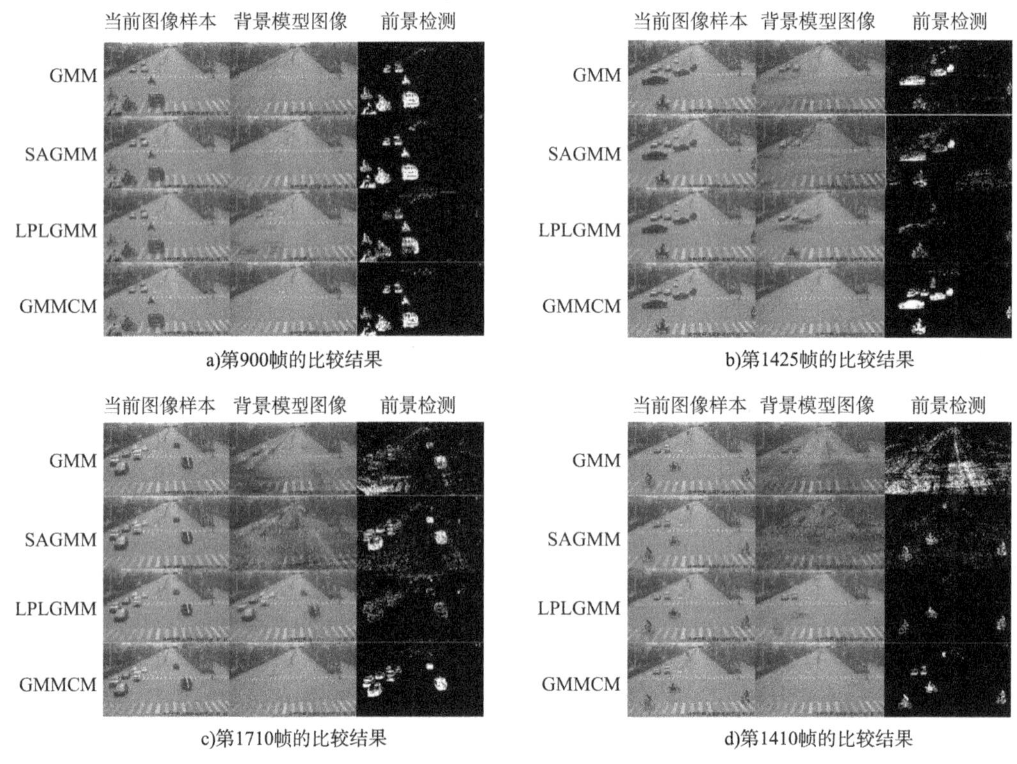

图 2-13　四种背景模型方法在白天交通灯场景比较

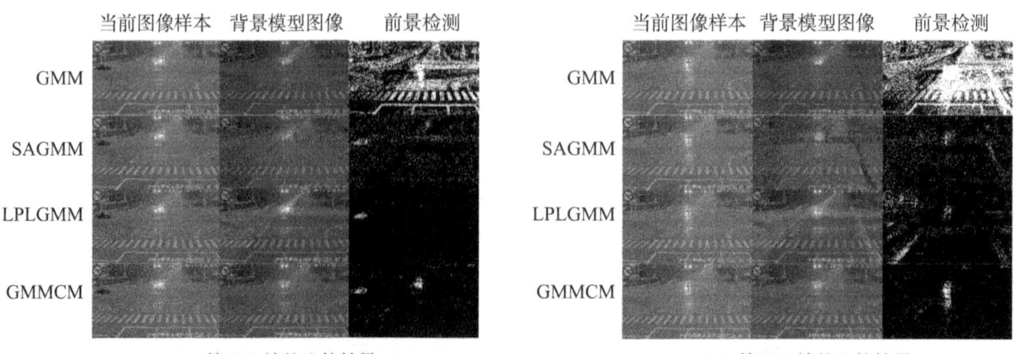

图 2-14　四种背景模型方法在夜晚交通灯场景比较

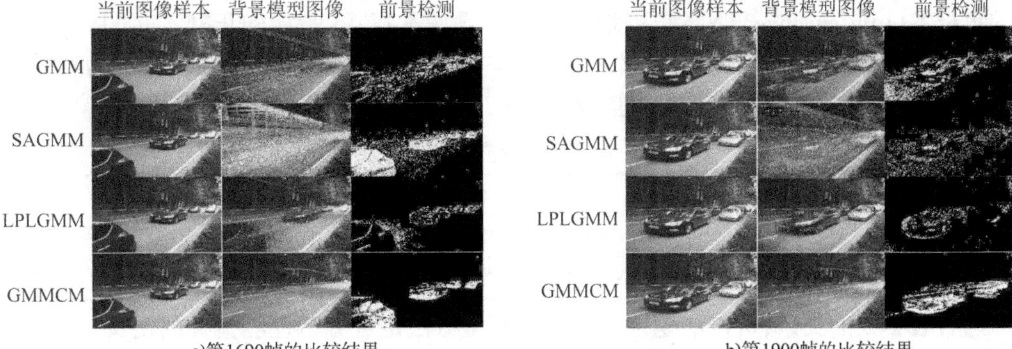

a)第1690帧的比较结果　　b)第1900帧的比较结果

图 2-15　四种背景模型方法在晴天树枝摇摆和阴影场景比较

图 2-16 为基于公用视频数据集 CDnet2014 中 streetlight 场景的四种方法对比实验，根据数据库的介绍，四种方法性能评估关注的是图像右上角高架桥上的感兴趣区域，这个场景的主要挑战是高架桥上车辆的缓慢行驶或短时停留会破坏背景模型，图 2-16a）为四种方法在该场景第 310 帧时背景模型和前景检测的对比结果，该时刻一辆车在高架桥上等待路灯且已经制动了 1s，四种方法都能部分或者全部检测到该车，在 LPLGMM 方法中，这辆车被很快地更新到背景模型之中。几秒后，在图 2-16b）展示了四种方法在该场景第 2310 帧的对比实验结果，这些车辆等待大约 80s 之后开始重新运动，可以发现它们已经进入前三种方法的背景模型中，GMMCM 方法保持背景模型不被缓慢行驶或短时停留的车辆“污染”的同时准确地检测到这些车辆。

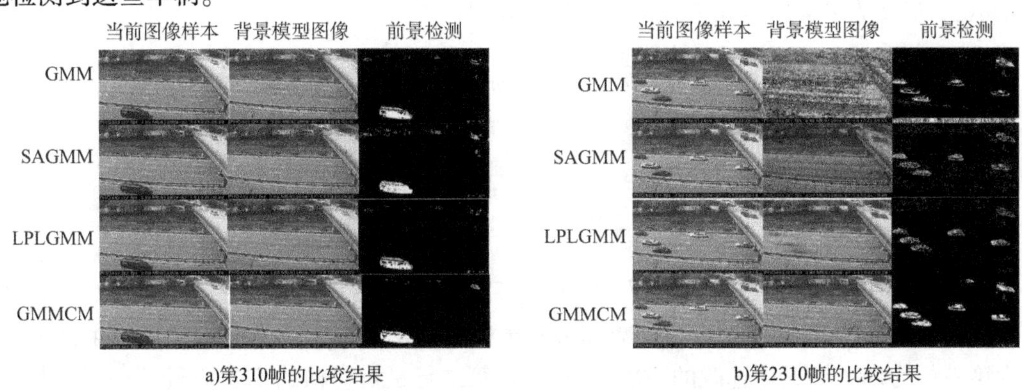

a)第310帧的比较结果　　b)第2310帧的比较结果

图 2-16　四种背景模型方法在 CDnet2014 的交通灯场景比较

2.4.3　GMMCM 方法的定量实验

背景模型前景检测方法除了定性分析以外，文献[22,23]中给出了评价背景模型的定量分析方法，其中主要的性能指标包括：*Recall*、*Precision*、*F-Measure* 和 *Similarity*，通过这些性能指标评价基于像素点的背景模型前景检测方法的性能，其值越大代表该性能指标越好。在二元分类决策问题中，分类器标记样本为正样本（positive）或负样本（negative），在背景模型的前景目标检测方法中，样本为像素点的像素值，正样本为前景像素点，负样本为背景像素点，为了定义上述背景模型方法定量分析的性能指标，基于标定好的前景背景真实分类定义像素点的四种基本度量方法：①正确的正样本（true positive，TP）：正确地分类为前景像素点；②正确的负样本(true nagetive,TN):正确地分类为背景像素点;③错误的正样本 (false positive, FP):错误地分类为前景像素点;④错误的负样本(true nagetive,TN):错误地分类为背景像素点。由这些定义得到二元决策关连表(表2-2)。

二元决策关连表真实结果 表2-2

检测结果	真实的正样本	真实的负样本
检测为正样本	TP(正确地判定为前景像素点)	FP(背景误判为前景像素点)
检测为负样本	FN(前景误判为背景像素点)	TN(正确地判定为背景像素点)

通过表2-2的关系,可以清楚地分析背景模型方法定量分析性能指标的定义。*Recall* 定义是检测为正确的"正类"像素点与真实的"正类"像素点的比例关系,即:

$$Recall = \frac{TP}{total\ of\ actual\ foreground\ object\ pixels} = \frac{TP}{TP + FN} \tag{2-53}$$

Precision 定义为检测为正确的"正类"像素点与检测到的"正类"像素点的比例关系,即:

$$Precision = \frac{TP}{total\ of\ estimated\ foreground\ object\ pixels} = \frac{TP}{TP + FP} \tag{2-54}$$

在基于背景模型前景物体的检测过程中希望 *Precision* 和 *Recall* 越高越好,但事实上这两者在很多情况下是矛盾的,在较为极端的情况下,假设真实的前景像素点是100个,而算法只检测出了1个前景像素点,且检测是正确的,此时的 *Precision* 是100%,而 *Recall* 只有1%,显然 *Precision* 的越高与 *Recall* 的越高是矛盾的。因此为了解决这种矛盾,综合考虑他们而得到了 *Precision* 和 *Recall* 的调和平均 *F-Measure* 性能指标和 *Similarity* 性能指标,*F-Measure* 定义为 *Precision* 和 *Recall* 的调和均值,即:

$$\frac{2}{F\text{-}Measure} = \frac{1}{Precision} + \frac{1}{recall} \tag{2-55}$$

式(2-55)变形即为:

$$F\text{-}Measure = \frac{2 \cdot Recall \cdot Precision}{Recall + Precision} \tag{2-56}$$

此外也定义了 *Similarity* 性能指标为:

$$Similarity = \frac{TP}{TP + FN + FP} \tag{2-57}$$

图2-17所示为六种背景模型相减算法前景检测结果与真实场景在四种场景中的比较,其中第一行为四个场景中选取的一帧图像样本,第二行是对应帧的真实前景,第三行到八行分别为SDC、ViBe、GMM、SAGMM、LPLGMM和GMMCM算法在所对应样本帧图像检测得到的前景,检测结果中前景用1表示(白色),背景用0表示(黑色)。基于像素点的检测结果未经过任何形态学后处理,由于没有考虑去除阴影和光照反射区域的机制,这里阴影和光照反射区域都看作前景。城市道路交叉路口场景视频序列每一帧的Ground-truth通过人工标记获得,白天交通灯场景的500~7500帧用来计算该场景的性能指标,夜晚交通灯场景的500~6500帧用来计算该场景的性能指标,光照阴影和树枝摇摆场景的500~9000正用来计算该场景的性能指标。Changedetection. net数据集中包含了对应每一帧的Ground-truth。

真实城市道路交通场景中"白天的交通灯场景""夜晚的交通灯场景""晴天树枝摇摆和阴影场景"使用SDC、ViBe、GMM、SAGMM、LPLGMM和GMMCM算法得到的性能参数分别见表2-3~表2-5,表中的粗体表示算法对应的该项性能指标为最大。表2-3中GMMCM方法

的 *Recall*、*F-Measure* 和 *Similarity* 都是最大的，而 SDC 算法的 *Precision* 最大，由于算法能有效地处理车辆的缓慢行驶和短时停留，所以 GMMCM 的 *F-Measure* 和 *Similarity* 最大。表 2-4 中 GMMCM 方法的 *Recall*、*F-Measure* 和 *Similarity* 都是最大的，而 LPLGM 方法的 *Precision* 最大。表 2-5 中 GMMCM 方法的 *Recall*、*F-Measure* 和 *Similarity* 都是最大的，而 ViBe 方法的 *Precision* 最大。通过表 2-3 ~ 表 2-5 可以看出 GMMCM 方法在三个真实的城市道路交叉路口场景的综合性能指标在这几种方法中都是最大的。为了进一步比较各种方法在交叉路口场景中性能好坏，对三个场景性能指标进行了平均，得出在真实交通场中这六种算法的性能指标(表 2-6)。通过表 2-6 可以看出 GMMCM 方法综和性能指标也是最大的。综上所述，从定量的角度分析得到 GMMCM 算法处理真实城市道路交叉路口场景是非常有效的。为了进一步分析 GMMCM 算法的性能，基于公用数据集 CDnet2014 中 streetlight 场景对六种算法检测结果进行了定量分析，各种算法在此场景的性能见表 2-7，从表中可以得到和真实城市道路交叉路口场景性能指标相同的结论，即表中 GMMCM 方法的 *Recall*、*F-Measure* 和 *Similarity* 都是最大的。通过 GMMCM 与 SDC、ViBe、GMM、SAGMM、LPLGMM 实验性能指标对比分析，GMMCM 在真实的城市道路交叉路口场景和公用的背景模型数据集上都得到了较好的结果。因此，GMMCM 算法在处理城市道路交叉路口场景中车辆的缓慢行驶或短时停留是有效的。

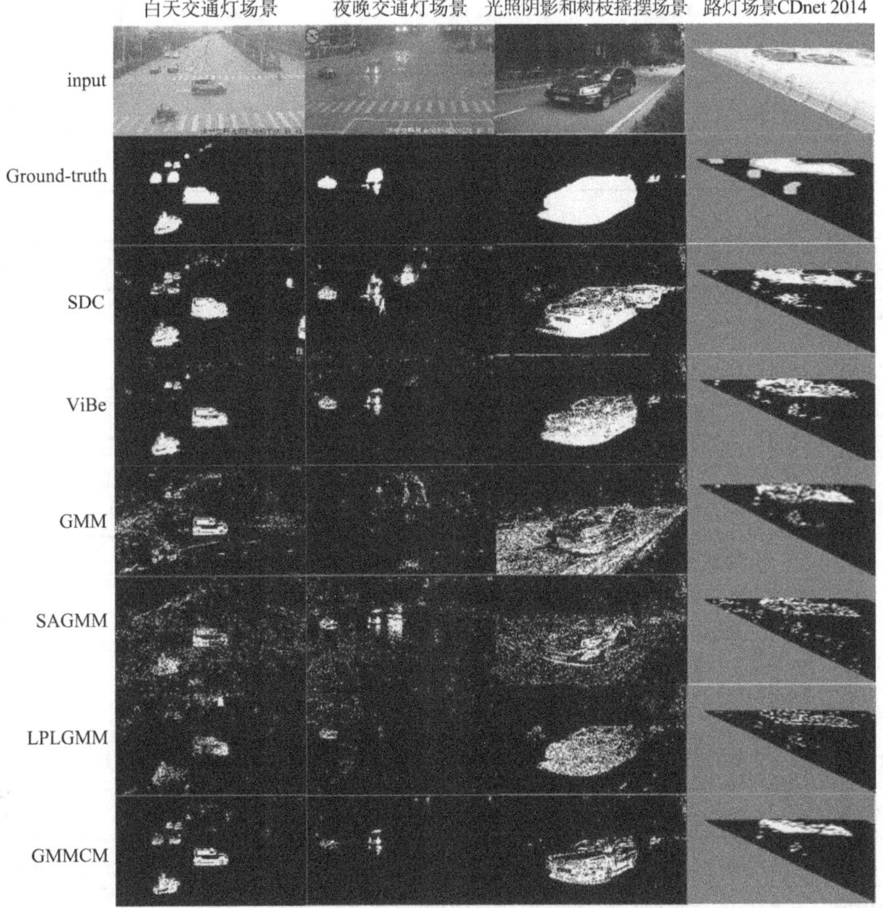

图 2-17　六种背景模型相减算法前景检测结果与真实前景在四种场景中的比较

六种背景模型方法在白天交通灯场景的前景检测性能指标对比　　表 2-3

方　法	*Recall*	*Precision*	*F-Measure*	*Similarity*
SDC	0.612	**0.715**	0.673	0.499
ViBe	0.834	0.589	0.687	0.510
GMM	0.295	0.223	0.251	0.178
SAGMM	0.410	0.414	0.416	0.280
LPLGMM	0.493	0.316	0.385	0.257
GMMCM	**0.921**	0.502	**0.696**	**0.522**

六种背景模型方法在夜晚交通灯场景的前景检测性能指标对比　　表 2-4

方　法	*Recall*	*Precision*	*F-Measure*	*Similarity*
SDC	0.711	0.401	0.514	0.347
ViBe	0.820	0.410	0.532	0.375
GMM	0.075	0.137	0.087	0.065
SAGMM	0.301	0.277	0.291	0.181
LPLGMM	0.432	**0.429**	0.421	0.285
GMMCM	**0.927**	0.398	**0.550**	**0.383**

六种背景模型方法在晴天树枝摇摆和阴影场景的前景检测性能指标对比　　表 2-5

方　法	*Recall*	*Precision*	*F-Measure*	*Similarity*
SDC	0.716	0.512	0.590	0.419
ViBe	0.606	**0.623**	0.618	0.450
GMM	0.245	0.187	0.201	0.110
SAGMM	0.550	0.343	0.413	0.251
LPLGMM	0.417	0.115	0.186	0.119
GMMCM	**0.850**	0.537	0.662	**0.495**

六种背景模型方法在三个真实场景前景检测平均性能指标的对比　　表 2-6

方　法	*Recall*	*Precision*	*F-Measure*	*Similarity*
SDC	0.679	**0.542**	0.592	0.421
ViBe	0.753	0.540	0.612	0.445
GMM	0.205	0.182	0.179	0.117
SAGMM	0.420	0.344	0.373	0.237
LPLGMM	0.447	0.286	0.330	0.220
GMMCM	**0.899**	0.479	**0.636**	**0.466**

六种背景模型方法在 CDnet2014 的 streetlight 场景的前景检测性能指标对比 表 2-7

方　法	*Recall*	*Precision*	*F-Measure*	*Similarity*
SDC	0.707	**0.517**	0.571	0.423
ViBe	0.864	0.234	0.328	0.218
GMM	0878	0.131	0.229	0.129
SAGMM	0.862	0.173	0.289	0.168
LPLGMM	0.350	0.236	0.282	0.164
GMMCM	**0.985**	0.450	**0.628**	**0.461**

为了评估置信度对 GMMCM 方法灵敏度的影响，基于 CDnet2014 的 streetlight 场景，通过设置 GMMCM 不同的初始置信度（C_0）来观察不同 C_0 值与算法性能指标 *F-Measure* 的关系。图 2-18 为 CDnet2014 的 streetlight 场景中初始置信度与性能指标 *F-Measure* 的关系图，从图中可以看出性能指标 *F-Measure* 对不同的 C_0 值并不敏感，C_0 值从 10 到 125 变动，性能指标 *F-Measure* 并未出现较大波动，*F-Measure* 在 C_0 从 25 变化到 125 时很平缓。置信度是根据当前交通场景状态和当前像素位置背景模型的稳定性自适应更新变化的。置信度和交通场景状态相互作用，因此，交通场景状态的评价结论是一个关键因素，然而使用显式表示函数定义城市的交通状况是一个困难的问题。文献通过定性定义交通状况模糊边界来区分复杂的交通状态。通过大量的实验得到这种区分方法对于本书中研究的场景也是合理的，因此采用同样的方式定义城市交通场景的状态。城市交通场景状态的确切定义可以用来获取更准确的前景目标检测和改善算法的性能指标。通过上述定性和定量对比分析，GMMCM 方法能有效地处理复杂城市交通场景中车辆的缓慢行驶或短时停留问题。

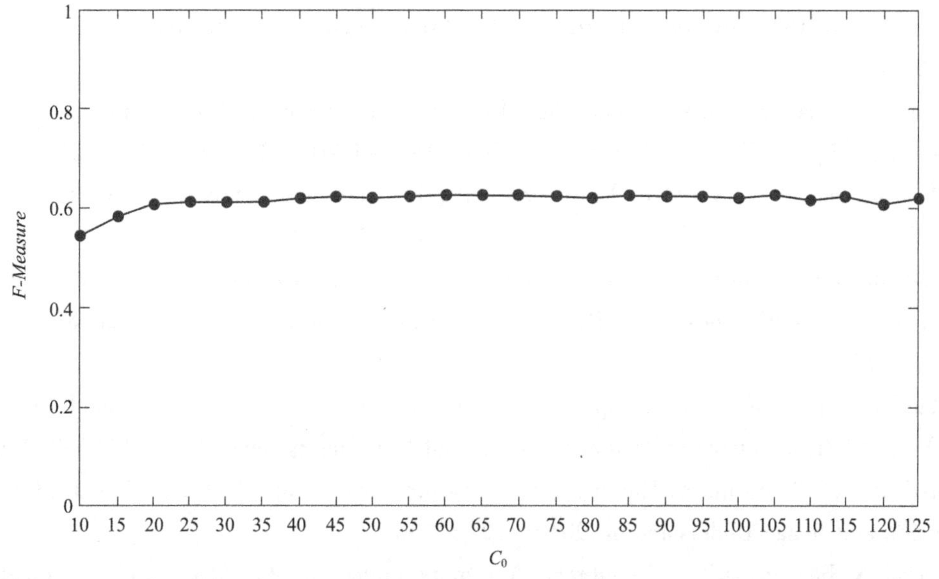

图 2-18　CDnet2014 的 streetlight 场景中初始置信度与性能指标 *F-Measure* 的关系图

2.5 小　结

本章开展了基于鲁棒混合高斯模型的智慧交通场景中车辆检测的方法研究工作。首先,基于传统GMM算法和像素点的场景状态提出了一种GMMCM方法来检测复杂城市道路交叉路口场景中的车辆,GMMCM为每个像素点设置一个置信度,且置信度根据当前像素点的交通状态和稳定性自适应更新,同时背景模型的学习率也根据当前的交通场景状态自适应更新;其次,采用三个城市道路交叉路口场景与公用数据集开展了GMMCM与GMM、SAGMM和LPLGMM的定性对比实验,实验结果表明GMMCM在阻止背景模型不被缓慢行驶或短时停留的车辆"污染"方面的性能优于GMM、SAGMM和LPLGMM;最后,评价了GMMCM与其他五种方法处理城市交通场景的有效性,GMMCM、SDC、ViBe、GMM、SAGMM和LPLGMM的平均性能指标中的Recall值分别为0.899、0.753、0.679、0.420、0.447、0.205,平均性能指标中的*F-Measures*值分别为0.636、0.612、0.592、0.373、0.330、0.179,定量和定性对比实验结果表明GMMCM方法在处理城市交通场景中车辆缓慢行驶和短时停留问题的性能是最优的。

本章参考文献

[1] Spampinato C, Palazzo S, Kavasidis I. A texton-based kernel density estimation approach for background modeling under extreme conditions[J]. Computer Vision and Image Understanding, 2014, 122(5): 77-83.

[2] Kim K. Real-time foreground-background segmentation using codebook model[J], Real-Time Imaging, 2005, 11(3): 172-185.

[3] Wu M J, Peng X R. Spatio-temporal context for codebook-based dynamic background subtraction[J], AEU-International Journal of Electronics and Communications, 2010, 64(8): 739-747.

[4] Guo J. Fast background subtraction based on a multilayer codebook model for moving object detection[J]. IEEE Trans. Circuits Syst. Video Technol. 2013, 23(10): 1809-1821.

[5] Shah M, Deng J D, Woodford B J. A Self-adaptive CodeBook (SACB) model for real-time background subtraction[J]. Image and Vision Computing, 2015, 38(6): 52-64.

[6] Maddalena L, Petrosino A. A self-organizing approach to background subtraction for visual surveillance applications[J]. IEEE Transactions on Image Processing, 2008, 17(7): 1168-1177.

[7] Maddalena L, Petrosino A. Stopped object detection by learning foreground model in videos [J]. IEEE Transactions on Neural Networks and Learning Systems, 2013, 24(5): 723-735.

[8] Maddalena L, Petrosino A. The 3dSOBS + algorithm for moving object detection[J]. Computer Vision and Image Understanding, 2014, 122(5): 65-73.

[9] Sobral A, Bouwmans T. BGS Library: A Library Framework for Algorithm's Evaluation in Foreground/Background Segmentation[M]. Background Modeling and Foreground Detection

for Video Surveillance. United Kingdom: CRC Press, 2014.

[10] Buch N, Velastin S, Orwell J. A review of computer vision techniques for the analysis of urban traffic [J]. IEEE Transactions on Intelligent Transportation Systems, 2011, 12 (3): 920-939.

[11] 张超. 智能视频系统中若干关键技术的研究[D]. 合肥:安徽大学,2014.

[12] 钟承君. 统计式背景模型应用于视觉监视之研究[D]. 台南:台湾成功大学,2008.

[13] Mitchell T M. Machine learning[M]. Boston: Wesley Longman Press, 1997.

[14] KaewTraKulPong P, Bowden R. An improved adaptive background mixture model for real-time tracking with shadow detection[M]. New York: Springer US, 2002.

[15] Lee DS. Effective Gaussian mixture learning for video background Subtraction [J]. IEEE Transactions on Pattern Analysis and Machine Intelligence, 2005, 27(5): 827-832.

[16] Stauffer C, Grimson W E L. Adaptive background mixture models for real-time tracking: Proceedings of IEEE Conference on Computer Vision and Pattern Recognition[C]. NYC: IEEE Press, 1999.

[17] Santoyo-Morales J E, Hasimoto-Beltran R. Video background subtraction in complex environments[J]. Journal of applied research and technology, 2014, 12(3): 527-537.

[18] Toral S L, Vargas M, Barrero F. Embedded multimedia processors for road-traffic parameter estimation[J]. Computer, 2009(12): 61-68.

[19] Toral S, Vargas M, Barrero F, et al. Improved sigma-delta background estimation for vehicle detection[J]. Electronics letters, 2009, 45(1): 32-34.

[20] Vargas M, Milla J M, Toral S L, et al. An enhanced background estimation algorithm for vehicle detection in urban traffic scenes[J]. IEEE Transactions on Vehicular Technology, 2010, 59(8): 3694-3709.

[21] Milla J M, Toral S L, Vargas M, et al. Dual-rate background subtraction approach for estimating traffic queue parameters in urban scenes[J]. IET Intelligent Transport Systems, 2013, 7(1): 122-130.

[22] Goyette N, Jodoin P M, Porikli F, et al. Changedetection. net: A new change detection benchmark dataset: IEEE Computer Society Conference on Computer Vision and Pattern Recognition Workshops[C]. NYC: IEEE Press, 2012.

[23] Wang Y, Jodoin P M, Porikli F, et al. CDnet 2014: an expanded change detection benchmark dataset: Proceedings of the IEEE Conference on Computer Vision and Pattern Recognition Workshops[C]. NYC: IEEE Press, 2014.

[24] Shah M, Deng J D, Woodford B J. Video background modeling: recent approaches, issues and our proposed techniques[J]. Machine Vision and Applications, 2014, 25(5): 1105-1119.

[25] Chen Z, Ellis T. A self-adaptive Gaussian mixture model[J]. Computer Vision and Image Understanding, 2014, 122(1): 35-46.

第3章 基于级联集成分类器的智慧交通场景中车辆品牌识别方法研究

由于场景随机、光照变化等影响因素较多,智慧交通场景中车辆品牌的精确识别具有一定难度和挑战性。本章开展了基于级联集成分类器的智慧交通场景中车辆品牌识别方法的研究工作,通过分析交通监控视频车辆图像的几何、颜色及纹理等特征,提出了一种基于车辆轮廓对称特征和车牌对称特征的两种特征融合的车辆检测方法,并与基于车辆边缘、车牌、车辆纹理特征和车辆图像 Gabor 特征等 5 种检测方法进行了对比分析;根据车辆品牌识别需要引入两种边缘信息描述子,即 HOG 和 Contourlet 特征。为了避免维数灾难,本书提出使用主成分分析(PCA)进行数据降维,同时,探讨了使用特征融合提升识别率的可能性,并提出使用两种特征简单串联作为融合特征,在车型识别阶段通过实验分析了几种不同特征的识别效果。

3.1 基于车辆轮廓与车牌对称融合特征的车脸区域检测

以车辆轮廓竖直对称轴为定位车辆区域是一种有效的检测方法,但车辆轮廓对称轴易受树木、道路标线等因素的影响。本书根据车辆轮廓存在竖直对称轴和车牌存在水平和竖直对称轴的特点,首先检测车辆轮廓竖直对称轴,然后以车辆轮廓对称轴位置为参考检测车牌水平和竖直对称轴,最后根据所检测的车牌水平和竖直对称轴进行车辆区域及车型识别感兴趣区域(ROI)定位。

3.1.1 边缘检测

首先生成输入灰度图像的边缘图像,采用拉普拉斯(Laplace)算子进行车辆边缘检测,然后对边缘图像进行中值滤波,中值滤波结果在消除噪声的同时保存了图像中的细节部分。拉普拉斯算子是不依赖于边缘方向的二阶微分算子,对于数字图像,拉普拉斯变换可以借用模板实现,模板函数可以表示为:

$$G(i,j) = |4f(i,j) - f(i+1,j) - f(i-1,j) - f(i,j+1) - f(i,j-1)| \tag{3-1}$$

式中,$G(i,j)$为将(i,j)处的像素值$f(i,j)$使用 Laplace 算子计算后的结果。

图 3-1 为输入图像灰度化后使用 Laplace 算子进行边缘检测及滤波后的结果。

3.1.2 轮廓对称轴检测

图 3-2 所示为车辆轮廓对称轴搜索区域及搜索区域内水平扫面线对称值计算。考虑到车辆区域在监控图像固定范围内,为减少运算量,图像边缘区域可以不做考虑,设置车辆对称轴搜索区域如图 3-2a)所示,计算水平扫描线上每个像素点的对称值[1]:

$$V(x,y)=\sum_{x'=1}^{W/2}S(x,x',y') \tag{3-2}$$

$$S(x,x',y')=\begin{cases}5, f(x-x',y')=f(x+x',y')=255\\-1, f(x-x',y')\neq f(x+x',y')\\0, f(x-x',y')=f(x+x',y')=0\end{cases} \tag{3-3}$$

式中，$V(x,y)$为(x,y)处对称值；W为计算每个像素点对称值的幅宽，本书根据车辆图像的像素宽度假设为300；x'为当前搜索水平扫面线上像素的横坐标；y'为当前水平扫描线纵坐标。

每条扫描线上像素对称值计算结果如图3-2b)所示。

a)输入图像

b)边缘检测

图3-1 输入图像及车辆边缘检测结果

a)车辆对称轴搜索区域

b)扫描线对称值计算

图3-2 车辆轮廓对称轴搜索区域及搜索区域内水平扫面线对称值计算

根据车辆轮廓几何特征，车辆轮廓对称值在其竖直对称轴处最大而在车辆边缘处最小，根据式(3-4)计算每列对称值之和：

$$Vcol(x)=\sum_{n=0}^{M}V(x,n^{*}val) \tag{3-4}$$

式中，val为行距；$Vcol(x)$为第x列对称值之和。

对$Vcol(x)$进行排序，得到最大对称值$Vcol(x_m)$对应列x_m作为车辆轮廓的对称轴。对称轴上决定对称值大小的像素点集中在车辆边缘信息最丰富的区域，如散热器、车灯所在区域，以此可以搜索对称轴上最大对称值区段，使用以下公式检索对称值最大区段：

$$Vcol(x_m,n)=\sum_{n=i}^{i+5}V(x_m,n^*val),i=1,2,\cdots,M \tag{3-5}$$

得到 $Vcol(x_m,n)$ 最大时对应的扫描行 n_m，对应图像纵坐标为 $y_m=n_m{}^*val$。车辆轮廓对称轴及车牌对称轴搜索区域如图 3-3 所示。图 3-3a）中竖直线为实验车辆图像的对称轴，白色圆点（x_m，y_m）为对称值最大区段起始行，由计算结果可以看出对称轴上最大对称值区段所在行车辆轮廓信息最丰富。

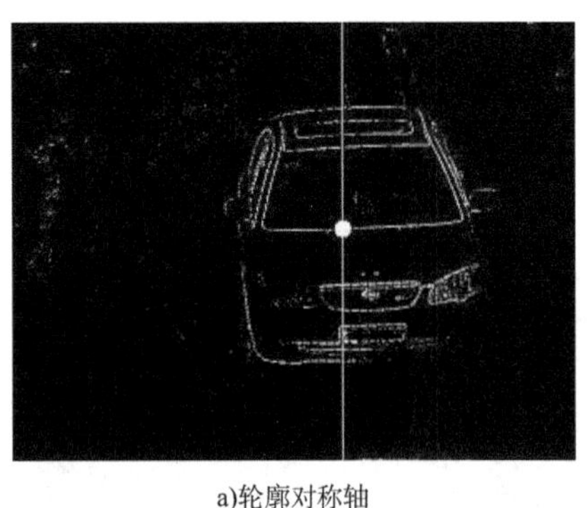

a)轮廓对称轴

b)车牌对称轴确定

图 3-3 车辆轮廓对称轴及车牌对称轴搜索区域

3.1.3 车牌对称轴检测

考虑到车辆轮廓丰富区域一般在车辆散热器和车灯等位置，本书以车辆轮廓对称轴上最大对称值区段起始行作为参考点，该参考点位于车牌上方且位置变化范围较大，若以该点作为车辆轮廓定位参考点，则定位误差较大，可以此参考点为基准搜索车牌水平和竖直对称轴所在位置。以参考点（x_m，y_m）作基准，在其下方搜索车牌水平和竖直对称轴。设参考点（x_m，y_m）到车辆轮廓对称轴搜索窗下边缘距离为 δ，车牌水平对称轴搜索区域为参考点到搜索下边缘距离 δ 的（β_1 ~ β_2）倍，$\beta_1=0.2$，$\beta_2=0.8$，如图 3-3b）中竖直扫描线区域。计算车牌水平对称轴搜索区域每条竖直扫描线上像素点对称值，将每行对称值之和最大行作为车牌水平对称轴，图 3-3b）中水平线所示位置即车牌水平对称轴 y_s。在由点（$x_m-\delta_1$，$y_s-\delta_2$）和（$x_m+\delta_1$，$y_s+\delta_2$）确定的矩形范围内搜索车牌竖直对称轴，与车牌水平对称轴计算方法相同，计算车牌竖直对称轴，处于车辆轮廓对称轴右方的竖直线即为车牌竖直对称轴 x_s，车牌水平对称轴和竖直对称轴交点为（x_s，y_s）。

3.1.4 车辆区域定位

根据车辆对称轴和基准点假设车辆区域，假设车辆区域在由（x_s-w，y_s-h_t）和（x_s+w，y_s+h_b）确定的矩形包围框内。使用基于灰度积分投影的方法搜索车辆区域，边缘图像竖直及水平积分投影计算公式为：

$$v_i=\sum_{j=1}^{2w}f(x_i,y_j) \tag{3-6}$$

$$h_i = \sum_{i=1}^{h_b+h_t} f(x_i, y_j) \tag{3-7}$$

式中，$f(x,y)$是点(x,y)处的像素值。

图3-4所示为车辆区域假设及车辆区域验证，其中a)为假设区域内车辆灰度水平和竖直投影直方图。

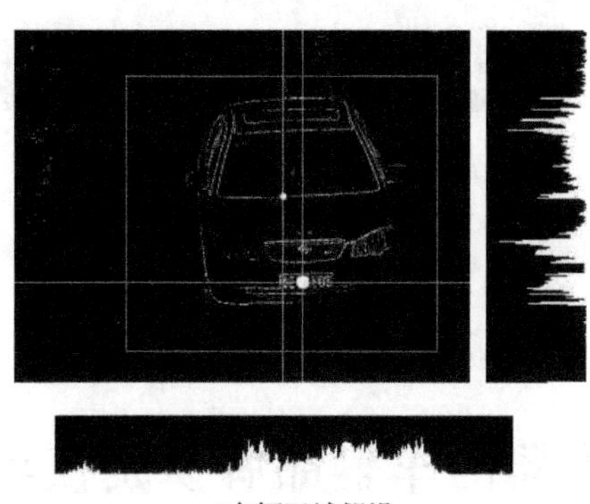

a)车辆区域假设

b)车辆区域验证

图3-4　车辆区域假设及车辆区域验证

分别计算竖直和水平积分投影的最大值 m_v 及 m_h，以从上向到下搜索水平投影目标像素个数超过阈值$0.5m_h$的第一行作为上边界，以从左到右搜索竖直投影目标像素个数超过阈值$0.5m_v$的第一列作为左边界，使用同样的方法搜索得到右边界和下边界。b)为车辆区域检测的最终结果。

3.1.5　车脸区域定位

车辆发动机舱盖下方包含车标、车灯及散热器的前脸区域，反映了车辆品牌的主要信息，而不同品牌车辆发动机舱盖上方的风窗玻璃部位则大同小异，因此，车型分类的感兴趣区域（ROI）是车辆前脸区域。结合本章提出的对称轴检测方法及车牌检测方法定位车牌，首先定位到车牌对称中心，以对称中心假设车牌搜索区域，假设区域如图3-5所示，由于监控相机角度及位置固定，所拍摄图像中车牌尺寸固定，假设车牌大小为$W \times H$，在车牌搜索区域内进行遍历匹配，统计每个大小为$W \times H$窗口内的目标像素个数，当目标像素个数超过某一阈值时将对应窗口标记为车牌区域，否则排除该窗口，像素个数阈值满足以下要求：

图3-5　车牌位置搜索

$$t = \rho \sum_i \sum_j \mathrm{f}(i,j) \tag{3-8}$$

式中，$\sum_i \sum_j \mathrm{f}(i,j)$为搜索区域内所有目标像素个数；$\rho$为系数，决定阈值$t$的大小。搜索遍历的示意图如图3-5所示。图3-6所示为根据车牌位置确定感兴趣区域，考虑到车辆前脸图像尺寸与车牌图像尺寸之间的固定关系，假设车牌的宽度为w_p，使用图3-6a)所示的方法确定车辆前脸感兴趣区域，图3-6b)最终获取的车脸ROI区域。

a)车辆图像ROI区域检测

b)车脸ROI区域

图 3-6　根据车牌位置确定感兴趣区域

3.2　基于级联集成分类器的车辆品牌识别模型

3.2.1　梯度方向直方图(HOG)

梯度方向直方图(HOG)特征是由 Dalal[2] 提出并应用于静态图像中的行人检测上，并且推广到静态图像中的车辆、行人及常见动物等目标的检测。该特征计算局部图像梯度的方向信息统计值，与尺度不变特征变换(SIFT)、边缘方向直方图(EOH)以及形状上下文方法等特征在计算方法上有相似之处，但 HOG 描述器是在一个网格密集且大小统一的细胞单元(Cells)上计算，同时还采用了重叠的对比度归一化技术以提高性能。HOG 的具体实现方法是：首先将图像分成小的连通区域，即细胞单元(Cells)；然后根据 Cells 中各像素点的梯度方向和幅值计算得到其梯度方向直方图；最后把这些直方图组合起来构成特征描述器。为了提高性能，在图像的更大区间(Block)内对这部分 Cells 的梯度方向直方图进行归一化，即先计算各直方图在区间中的密度，然后根据密度对区间中的各细胞单元进行归一化，归一化能够消除光照和阴影的影响。具体流程图如图 3-7 所示。

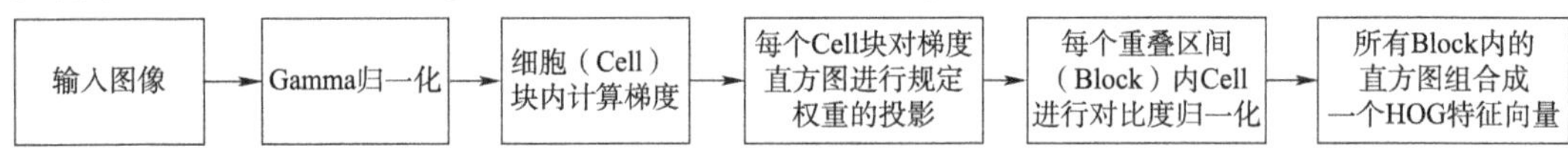

图 3-7　HOG 特征提取算法流程

3.2.2　Contourlet 变换

由 Do[3] 提出的 Contourlet 变换是结合拉普拉斯塔形分解(LP)和方向滤波器组(DFB)实现的一种多分辨率、多方向、局域的图像表示方法。Contourlet 变换用随尺度变化长宽比的长条形基结构来逼近图像，具有方向性和各向异性。Contourlet 对曲线的表述如图 3-8 所示。

LP 分解是实现图像多分辨率分析的一种有效方式。每一层 LP 分解将产生一个下采样的低通图像部分和一个该图像与预测图像的差图像。对低通图像继续分解，得到下一层的低通图像和差值图像。二维方向滤波器组(DFB)应用于 LP 分解得到的每一级高频分量上，

在第 l 层上得到 2^l 个方向子带，图像每次经 LP 子带分解产生的高通子带输入 DFB，逐渐将奇异点连成线结构，从而捕获图像中的轮廓。Do 提出的 DFB 包括两个模块，即梅花滤波器组和平移操作。两通道的梅花滤波器组（Quincunx 滤波器，如图 3-9 所示）是用扇形滤波器将 2-D 光谱分成两个主要方向：水平方向和垂直方向。

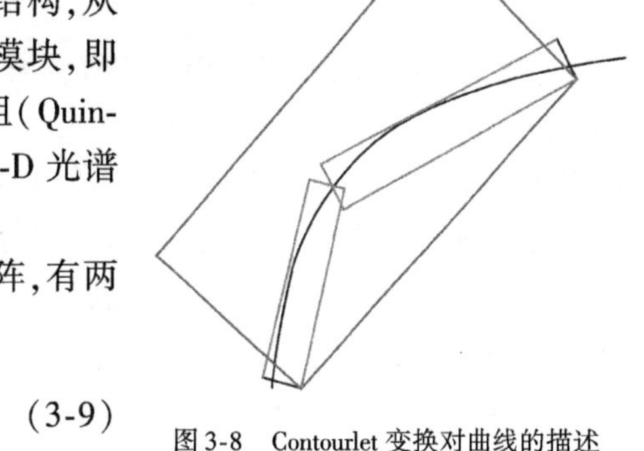

图 3-8　Contourlet 变换对曲线的描述

其中，H 和 G 为分解和合成滤波，Q 为采样矩阵，有两种形式：

$$Q_0 = \begin{Bmatrix} 1 & -1 \\ 1 & 1 \end{Bmatrix} \quad Q_1 = \begin{Bmatrix} 1 & 1 \\ -1 & 1 \end{Bmatrix} \tag{3-9}$$

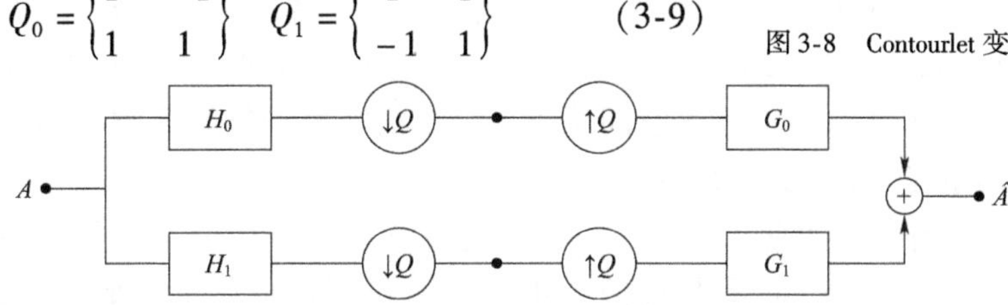

图 3-9　Quincunx 滤波器

其中，Q 的作用是将图像旋转并下采样，Q_0 和 Q_1 分别将图像旋转 45°和 −45°。平移操作（Shearing）是在 Quincunx 滤波分解阶段前进行。Shearing 操作对图像进行旋转，并将其宽度变为原来的两倍。Shearing 操作可采用如下四种采样矩阵：

$$R_0 = \begin{Bmatrix} 1 & 1 \\ 0 & 1 \end{Bmatrix} \quad R_1 = \begin{Bmatrix} 1 & -1 \\ 0 & 1 \end{Bmatrix} \quad R_2 = \begin{Bmatrix} 1 & 0 \\ 1 & 1 \end{Bmatrix} \quad R_3 = \begin{Bmatrix} 1 & 0 \\ -1 & 1 \end{Bmatrix} \tag{3-10}$$

将金字塔分解和方向滤波器结合起来，就实现了 Contourlet 变换。LP 分解不具有方向性，而 DFB 能够较好理解高频部分，但对低频部分分析程度不够，二者的结合弥补了对方的不足，从而得到了很好的图像描述。图 3-10 所示为一幅输入车辆前脸图像的三层 Contourlet 分解，其中第 l 层分解的方向子带数为 2^l，最细致层上的方向子带数为 16，将每层的所有子带拼成了一张图片。在实际的车型识别过程中，将子带图像直接作为输入特征会使特征向量维数过高，但直接将每个子带的均值和方差作为输入特征又会忽略掉比较多的细节信息，本书提出以每一层所有子带合并后图像每行的均值和方差作为特征，对于一张输入大小为 256×256 的图像，Contourlet 变换后的三层子带合并图像大小分别为 16×16、64×64、128×128，则该图像的 Contourlet 特征维数大小为 $2 \times (16 + 64 + 128) = 896$。

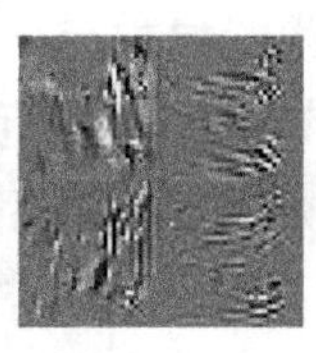
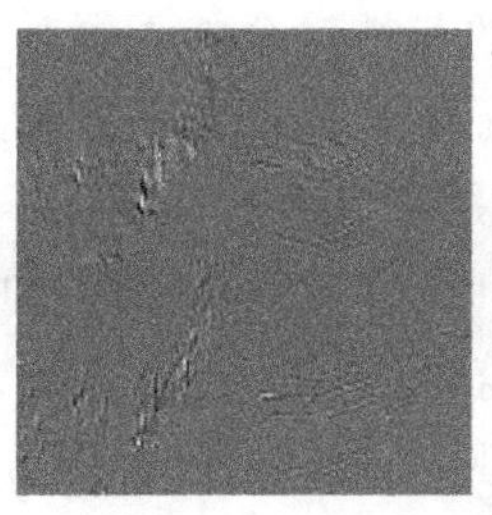
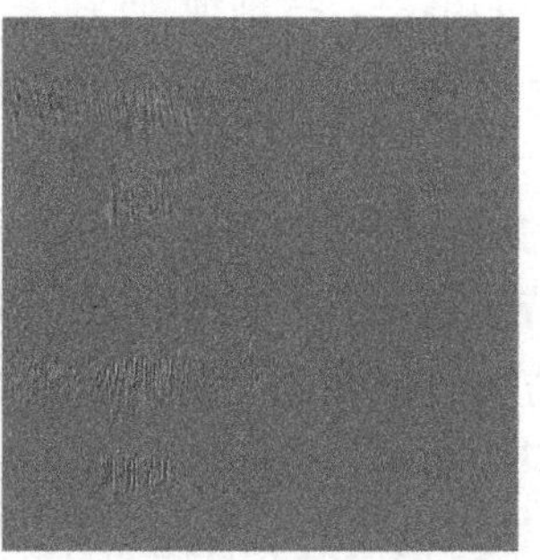

图 3-10　输入车辆图像的三层 Contourlet 分解

3.2.3 特征降维

在机器学习中,经常采用一些降低维数的方法来避免高维特征向量维数灾难[4],在训练样本固定的情况下,一些分类器(如贝叶斯网络、k 近邻)的预测能力通常随着特征向量维度的增加而减小。所以在将样本输入分类器之前通常采取一些降低维数的措施,降低特征向量维数的方法有主成分分析(PCA),线性判别分析(LDA)[5]和典型相关分析(CCA)[6]等,同时支持向量机(SVM)中的核函数[7]也可以有效地解决高维到低维的映射问题。前两节所介绍的两种特征描述子提取出的图像特征维数都比较高,如不对获取的特征向量进行降低维数处理,那么分类器对信息处理的效率和精确度都会下降。主成分分析(PCA)是一个高普适用方法,通过 PCA 方法求出数据集的主元,将其余的维数省去,从而达到降低维数和简化模型的目的。PCA 方法是将数据空间通过正交变换映射到低维子空间的过程,通过求得一个低维的投影矩阵,用高维的特征乘以该投影矩阵,便可以将高维特征的维数下降到指定的维数。假设有 N 个样本数据$X_i = \{x_1^i, x_2^i, \cdots, x_D^i\}$,$1 \leqslant i \leqslant \mathrm{N}$,其中 D 为样本特征维数,PCA 的目标是寻找 $r(r<D)$ 个新变量,使他们反映事物的主要特征,具体实现过程如下所述:

(1)计算所有样本的均值向量。

$$\mu = \left(\frac{1}{N}\sum_{i=1}^{N}x_1^i, \frac{1}{N}\sum_{i=1}^{N}x_2^i, \cdots, \frac{1}{N}\sum_{i=1}^{N}x_D^i\right) \tag{3-11}$$

(2)计算协方差矩阵。

$$S = \frac{1}{N}\sum_{i=1}^{N}(X_i - u)(X_i - u)^T \tag{3-12}$$

(3)计算矩阵 S 的特征值 λ_i 和对应的特征向量v_i。

(4)对特征值进行递减排序,并将特征向量重排,使其和排序后的特征值一致。

(5)定义贡献率为主要特征值(主成分)在所有特征值之和中占的比重,取前 r 个主要特征值(主成分)代替原来所有的特征值时,累计贡献率的大小反映了这种取代的可靠性。

(6)用输入特征向量乘以 r 个主成分所对应的特征向量构建的投影矩阵,即可达到数据维数降低的目的,将输入样本特征维数从 D 维降低到 r 维。

3.2.4 融合特征

尽管 HOG(图 3-11)和 Contourlet 特征已经得到广泛的应用,但实用性方面的许多问题还没有得到解决。特别地,现在关于两种特征是否能够获取图像潜在的、不同的互补信息还没有详细的说明。因此,两种特征的互补融合能否提升识别率是一个值得关注的问题。从大体上来说,本书所提及的两种特征能够从不同角度描述图像内容。同时使用两种特征得到图像的综合信息来提升分类器识别车型的效率是个不错的选择。近年来也有关于组合两种不同特征描述子方法的研究。其中被广泛使用的一种是基于典型相关分析(CCA)[6]的特征融合方法。但是 CCA 是一种无监督的特征提取方法,并且不采用样本的类型信息,这就限制了识别功能。另外一种颇具影响力的特征融合方法是支持向量机(SVM)框架中的多核学习[7],该方法通过线性组合来开发不同特征的核,相对于其他特征融合方法,其最大优势是能够组合不同来源数据的信息。由于涉及的车型数据来源单一,所以本书使用了一种较为简单的特征组合方法。如何有效进行多特征融合仍是一个开放问题,但多特征融合能够提升系统的可靠性和健壮性得到了学者们的共识。直接将两种特征(如 HOG 和 Contourlet 特征)简单串联是一种有效的提升识别率的方法,其中多层神经网络(MLP)对融合特征识别效率的提升尤其显著,而且 MLP 多分类器集成和融合特征结合能够进一步提升识别率。本书所使用的第一个特征是 HOG 特征,将一幅输入图像归一化为 64 ×64,设置细胞单元大小为 8 ×8,在每个细胞单元内统计 9 个直方图通道的无向梯度(即将 0 ~ 180°的梯度方向划分为 9 个区间),同时设置归一化块(block)的大小为 16 ×16(即包含 4 个细胞单元),块在水平和竖直方向的步进大小均为 8,如图 3-5 所示为各尺寸之间的相对关系,最后将所有细胞单元的直方图组合起来形成 HOG 特征描述子,得到的特征描述子大小为 9 ×4 ×7 ×7 =1764。

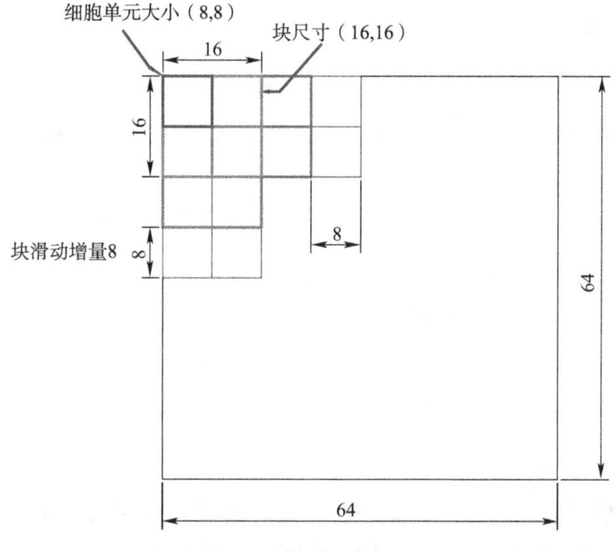

图 3-11　HOG 参数示意图

对于 Contourlet 特征,对输入车辆图片进行三层分解,将每一层对应的所有子带拼成一张图片,统计 Contourlet 在每层子带拼接图像的每行均值、方差,并以其作为特征描述子。由于车辆图像横向信息存在冗余,将输入图像归一化为 256 ×256,则得到每层 Contourlet 分解子带拼接图像大小分别为 16 ×16、64 ×64 和 128 ×128,统计每行的均值、方差,以其作为特征描述子,最终得到特征向量的大小为(64 +128 +256) ×2 =896 维。分类器中朴素贝叶斯分类器和 k-近邻对高维特征都比较敏感,当维数比较高时,神经网络的参数设计也比较复杂,可能需要比较多的隐含层结点,训练时间也比较长,因此,对特征进行降低维数处理是必要的。分别对 HOG 和 Contourlet 特征进行 PCA 分析,取累计贡献率为 95% 对应的投影矩阵,使用投影矩阵对训练样本和测试样本特征进行变换,得到投影后的 HOG 和 Contourlet 特征维数分别为 570 维和 130 维,对应之前的高维特征数据,其维数降低较为明显。特征分类的过程是通过建立样本集经分类器学习后,可将输入测试样本自动分类到已知类别。模式识别中有很多成熟的分类器如神经网络、k-近邻和支持向量机[7-9]等,但现在关于分类器可靠性问题的研究还比较少,可靠性即分类器做出某个决定的置信度。尽管现在已有的分类器可以达到很高的识别效率,但是交通监控中嫌疑车辆的识别上需要更高的可靠度。目前道路上运行的车辆品牌很多,很难将所有的车型都包含在数据库中,对于未知车型的强行分类显得毫无意义;另外,在车辆检测过程中也无法做到对每一辆车都能精确提取到感兴趣区域,将背景作为车辆区域进行分类显然会得到较差的结果。这时,如果能在分类器中加入拒识功能,即拒绝识别置信度不高的输入样本(模糊图片、新车型、背景区域等),并且将这些样本拣出由人工识别,这样就提高了分类器的可靠性。本章首先介绍几种成熟的分类器,分别使用不同的分类器对两种特征和融合特征进行识别,同时引入一种带有拒识功能的级联集成分类器方案。

3.3 级联集成分类器模型

3.3.1 高可靠性分类器构建

一个能够最小化错误率并且将不确定类型的测试样本归属到拒识类中的分类器是衡量分类器是否最优的简单规则。Chow[10]提出了一个具有拒识功能的最优规则,它应满足以下两个条件。

(1)对于一个输入样本向量 v,分类器对它识别并将其归属到第 k 类,根据贝叶斯公式,应满足:

$$p(k)p(v\mid k)\geqslant p(i)p(v\mid i) \tag{3-13}$$

$$p(k)p(v\mid k)\geqslant \rho\sum_{i=1,i\neq k}^{C}p(i)p(v\mid i) \tag{3-14}$$

(2)在满足以下条件时,分类器拒绝识别输入样本向量 v:

$$\max_{k}[p(k)p(v\mid k)]\leqslant \rho\sum_{i=1,i\neq k}^{C}p(i)p(v\mid i) \tag{3-15}$$

式中,C 为类型数目;$p(i)$ $(i=1,\cdots,C)$ 为每一类的先验概率;$p(v\mid i)$ 为给定类型的条件概率,可以根据输入样本计算得到,ρ 为决策阈值(在决策规则中)。

降低拒识率及错误率的方法有以下几种:

(1)为了降低错误率,我们需要通过增加式(4-2)和式(4-3)中的 ρ 来扩大拒绝区域。这样,被拒绝的样本会增多而被正确或错误识别的样本都会减少。

(2)根据式(4-3),为了降低拒识率,首先可以通过提高 $\max[p(k)p(v\mid k)]$ 的值,与此同时可以降低 $\rho\sum_{i=1,i\neq k}^{C}p(i)p(v\mid i)$ 的值。这就是说,在实际的识别过程中,一个输入样本应该具有与其对应类型最高的条件概率,并且相对于其他类型的条件概率最小。这意味着能够有效描述图像的特征在识别过程中扮演重要的角色。

引入拒识功能后,采用文献[11]中的方法定义识别率(Recognition Rate,*RR*),拒识率(Rejection Rate,*ReR*),错误率(Error Rate,*ER*)以及系统可靠性:

(1)$RR=\dfrac{正确识别的样本数}{所有测试样本数}$;

(2)$ReR=\dfrac{拒识的样本数}{所有测试样本数}$;

(3)可靠性 $=RR+ReR$;

(4)$ER=100\%-$可靠性。

根据识别系统可靠性的定义，在权衡拒识率（*ReR*）和错误率（*ER*）之间的关系后，可以得到一个可靠性较高的车型识别系统。

3.3.2 两级集成分类器级联方案

分类器集成的思想是分别训练一系列单个的分类器，之后选择合适的方法组合它们的分类结果。集成分类器不仅仅依靠某一单一训练集的特点，还能够学习样本更具表现力的内容，解决单个分类器的分类偏好问题。建立集成分类器有很多方法，一种主流的方法是分别使用训练样本的不同子集训练每个分类器，可以通过对训练数据重新采样（Bagging）[12]、赋予新权值（Boosting）[13]来实现。Bagging（Bootstrap Aggregation）使用一种统计重采样技术（Bootstrap）生成多个训练子集和集成分类器中的分类器组件。Boosting 的每个分类器组件的训练样本是由在它之前的分类器决定的，前一个分类器中被误分的样本将在下一个分类器中扮演重要角色。另外一个比较有前景的集成分类器是随机子空间（Random Subspace）[14]，它以从所有特征中随机选取的子集作为训练样本。因此，集成分类器是由基分类器使用特征空间中随机选取的特征子集进行训练来实现的。我们提出的集成分类器级联方案是通过降低“拒识”率及提高识别率来实现高可靠性分类系统。多层识别系统可以由若干个两级级联识别系统组成，文中仅介绍一个两级级联方案。如图 3-12 所示，第二级的集成分类器的输入测试样本是在第一级级联分类器中被拒绝识别的样本。

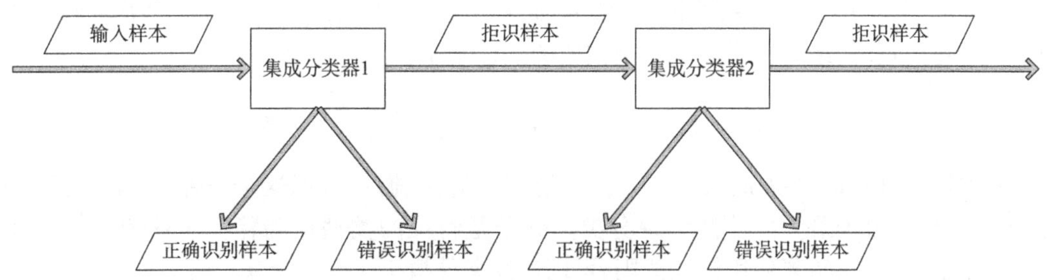

图 3-12　级联集成分类器方案

对于两层集成分类器，相应的识别率，拒识率和误识率满足以下关系：

(1) $总识别率=\dfrac{第一级识别数+第二级识别数}{总样本数}$；

(2) $总误识率=\dfrac{第一级误识数+第二级误识率}{总样本数}$；

(3) $第二级拒识率=\dfrac{第一级拒识数-第二级误识数-第二级识别数}{第一级拒识数}$。

相对于单级的集成分类器，经过两级级联的处理，被拒识的样本会减少。即两级的拒识率小于单级的拒识率。另外两级级联的识别率要高于单级分类器的识别率，同时两级级联的误识率要高于单级的误识率。本书分析的级联分类器的第一级是由四种不同的分类器（朴素贝叶斯，kNN，MLP 及 SVM）集成，分别使用朴素贝叶斯、k-近邻（kNN）、多层神经网络（MLP）及支持向量机（SVM）对输入的 HOG 和 Contourlet 特征进行训练，训练后得到 8 组决策机制。级联分类器的第二级使用旋转森林（Rotation Forest），并以 MLP 作为基分类器实现，以下就两级级联分类器的原理及方案分别介绍。

3.3.3 基于不同分类器的集成分类器

本节将首先分析朴素贝叶斯、k-近邻(kNN)、多层神经网络(MLP)及支持向量机(SVM)共4种分类器的原理,并使用两种输入特征进行训练,得到8组决策机制,之后使用8组决策机制进行投票的方式构建集成分类器对输入测试样本进行表决,表决通过的样本分为正确识别和错误识别两类样本,表决没有通过即8种机制未达成一致的样本将送入下一级集成分类器进行识别。

1)朴素贝叶斯分类器

对于二值分类问题,设样本由 n 维特征向量 $x(x\in R^n)$ 和类型值 $y(y\in C)$ 表示,其中 $C=\{-1,+1\}$。根据贝叶斯定理,后验概率定义如下:

$$p(C_i\mid x)=\frac{p(C_i)p(x\mid C_i)}{p(x)},i=1,2 \tag{3-16}$$

式中,$p(C_i)$为类型值 C_i 的先验概率;$p(x\mid C_i)$是给定类型值C_i下 x 的条件概率;$p(x)=\sum_{i=1}^{2}p(C_i)p(x\mid C_i)$为 x 的边缘概率或证据。

朴素贝叶斯分类假设特征向量的每个属性是条件独立的,根据贝叶斯定理可给出朴素贝叶斯的定义:设 $X=\{x_1,x_2,\cdots,x_n\}$ 为某待分类样本的特征向量,n 为特征维数,其中每个 $x_i(1\leqslant i\leqslant n)$ 为一个特征属性,特征对应的类别集合为 $C=\{c_1,c_2,\cdots,c_m\}$,m 为类型值个数,则根据贝叶斯定理,给定特征 X 下的类型值的条件概率 p 为:

$$p(C_k\mid x_1,x_2,\cdots,x_n)=\frac{p(x_1,x_2,\cdots,x_n\mid C_i)p(C_i)}{p(x_1,x_2,\cdots,x_n)},1\leqslant k\leqslant m \tag{3-17}$$

其中用于计算的证据 $p(x_1,x_2,\cdots,x_n)$ 是相同的,我们不考虑这个条件,如果有很多类型,则需要找到分子最大的才能实现分类。分子是特征的类型值和特征向量的联合概率:$p(C_i,x_1,x_2,\cdots,x_n)$,重复使用链式法则,可以使用条件概率表示这个联合概率:

$$\begin{aligned}
&p(C_k,x_1,x_2,\cdots,x_n)\\
&=p(C_k)p(x_1,x_2,\cdots,x_n\mid C_k)\\
&=p(C_k)p(x_1\mid C_k)p(x_2,x_3,\cdots,x_n\mid C_k,x_1)\\
&=p(C_k)p(x_1\mid C_k)p(x_2\mid C_k,x_1)p(x_3,x_4,\cdots,x_n\mid C_k,x_1,x_2)\\
&=p(C_k)p(x_1\mid C_k)p(x_2\mid C_k,x_1)p(x_3\mid C_k,x_1,x_2)\cdots p(x_n\mid C_k,x_1,x_2,\cdots,x_{n-1})
\end{aligned} \tag{3-18}$$

基于朴素条件独立的假设,每个特征 x_i 相对于其他特征 $x_j(j\neq i)$ 是条件独立的,即 $p(x_i\mid C,x_j)=p(x_i\mid C)$,所以对于 $i\neq j$,联合概率模型可以表示为:

$$p(C_k,x_1,x_2,\cdots,x_n)=p(C_k)p(x_1\mid C_k)p(x_2\mid C_k)p(x_3\mid C_k)\cdots=p(C_k)\prod_{i=1}^{n}p(x_i\mid C_k) \tag{3-19}$$

式(3-19)即为朴素贝叶斯分类器模型,使用该分类器的时候,需要学习车辆品牌对应的类型值,计算各类别在训练样本中的出现频率以及每个特征属性划分对各类别的条件概率估计,并记录结果。识别过程中,对于输入向量 X,使用式(3-19)寻找联合概率最大时对应的类型值,即可实现样本自动分类。

2)k-近邻分类器

k-近邻分类算法是所有的机器学习算法中最简单的算法之一:给定一个常数K,若某个样本在特征空间中的K个最相似样本大多数属于某一类,则将输入样本分配给该类。一般使用欧拉距离判断相似度,已知样本特征集合 D,其中包含 m 个样本,对于某一特定的输入特征向量 $X=\{x_1,x_2,\cdots,x_n\}$,使用k-近邻分类的算法如下。

(1)使用欧拉公式计算输入特征与特征集合中 m 个样本的欧拉距离,得到:

$$g_i=\|X-D_i\|=\sqrt{\sum_{j=1}^{n}(x_j-d_j)^2},1\leqslant i\leqslant m \tag{3-20}$$

(2)将$g_i(1\leqslant i\leqslant m)$从小到大排序,并根据设定的常数K取前K个最相似的样本。

(3)采用投票表决的方式确定最终的分类结果,在K个最相似样本中寻找最多的某一类对应的类型值,这里的K一般取奇数,以避免两种票数相等难以决策。

3)多层神经网络(MLP)

人工神经网络充分吸收了人识别物体的特点,除了图像本身的统计、空间几何特征外,它在被分类图像特征信息的指导下,通过自学习修改网络结构及识别方式,达到提高分类精度和速度的目的。目前,在模式识别中使用最多的为多层前馈网络,其中又以BP(Back-Propagation)网络为代表。BP网络即反向传播算法,其实质是使用非线性优化问题解决样本输入输出之间关系映射问题,并通过梯度下降算法结合迭代运算来求解网络传播权值的一种学习方法。BP神经网络的模型如图3-13所示,BP网络通常选用三层结构,除了输入层、输出层结点,还可增加一个到多个隐含层结点,但增加网络层数并不能提升网络的分类能力。对于输入信号,要先向前传播到隐含层结点,经过作用函数后,把隐含层结点的输出信号传播到输出结点,最后得到输出结果,映射函数一般采用Sigmoid函数:

$$f(x)=\frac{1}{1+e^{-x}} \tag{3-21}$$

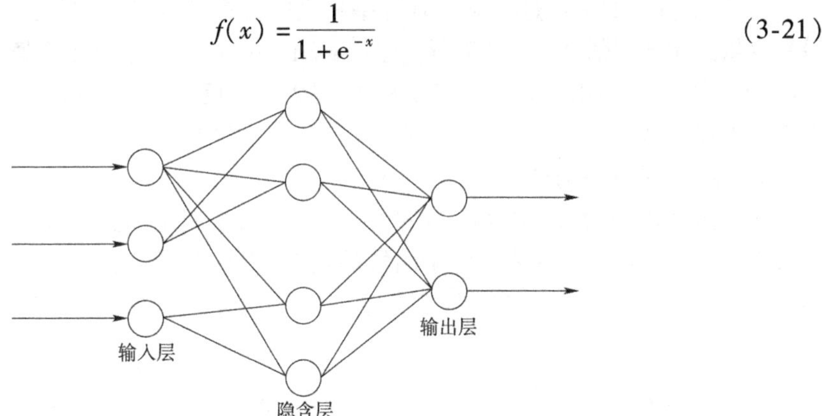

图3-13 BP网络模型

BP算法的实质是一个均方最小误差问题,对于训练样本 $X,k=1,2,\cdots,n$,期望输出为 $t=(t_1,t_2,\cdots,t_c)$,实际输出为 $z=(z_1,z_2,\cdots,z_c)$,隐含层输出为 $y=(y_1,y_2,\cdots,y_h)$,其中 c 为输出层结点个数,h 为隐含层结点个数,第 k 个神经元的输出为net_k。则BP算法的目标函数为最小化误差函数:

$$J=\frac{1}{2}\sum_{i=1}^{c}(t_i-z_i)^2 \tag{3-22}$$

权值的迭代公式为：

$$W_{ij}=W_{ij}-\mu\frac{\partial J}{\partial W_{ij}} \tag{3-23}$$

式中，μ 为学习速率，$\mu>0$。

对于输出层结点，定义 $\delta_k=\dfrac{\partial J}{\partial \mathrm{net}_k}$，于是：

$$\frac{\partial J}{\partial W_{ij}}=\frac{\partial J}{\partial \mathrm{net}_k}\frac{\partial \mathrm{net}_k}{\partial W_{ij}}=\frac{\partial J}{\partial \mathrm{net}_k}y_j=\delta_k y_j \tag{3-24}$$

$$\delta_k=\frac{\partial J}{\partial \mathrm{net}_{jk}}=\frac{\partial J}{\partial z_k}\frac{\partial z_k}{\partial \mathrm{net}_k}=-(t_k-z_k)f'(\mathrm{net}_k) \tag{3-25}$$

对于非输出层结点，即隐含层结点，有：

$$\begin{aligned}\frac{\partial J}{\partial y_j}&=\frac{\partial}{\partial y_j}\left[\frac{1}{2}\sum_{k=1}^{c}(t_k-z_k)^2\right]=-\sum_{k=1}^{c}(t_k-z_k)\frac{\partial z_k}{\partial y_j}\\&=-\sum_{k=1}^{c}(t_k-z_k)\frac{\partial z_k}{\partial \mathrm{net}_k}\frac{\mathrm{net}_k}{\partial y_j}=-\sum_{k=1}^{c}(t_k-z_k)f'(\mathrm{net}_k)W_{kj}\end{aligned} \tag{3-26}$$

于是可得：

$$\frac{\partial J}{\partial W_{ji}}=\frac{\partial J}{\partial y_j}\frac{\partial y_j}{\partial \mathrm{net}_j}\frac{\partial \mathrm{net}_j}{W_{ji}}=-\left[\sum_{k=1}^{c}(t_k-z_k)f'(\mathrm{net}_k)W_{kj}\right]f'(\mathrm{net}_k)x_i=\delta_j x_i \tag{3-27}$$

$$\delta_j=\frac{\partial J}{\partial \mathrm{net}_j}=\frac{\partial J}{\partial y_j}\frac{\partial y_j}{\partial \mathrm{net}_j}=f'(\mathrm{net}_k)\sum_{k=1}^{c}\delta_k W_{kj} \tag{3-28}$$

BP 网络算法的学习过程由正向传播和反向传播组成，对于具有 M 层的 BP 网络来说，设置网络的初始权值 W 后，对于所有样本 $k=1,\cdots,N$，首先正向计算隐含层输出 y，神经元输出net_k和网络实际输出 z；然后对各层从 M 到 2 进行反向计算，用式(3-25)和(3-28)计算δ_j，之后根据权值迭代公式(3-23)修正权值，直至网络收敛。

4)支持向量机(SVM)

支持向量机(SVM)是由 Cortes 和 Vapnik [11] 首次提出，它在解决小样本、非线性及高维数等方面表现出较大的优势。对于两类的情况，支持向量机假设训练集可被一个超平面线性划分，对于 n 维输入特征向量 x 和标记 $y=\{-1,+1\}$，定义一个点到超平面的间隔为：

$$\delta_i=y_i(wx_i+b) \tag{3-29}$$

设H_1和H_2分别为各类中离超平面最近的样本，且平行于分类超平面的平面，对于线性可分的情况，假设：

$$\begin{cases}H_1:wx_i+b\geqslant 1,y_i=1\\H_2:wx_i+b\leqslant -1,y_i=-1\end{cases} \tag{3-30}$$

将 w 和 b 进行归一化，可得分类间隔为$\dfrac{2}{\|w\|}$，使得分类间隔最大，即使$\dfrac{\|w\|}{2}$最小的超平面即最优分类超平面，如图 3-14 所示，H 是分类面，H_1 和H_2平行于 H，且过离 H 最近的两类样本的点的直线，在H_1和H_2上的样本点即支持矢量。

为了避免所有样本点都集中到H_1和H_2之间的无法分类地带，将最小分类间隔δ_i固定为1，则问题转化为具有目标函数和约束条件的二次规划问题：

$$\begin{cases}\min \dfrac{\| w \|}{2} \\ y_i(wx_i+b)\geq 1, i=1,2,\cdots,n\end{cases} \tag{3-31}$$

通常求解上述问题的方法是使用非负拉格朗日乘子α_i，得到该问题的对偶问题：

$$\min\left\{\frac{1}{2}\| w \|^2-\sum_{i=1}^{n}\alpha_i[y_i(w\,x_i+b)-1)]\right\} \tag{3-32}$$

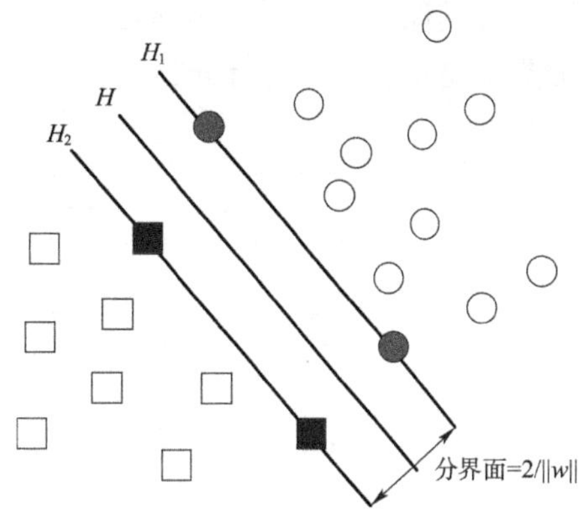

图3-14　最优分类超平面

为了避免通过将α_i趋向于$+\infty$得到最小值，而不是原问题的最优解，忽略能够被$y_i(wx_i+b)-1\geq 0$分离的点，设置相应的α_i为零，只有少部分α_i不为零，这些点即位于平面H_1和H_2上的样本点，对应的x_i即为支持矢量。则向量w为训练向量的线性组合，对应的b亦可求得：

$$w^*=\sum_{i=1}^{n}\alpha_i y_i x_i \tag{3-33}$$

$$b^*=y_i-w^*x_i \tag{3-34}$$

对应输入的测试样本x，此时分类决策函数为：

$$g(x)=\langle w^*,x\rangle+b^*=\sum_{i=1}^{n}\alpha_i y_i\langle x_i,x\rangle+b^* \tag{3-35}$$

对于非线性情况，需要采用满足Mercer条件的核函数(Kernel Function)将输入向量映射到一个高维特征空间中，核函数对应某一空间中的内积：

$$K(x_i,x_j)=\psi(x_i)\cdot\psi(x_j) \tag{3-36}$$

此时相应的决策函数为：

$$g(x)=\sum_{i=1}^{n}\alpha_i y_i K(x_i,x_j)+b^* \tag{3-37}$$

3.3.4　集成分类器表决方案

第一级集成分类器基于简单的概念建立具有拒识功能的分类器：拒识并没有正误之分，只是分类器对当前的输入样本保持中立的态度。我们通过使用上述四种不同的分类器，对两种不同的输入特征进行训练，建立集成分类器，对于某个置信度不够高的输入样本，集成分类器将放弃对它的识别。使用八种分类机制对每个输入样本进行投票表决，建立具有拒识功能的集成分类器如图3-15所示。对于一个给定的测试样本$x(x\in R^n)$，集成分类器中每个决策机制将得出一个识别结果。假设集合中分类器的个数为M_1，每个分类器预测的结果分别为$l_1,l_2,\cdots,l_{M_1}$。在从M_1个分类结果决策时，样本最终类型由所有分类器投票决定，当最少有t个分类器同意某一分类结果时，才将样本赋予该值，其中t的一种取法可以为：

$$t\geq\begin{cases}\dfrac{M_1}{2}+1, M_1\text{为偶数}\\ \dfrac{M_1+1}{2}, M_1\text{为奇数}\end{cases} \tag{3-38}$$

在其他情况下,集成分类器放弃对样本的识别。当进行多类样本分类时,只有当大多数分类器是正确时才进行分类,当大多数分类器结果不统一时放弃分类。

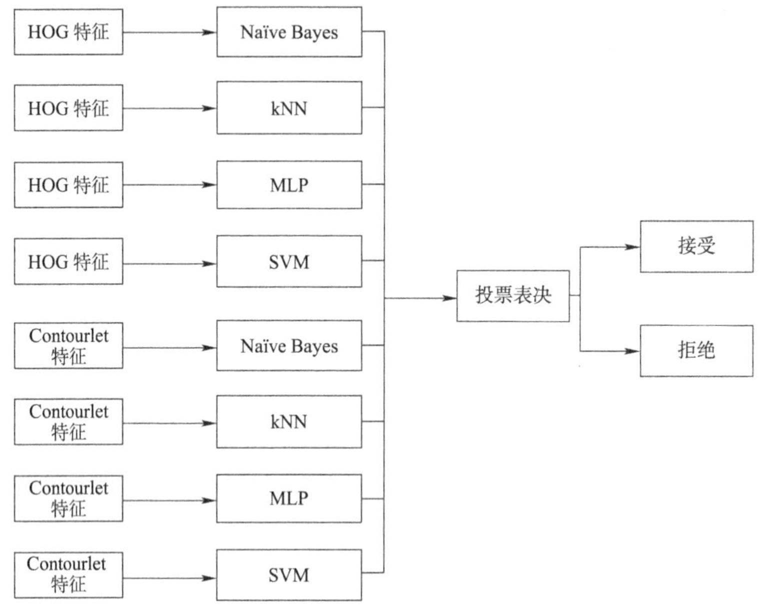

图 3-15　集成分类器表决机制

3.3.5　基于神经网络的旋转森林(RF)集成分类器

如前所述,我们希望构建一个高可靠性、低拒识率、低误识率的分类器,为了达到降低拒识率的目的,将第一级被拒识的样本送入第二级进行再次识别。根据与第一级集成分类器相同的理念,第二级分类器仍采用集成分类器来实现表决的目的。与第一级使用不同的基分类器进行集成不同,第二级采用相同的基分类器集成。我们选取多层神经网络(MLP)作为第二级的基分类器,这首先是基于提供充足的隐含层结点 MLP 可以拟合任何连续函数的前提。另外,神经网络对不同的网络结构及输入特征向量一般具有不稳定的输出。这些性质对于构建一个好的集成分类器来说都非常有利[14]。MLP 集成分类器得益于不同的基分类器对输入测试样本有不同的反映,为了进一步提升基分类器的多样性,我们使用一种新的被称为"元学习"算法的分类器集成方法——旋转森林(RF)[15]。与随机森林类似,旋转森林通过使用旋转特征空间来建立每一个基分类器。首先将输入特征集 F 划分为 K 个特征子集,然后对 K 个特征子集分别进行线性变换。之后使用 MLP 结合变换后的特征子集进行训练,建立基分类器,这里线性变换的方法采用 PCA 分析。每次经过随机分割后得到的数据都被变换到不同的空间中,因而形成差别较大的分类子集。MLP 使用这些子集进行训练可以得到差异性较大的分类器,这样就进一步提升了集成分类器中 MLP 的多样性。第二级集成分类器的表决机制如图 3-16 所示,与第一级集成分类器类似,最终样本类别由多个 MLP 通过投票决定。假设集成分类器中基分类器的个数为 M_2,当最少有 t 个分类器同意某一分类结果时,将输入测试样本类型值赋予该分类结果。这里的 t 是决策阈值,当 M_2 是偶数时,$t \geqslant \frac{M_1}{2}+1$;$M_2$是奇数时,$t \geqslant \frac{M_2+1}{2}$。如果分类器对某样本的预测没有达成一致,则仍然拒绝对它的识别,显然这里 t 仍是决定拒识率的阈值。

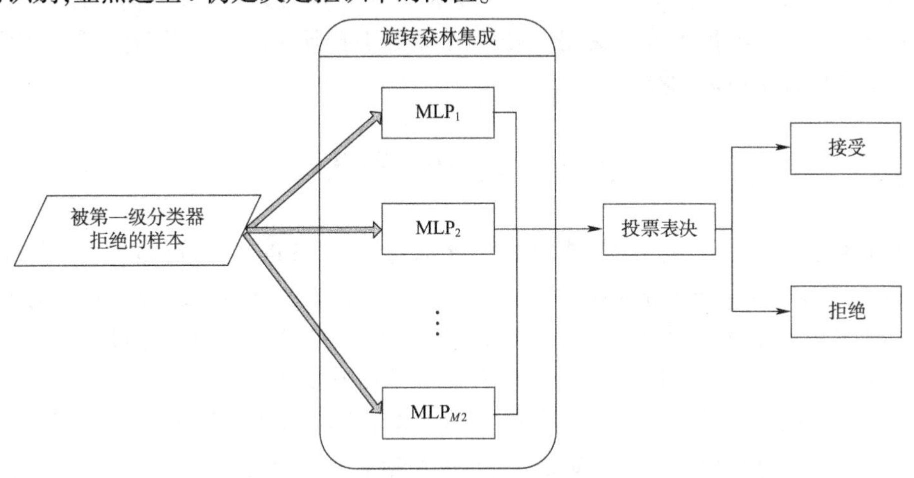

图 3-16 基于 MLP 的旋转森林集成分类器

旋转森林的实现原理为:给定包含 N 个样本的训练特征集 X,每个训练样本特征向量为 $x=\{x_1,\cdots,x_n\}$,其中 n 为特征向量维数。对应特征向量的类型值分别为 $y=\{y_1,\cdots,y_N\}$,其中y_i的值为$\omega_1,\cdots,\omega_C$中的一个,C 为类型总数,F 表示特征集。使用 $D_1,\cdots,D_L$表示每个基分类器,L 为基分类器个数,每个基分类器并行地进行训练。对于每个基分类器D_i,按照以下步骤生成训练集:

(1)设定参数 K,将 F 随机分为 K 个特征子集,特征子集可以互不相交或有交错。为了最大化多样性,我们选择互不相交的特征子集。K 通常设为维数 n 的因子,则每个特征子集包含的特征个数为 $M=n/K$。

(2)设F_{ij}为基分类器D_i的第 j 个特征子集,X_{ij}为 X 中只包含F_{ij}的特征子集,对于每个特征子集进行随机不放回的方式,抽取 75% 的样本得到样本子集 X'_{ij}。对 X'_{ij}进行 PCA 分析并存储主成分系数,即特征向量$a_{ij}^{(1)},\cdots,a_{ij}^{(M_j)}$,由于求取的协方差矩阵的特征值部分为 0,则 $M_j \leqslant M$。

(3)将对 K 个特征子集进行主成分分析,得到的系数向量使用一个稀疏旋转矩阵R_i表示:

$$R_i=\begin{bmatrix} a_{ij}^{(1)},\cdots,a_{ij}^{(M_1)} & [0] & \cdots & [0] \\ [0] & a_{ij}^{(1)},\cdots,a_{ij}^{(M_2)} & \cdots & [0] \\ \vdots & \vdots & \ddots & \cdots \\ [0] & [0] & \cdots & a_{ij}^{(1)},\cdots,a_{ij}^{(M_k)} \end{bmatrix} \tag{3-39}$$

旋转矩阵 R_i 的维数为 $n\times\sum_j M_j$。由于旋转矩阵的特征顺序在随机抽样的过程中被打乱,在计算分类器D_i的训练特征之前,需要将R_i按原始的特征顺序重排,重排后得到的旋转矩阵为R_i^a。则分类器D_i的训练样本为XR_i^a。训练完分类器后,在没有拒识的情况下,给定测试样本 x,假设$d_{i,j}(x\,R_i)$为分类器D_i判断其为ω_j类的概率,则样本分配给每个类别ω_j的可信度为:

$$u_j(x)=\frac{1}{L}\sum_{i=1}^{L}d_{i,j}(x\,R_i),j=1,\cdots,C \tag{3-40}$$

最后将 x 分配给可信度最大值所对应的类别。在分类器具有拒识选项的情况下，给定测试样本 x，按照图 4-5 所示分类决策方案，每个基分类器预测出一个类型值，最后使用多数投票的方法决定样本应属的类型。

3.4 实验分析

作为车型识别及分类的基础，选取品牌分别为 Audi、Buick、Changan、Chery、Chevrolet、Citroen、Ford、Honda、Hyundai、Mazda、Nissan、Peugeot、Toyota、Volkswagen 及 Wulin 的 15 种不同品牌车辆实验图片，每种类型 30 张，共 450 张由监控相机获取的车辆图片。本书所述算法在 VC6.0 环境下开发，使用 OpenCV[16]（开源计算机视觉库）实现图像处理操作，电脑配置为 Intel Core Duo2.0 GHz。分别使用基于边缘、基于车牌和基于车辆对称特征的三种方法对 450 张实验图片进行检测，并与 Teoh[1] 提出的车辆轮廓对称轴检测方法进行比较，当车辆包围框覆盖车辆 90% 以上区域且尺寸与车辆相差不超过 10% 时为正确识别。随机选取 150 张图片作为基于 GLCM 特征和 SVM 车辆检测、基于 Gabor 特征和 SVM 车辆检测的训练图片，对于基于 GLCM 特征的检测，将图片网格化，提取每个子窗口的灰度共生矩阵，使用 SVM 对样本图片进行训练，用训练后的结果对数据库中其余 300 张图片进行识别；对于基于 Gabor 特征的检测，则将 150 张图片共划分为 1500 张子图像，选取训练样本中车辆子图像作为车辆目标图像，另外选取 500 张背景子图像，使用 Gabor 滤波器组分别提取车辆和背景子图像的 Gabor 特征，本书 Gabor 滤波器组为 4 尺度、6 方向，则 Gabor 特征为 72 维，之后使用 SVM 训练样本特征，利用训练结果检测其余 150 张图片。六种车辆检测方法的检测结果见表 3-1。

六种车辆检测方法的检测率及检测时间 表 3-1

结果	方法					
	融合特征	轮廓特征	车牌	GLCM	Gabor	Teoh
检测率	90.7%	82.8%	80.9%	86.4%	80.8%	87.6%
检测时间(ms)	125	140	125	6513	17609	109

实验结果表明：本书所提出基于对称特征的车辆检测方法检测率为 90.7%，比 Teoh[1] 中基于轮廓对称特征的检测准确率高 3.1%，同时在检测率和检测时间上优于其他的方法，如基于 GLCM、Gabor 特征和 SVM 进行分类的方法。从表 3-1 中可以看出，该方法在检测时间上是最短的，这对车辆实时检测和识别等应用具有重要意义。本部分实验所使用的车辆前脸图像数据是通过第二章提出的基于对称特征融合方法对输入样本进行处理获取，所使用的样本集为 18 种类型车辆共 4140 张图像，随机选择其中的 85% 作为训练样本，其余 15% 作为测试样本，为达到比较好的识别结果，训练样本尽可能包含了各种光照、颜色及不同角度的车辆前脸图像，部分车辆前脸样本如图 3-17 所示。本书所涉及的模式识别算法由 OpenCV 中机器学习(ML)[16]库实现，ML 库中集成了 Boosting、随机森林、神经网络等成熟算法，根据 ML 库中算法，对输入输出特征向量的要求设置相应参数，如在神经网络中设置输入节点个数为特征向量维数，输出节点个数与类型个数相等，根据上一章所述方法设置中间

层节点个数，训练步长为1000，训练误差收敛时小于0.0001，其他算法所使用的参数在以下内容有详细介绍。本书所有程序在VS2008下实现，所使用电脑为研华工控机，配置为Intel Core Duo2.0 GHz。在实验中不同分类器的参数设置介绍如下：对于朴素贝叶斯分类器，分别计算训练样本中特征向量每个特征对类型值的条件概率以及每个类别的先验概率，对测试样本使用联合概率计算公式[式(3-18)]寻找联合概率最大时对应的类型值，实现样本的自动分类；对于kNN分类器，在保证k为奇数和投票表决公正的条件下设置k的大小为9；对于多层神经网络(MLP)分类器，实验中设计了一个三层的BP网络，其中输入层结点个数n_i为样本特征向量维数，输出层结点个数n_o为车辆品牌总数18，因此，需要建立一个大小为18维的矢量，在神经网络的训练模式中，首选是“双极”模式，我们使用0.5赋值给相应位置的模式，其他位置被赋值为-0.5，比如说第8类车辆对应的神经网络输出向量为：

$$\left\{\begin{matrix} -0.5, -0.5, -0.5, -0.5, -0.5, -0.5, \\ -0.5, \quad 0.5, -0.5, -0.5, -0.5, -0.5, \\ -0.5, -0.5, -0.5, -0.5, -0.5, -0.5 \end{matrix}\right\} \tag{3-41}$$

图3-17 部分车辆前脸图像

可以看出，输出向量只有第8个位置被设置成0.5，其余都为-0.5。根据经验[17]，网络隐含层结点个数n_h取：

$$n_h = \sqrt{n_i + n_o} + m \tag{3-42}$$

式中，m为常数，且$m \in [1,10]$。

在支持向量机(SVM)分类器中，我们使用了线性核函数进行特征从低维到高维的映射，线性核函数的表示形式为：

$$K(x_i, x_j) = x_i^T \cdot x_j \tag{3-43}$$

在书中所使用的四种分类器中，只有MLP的输出标签是如式(3-41)所示的特征向量，其他三种分类器所对应的样本特征值分别为0到17的18个整数。

3.4.1 单个分类器实验

对于所有的分类检测实验,随机选择每种车型200张图片作为训练样本,其余30张作为测试样本。第一个实验是对不同分类器使用不同特征进行训练的识别结果的比较,按照之前所述,使用两种特征以及它们的简单串联融合特征进行实验,每种分类机制所对应的识别结果如图3-18所示和见表3-2。观察结果我们可以得到一些结论:首先,HOG特征较之于Contourlet特征能够提取车辆图像较为丰富的信息,并能提供不同车型更具分辨力的特征,因为由结果可以看出四种分类器——朴素贝叶斯、k-近邻、MLP和SVM使用HOG特征后都得到了比较好的结果;第二,使用SVM作为分类器,较之于其他分类器的识别结果最好;第三,简单地使用两种特征的串联特征作为融合特征,对于朴素贝叶斯分类器,k-NN和SVM并不能显著提高识别效果,甚至还会使识别效果变差,论文[18]中提到了这种现象,这可能是由于不同的特征描述子提供不相同的信息,特征向量元素之间并不平衡,简单串联两种特征对多数分类器来说效果并不好,比较好的方法是保存两种特征之间的关联信息,MLP似乎能通过将两种特征进行非线性组合来得到关键特征,并且通过调节隐含层结点和网络结构能够较好地提取两种特征之间的互补关系,进而得到较好的识别结果,给这种说法以严格证明还有一定难度。

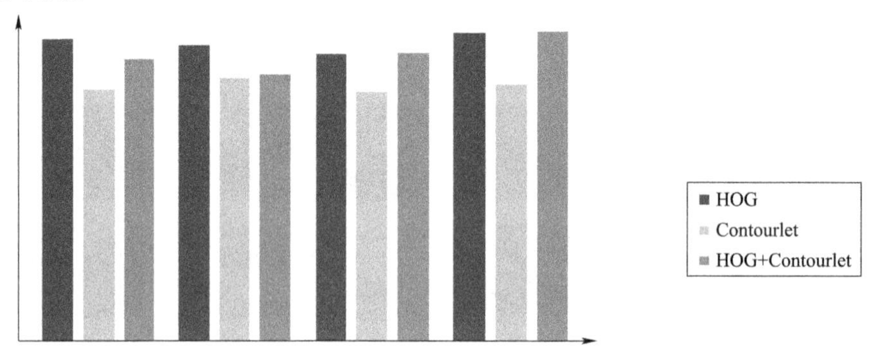

图3-18 四种分类器和两种特征的分类识别结果比较

朴素贝叶斯、kNN、MLP和SVM结合HOG、Contourlet特征分类 表3-2

特征	分类器			
	朴素贝叶斯	k-近邻	MLP	SVM
HOG	92.4%	90.6%	89.6%	94.6%
Contourlet	77.0%	80.4%	76.3%	78.5%
HOG + Contourlet	86.3%	81.7%	90.6%	94.6%

在多类分类问题中,通常使用混淆矩阵对每一类的识别效果及每一类与其他类别的相似性进行分析,混淆矩阵的行和列分别为样本实际和预测的类型,对角线上的元素为每一类样本正确识别的概率,非对角线上的元素为该类识别成其他类型的概率,HOG特征使用SVM分类器训练得到的分类器对测试样本的识别效果最好,对其进行分析,得到对应样本识别结果的混淆矩阵如图3-19所示。从图3-19可得,18种类型车辆有8种车型的识别率为100%,包括Audi,Chery II型及Citroen等。其中Changan、Chery I型的识别率比较低,图3-20

为 Chery I 型识别成 Chery II 型、Hyundai 及 Wulin 车图，其中均只是该种车型的代表。从图 3-20 可知，被错误识别的车辆存在几个问题：一是与其他类型车辆相似度比较高，a）中两种车型具有相同的散热器；二是光照条件的影响，b）中车辆图像是在夜间拍摄，边缘细节信息已经模糊，对识别显然有影响；三是截取感兴趣区域的位置，如果所截取的车辆前脸区域包含较多的非车辆区域，则会对车型的识别产生影响。对于第一个问题，需要能够描述车辆更详细的特征，例如 HOG 和 Contourlet 的融合特征；对于第二个和第三个问题，可以通过本书所提出使用的拒识方式避免，即放弃对模糊车辆和包含非车辆区域图像的识别，以提高系统的可靠性，拒识方法在级联集成分类器中会有进一步的分析。

	Audi	BuickI	BuickII	Changan	CheryI	CheryII	Chevrolet	Citroen	Ford	Honda	HyundaiI	HyundaiII	Mazda	Nissan	Peugeot	Volkswagen	Toyota	Wulin
Audi	1.00	0.00	0.00	0.00	0.00	0.00	0.00	0.00	0.00	0.00	0.00	0.00	0.00	0.00	0.00	0.00	0.00	0.00
BuickI	0.00	0.90	0.00	0.00	0.00	0.03	0.00	0.00	0.00	0.03	0.00	0.00	0.00	0.00	0.00	0.03	0.00	0.00
BuickII	0.00	0.10	0.90	0.00	0.00	0.00	0.00	0.00	0.00	0.00	0.00	0.00	0.00	0.00	0.00	0.00	0.00	0.00
Changan	0.00	0.13	0.03	0.73	0.03	0.00	0.00	0.00	0.00	0.00	0.00	0.00	0.00	0.00	0.00	0.00	0.00	0.07
CheryI	0.00	0.00	0.00	0.00	0.90	0.03	0.00	0.00	0.00	0.00	0.03	0.00	0.00	0.00	0.00	0.00	0.00	0.03
CheryII	0.00	0.00	0.00	0.00	0.00	1.00	0.00	0.00	0.00	0.00	0.00	0.00	0.00	0.00	0.00	0.00	0.00	0.00
Chevrolet	0.00	0.00	0.00	0.00	0.00	0.00	0.97	0.00	0.00	0.03	0.00	0.00	0.00	0.00	0.00	0.00	0.00	0.00
Citroen	0.00	0.00	0.00	0.00	0.00	0.00	0.00	1.00	0.00	0.00	0.00	0.00	0.00	0.00	0.00	0.00	0.00	0.00
Ford	0.00	0.00	0.00	0.00	0.00	0.00	0.00	0.00	1.00	0.00	0.00	0.00	0.00	0.00	0.00	0.00	0.00	0.00
Honda	0.00	0.00	0.00	0.00	0.00	0.00	0.00	0.00	0.00	1.00	0.00	0.00	0.00	0.00	0.00	0.00	0.00	0.00
HyundaiI	0.00	0.03	0.00	0.00	0.03	0.00	0.00	0.00	0.00	0.00	0.93	0.00	0.00	0.00	0.00	0.00	0.00	0.00
HyundaiII	0.00	0.00	0.00	0.00	0.00	0.00	0.00	0.00	0.00	0.00	0.00	1.00	0.00	0.00	0.00	0.00	0.00	0.00
Mazda	0.00	0.00	0.00	0.00	0.03	0.00	0.00	0.00	0.00	0.00	0.00	0.00	0.97	0.00	0.00	0.00	0.00	0.00
Nissan	0.00	0.00	0.00	0.00	0.00	0.00	0.00	0.03	0.00	0.00	0.00	0.00	0.00	0.97	0.00	0.00	0.00	0.00
Peugeot	0.00	0.00	0.00	0.00	0.00	0.00	0.00	0.00	0.00	0.00	0.00	0.00	0.00	0.00	1.00	0.00	0.00	0.00
Volkswagen	0.00	0.03	0.00	0.00	0.00	0.03	0.00	0.00	0.00	0.00	0.07	0.00	0.00	0.00	0.00	0.87	0.00	0.00
Toyota	0.00	0.00	0.00	0.00	0.00	0.03	0.00	0.07	0.00	0.00	0.00	0.00	0.00	0.00	0.00	0.00	0.90	0.00
Wulin	0.00	0.00	0.00	0.00	0.00	0.00	0.00	0.00	0.00	0.00	0.00	0.00	0.00	0.00	0.00	0.00	0.00	1.00

图 3-19 使用 SVM 分类器结合 HOG 特征车型识别结果混淆矩阵

a)Chery I识别为Hyundai

b)Chery I识别为Chery II

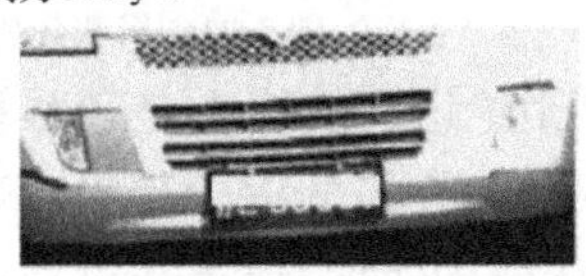

c)Chery I识别为Wulin

图 3-20 Chery I 型车识别成其他类型车辆例图

注：第一列为原车型，第二列为识别目标类型

3.4.2 级联集成分类器实验

进一步的实验是采用本书中所提出的级联集成分类器方法进行带有拒识功能的分类实验，即放弃对置信度不高的输入样本的识别。根据两级集成分类器级联方案，首先将输入样本送入级联分类器的第一级，即具有不同基分类器的集成分类器中识别，之后将被第一级集成分类器拒识的样本送入级联的第二级分类器进行进一步识别，两层级联分类器对样本识别指标见表 3-3，级联分类器的识别性能指标如图 3-21 所示。根据之前的介绍，在级联的第一级中，集成分类器中有 8 种分类机制，即分别使用朴素贝叶斯、kNN、MLP 和 SVM 结合 HOG 与 Contourlet 特征进行训练。分类识别最终结果是根据 8 种决策机制进行 $k/8$ 多数投票决定，其中 k 为对测试样本接受识别和拒绝识别的阈值，根据之前所述的表决方法，我们取 $k=6$，即当有 6 种分类决策机制达成一致时接受对该样本的识别，否则拒绝对该样本的识别。使用上一节相同的实验数据进行分类识别，对 8 种决策机制的识别结果进行统计分析，当有 6 种以上决策机制的识别标签达成一致时，则将对应的样本归属于该类车辆。18 种车型的每种测试样本均为 30 个，即共有 540 个测试样本。在第一级被拒绝识别的样本为 127 个，错误识别的样本为 1 个。则被拒绝识别的样本占总样本的百分比即拒识率（ReR）为 23.52%，检测错误率（ER）为 0.19%，检测率（RR）为 76.30%，可得检测系统的可靠性为 99.81%。

两层级联分类器对样本识别指标　　表 3-3

分类器	识别率（RR）	拒识样本数	误识样本数	拒识率（ReR）	可靠性
第一级	76.30%	127	1	23.52%	99.80%
第二级	62.99%	38	9	29.92%	92.91%
识别系统	91.11%	38	10	7.04%	98.15%

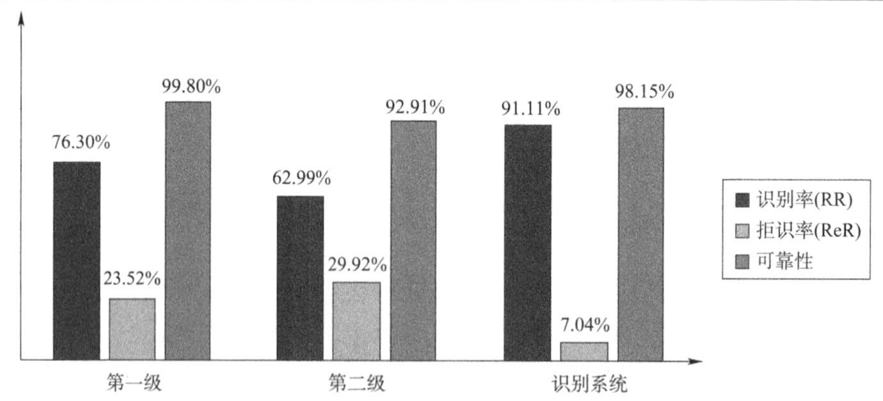

图 3-21　级联分类器的识别性能指标

被第一级分类器拒绝识别的样本是较难识别的样本，因此设计第二级级联分类器对其进行进一步处理。从上一节的分析中得出 MLP 能够通过对 HOG 和 Contourlet 特征进行非线性组合，提取关键特征，进而达到提升识别率的效果，另外基于神经网络对不同输入和网络结构能够体现多样性的考虑，我们在第二级级联分类器中使用 MLP 作为基分类器。MLP 基分类器的训练数据是使用旋转森林方法经过对特征集进行随机分割、线性变换及构造稀疏矩阵得到,这里原始训练集是 HOG 和 Contourlet 特征的简单串联特征。分别使用变换后的M_2个训练集对 MLP 进行训练。在识别阶段,第二级集成分类器将对被第一级拒绝的样本进行识别。与第一级类似,第二级识别的最终结果采用 k/M_2 多数投票的方式决定,其中 k 为决定拒识率的阈值。最后系统的总识别率将根据第一级和第二级的识别结果综合得到。根据 Zhang[19] 对集成分类器个数的实验,我们设置 MLP 基分类器的个数为 $M_2=5$,当有 3 个基分类器结果达成一致时接受对样本的识别,否则依然拒绝对其的识别。通过对样本进行测试,将被第一级拒绝识别的 127 个样本使用第二级分类器进行识别,第二级拒绝识别样本个数为 38 个,错误识别样本个数为 9 个。则第二级系统识别率为 62.99%,误识率为 7.08%,拒识率为 29.92%,系统可靠性为 92.91%。根据之前的分析可知,系统拒识样本共 38 个,误识样本共 10 个,系统的总识别率为 91.11%,总拒识率为 7.04%,总误识率为 1.85%,则可得系统总可靠性为 98.15%。对比表 3-2 和表 3-3 的结果,在正确识别率上,级联集成分类器比朴素贝叶斯、k-近邻及单个 MLP 分类器都高,SVM 的识别率虽然比较高,但误识率比级联集成分类器高,即可靠性比较低,这是由输入样本比较模糊、受光照影响比较大或由于程序自动获取的车脸区域位置不完全造成的,在实际的识别系统中,如果对这些样本进行强分类,会对统计工作造成影响,而将比较难分的少数样本留给人工进行分类,则会降低误识带来的风险,图 3-22 所示为本书所使用数据库中一些难分的样本,即被分类器拒绝识别的样本(主要受 ROI 区域获取不当及光照影响)。

图 3-22　部分被拒识的样本

图中第一行显示的被拒绝识别样本主要是由所截取的感兴趣区域位置包含背景区域造成;第二行的样本主要受白天光照的影响,导致前脸区域上出现反光和边缘模糊现象;第三行显示的测试样本为傍晚时采集,此时光照强度不够,导致所采集的车辆图片信息比较模糊。分析图 3-22 被拒绝识别的样本,本书所设计的模式识别系统放弃了对它们的识别,但这些样本可以由人工来完成识别,如果使用程序对他们进行强分,显然会得到不太理想的结果,进而可能在盗牌车辆检索过程中漏掉重要信息。在级联集成分类器的第二级中,有 47 个车辆前脸样本(38 个拒识和 9 个误识)没有被系统正确识别。上一章提出的基于神经网络的旋转森林集成分类器有一种不带拒识选项的识别方式,即使用每个 MLP 预测输入测试样本属于每个类型的概率,将样本归属于对应的、具有最大概率总和的类型。为了进一步探讨拒识和误识之间的关系,我们采用不带拒识功能的判别方式将 38 个被拒绝识别的样本进行硬分类,识别结果为:正确识别的样本为 17 个,错误识别的样本为 21 个。由于系统在第一级有一个误识的样本,则系统总误识样本数目为 21 +9 +1 =31 个,此时系统的正确识别率为 94.26% ,所有被误识的样本以及被识别成的类型如图 3-23 所示。从图 3-23 可以看出,误识的样本多为光照条件及 ROI 区域中有背景干扰的样本,而通过设计有拒识选项的识别系统则可放弃对这些样本的识别,由人工对模糊样本处理会提高整个系统的可靠性。当我们使用带有拒识选项的系统方案进行识别时,总的误识率为 1.85% ,当我们不使用拒识项时,总的误识率为 5.74% 。

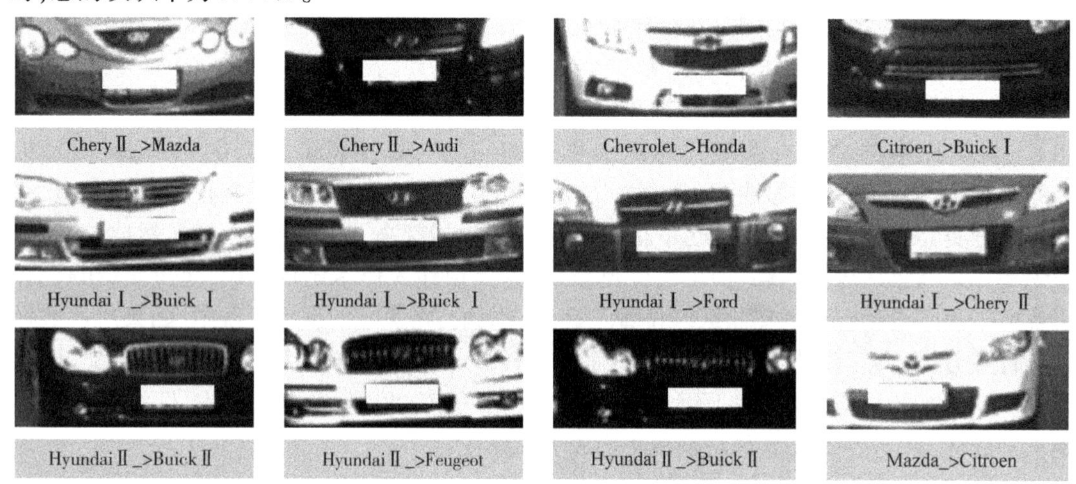

图 3-23　不具有拒识选项的识别系统的所有误识样本及误识目标类型

3.5　小　　结

本章开展了基于级联集成分类器的智慧交通场景中车辆品牌识别方法的研究工作。首先,通过设计两级级联集成分类器识别方案,由第一级集成分类器对测试样本进行识别,并将被第一级拒绝识别的样本送入第二级集成分类器进行进一步识别,在保证识别系统可靠性的同时提高了识别率;其次,设计车型识别系统的目标是通过拒识选项将误识率维持在一个较低的水平,同时要保证系统有比较高的可靠性和识别率;最后,因为交通监控场景漏掉对某些关键线索或误判将会给查询带来更大的困扰,级联集成分类器对样本仍然有 1.85% 的误识,可以通过提升置信度阈值及多数投票过程中统一的票数对误识样本进行进一步压缩,但此时会有更多的样本被拒绝掉,在实际使用过程中,可以在识别率和可靠性两者之间进行衡量,即使对于人工来说,图片检索工作对模糊图片的误判的情况也是存在的。

本章参考文献

[1] Teoh S S,Bräunl T. Symmetry-based monocular vehicle detection system[J]. Machine Vision and Applications,2012,23(5):831-842.

[2] Dalal N,Triggs B. Histogram of oriented gradients for human detection:IEEE Computer Society Conference on Computer Vision and Pattern Recognition[C]. NYC:IEEE Press,2005.

[3] Do M,Vetterli M. Contourlets:a directional multiresolution image representation:International Conference on Image Processing[C]. NYC:IEEE Press,2002.

[4] Mario K. The curse of dimensionality:Fifth Online World Conference on Soft Computing in Industrial Applications (WSC5) Held on the Internet[C]. NYC:IEEE Press,2000.

[5] Hespanha J P,Kriegman D. Eigenfaces vs. Fisherfaces:Recognition using class specific linear projection[J]. IEEE Transactions on Pattern Analysis and Machine Intelligence,1997,19(7):711-720.

[6] Sun Q,Zeng S,Liu Y P,et al. A new method of feature fusion and its application in image recognition[J]. Pattern Recognition,2005,38(12):2437-2448.

[7] Cortes C,Vapnik V. Support-Vector Networks[J]. Machine Learning,1995,20(3):273-2979.

[8] Haykin S. Neural Networks:A Comprehensive Foundation[M]. 2nd edition. Englewood Cliffs,NJ:Prentice-Hall,1998.

[9] Duda R O,Hart P E,Stork D G. Pattern Classification[M]. 2nd edition,New York:Wiley,2001.

[10] Chow C K. On optimum recognition error and reject tradeoff[J]. IEEE Transactions on Information Theory vol,1970,16(1):41-46.

[11] Zhang P,Bui T D,Suen C Y. A novel cascade ensemble classifier system with a high recognition performance on handwritten digits[J]. Pattern Recognition,2007,40(12):3415-3429.

[12] Breiman L. Bagging predictors[J]. Machine Learning. 1996,24:123-140.

[13] Freund Y,Schapire R. A decision-theoretic generalization of on-line learning and an application to boosting[J]. Computational Learning Theory Lecture Notes in Computer Science,1997,55(1):119-139

[14] Kuncheva L,Rodriguez J,Plumpton C,et al. Random subspace ensembles for fMRI classification[J]. IEEE Transactions on Medical Imaging,2010,29(2):531-542.

[15] Rodríguez J,Kuncheva L,Alonso C. Rotation forest:A new classifier ensemble method[J]. IEEE Transactions on Pattern Analysis and Machine Intelligence,2006,28(10):1619-1630.

[16] 沈花玉,王兆霞,高成耀,等. BP 神经网络隐含层单元的确定[J]. 天津理工大学学报,2008,24(5):13-15,

[17] Fu Y,Cao L,Guo G. Multiple feature fusion by subspace learning:Proceedings of the 2008 international conference on Content-based image and video retrieval[C]. NYC:IEEE Press,2008.

[18] Zhang B. Reliable Classification of Vehicle Types Based on Cascade Classifier Ensembles[J]. IEEE Transactions on Intelligent Transportation Systems,2013,14(1):322-332.

第4章 基于深层网络融合模型的智慧交通场景中车辆类型识别方法研究

由于场景随机、光照变化等影响因素较多,智慧交通场景中车辆类型的精确识别具有一定难度和挑战性。深度学习现已成为人工智能的一大热点,在图像检测、图像分类及自然语言处理等领域均取得了举世瞩目的成绩,研究结果表明:采用多个模型融合方式相较于单个模型而言能够大幅提高模型精度、可靠性。本章在构造用于车辆类型(包括客车、小客车、小货车、轿车、SUV 和载货汽车)分类的深度学习网络模型的基础上,开展基于深层网络融合模型的智慧交通场景中车辆类型识别方法研究工作,旨在提高车辆类型识别模型的精度,并与传统机器学习模型进行对比实验。

4.1 深度学习概述

4.1.1 深度学习发展历程

深度学习模型的前身可以追溯到基于神经科学的简单线性模型,最早由 Mcculloch 和 Pitts 于 1943 年提出,该模型人为设定一组输入 $x_1, x_2, \cdots, x_n$ 和与之相关联的输出 y,模型目的在于得到一组 $\omega_1, \omega_2, \cdots, \omega_n$,以满足 $f(x,\omega) = x_1\omega_1 + x_2\omega_2 + \cdots + x_n\omega_n$,其最早用于识别两种不同类别,至此开创了人工神经网络研究的时代。1956 年 Frank Rosenblatt 在神经心理理论的启发下,提出单层感知机模型。单层感知机模型是最简单的神经网络模型,仅有单层计算神经元,由线性元件和阈值元件组成,单层感知机模型如图 4-1 所示。其中 $x_1, x_2, \cdots, x_n$ 为输入,期望输出为$\{-1,1\}$,即对样本进行二分类,通过线性组合、激励函数和设定阈值得到分类类别,数学模型表示 $Y = f(\sum_{m=0}^{\infty} w_i x_i - \theta)$,其中 f 为激励函数并满足式(4-1),阈值大于设定值时,$f(u) = 1$ 即为 A 类,阈值小于等于设定值时,$f(u) = -1$ 即为 B 类。单层感知机模型不仅是最简单的神经网络模型,同时也是人工神经网络的基础。

$$\begin{cases} f(u) = 1, u = \sum_{m=0}^{\infty} w_i x_i - \theta > 0 \\ f(u) = -1, u = \sum_{m=0}^{\infty} w_i x_i - \theta \leqslant 0 \end{cases} \tag{4-1}$$

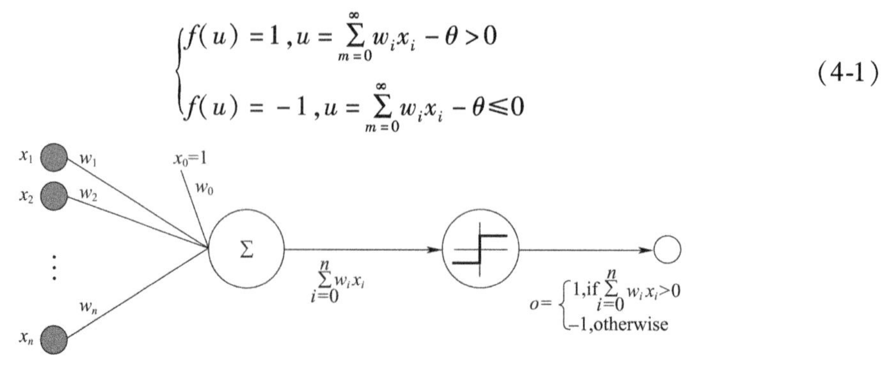

图 4-1 单层感知机模型

单层感知机模型能够很好地解决线性分类问题,将两类样本用直线划分开,但是对于非线性问题就不再适用,单单用直线并不能简单分类。因此,对于非线性问题,需要利用凸域正确分类样本。在单层感知机模型的输入层和输出层前加入隐藏层,构成多层感知机,可以通过凸域正确分类样本,多层感知机模型如图4-2所示。多层感知机即人工神经网络,隐藏层数多,可以形成任意形状的凸域,理论上可以解决任何分类问题。随着隐藏层数增多,隐藏层的权值训练问题成为制约神经网络发展的瓶颈,因为隐层节点并不存在期待输出也无法通过感知机学习规则来训练。随后,反向传播算法(Backpropagation algorithm,BP)思想传入人工神经网络,结合BP算法的神经网络称为BP神经网络。BP神经网络分为正向传播和反向传播两个阶段:正向传播时,输入样本从输入层输入,经过隐藏层传向输出层,若输出值与期望值不符,转向反向传播过程,反向传播时,将输出与期望的误差逐层反传并平摊给各层所有单元,将该信号作为各层权值修正的依据。反向传播算法虽然解决了神经网络的权值训练问题,但是随着网络层数增多,梯度下降容易陷入梯度弥散和梯度消失问题,从而使得到的最优解是局部最优解而不是全局最优解。直至2006年,Geoffrey Hinton教授提出模型训练的改进方法,该方法打破了神经网络层数不能过多的瓶颈,Hinton提出两个观点:第一个观点是多层神经网络有更强的特征学习能力,能得到更有利于分类的深层特征;第二个观点是深层神经网络的训练难题可以通过逐层训练解决。历经单层感知机模型、多层感知机模型、BP神经网络和深层神经网络的一步步发展,深度学习孕育而生。深度学习是相对于简单浅层结构而言,典型的浅层结构通常只有1~2层结构,如支持向量机模型,深度学习通过多个非线性网络层表征数据,从而提高学习数据集本质特征的能力。

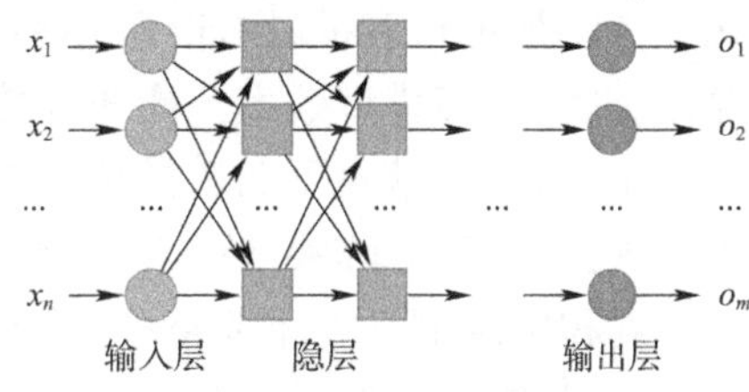

图4-2 多层感知机模型

4.1.2 卷积神经网络理论

卷积网络(Convolutional Network,CN)又名卷积神经网络(Convolutional Neural Network,CNN),是一种专门用来处理形如网格结构数据的神经网络,对于图像数据、时间序列数据等典型网络结构数据表现优异。典型的卷积神经网络包括卷积层、池化层和全连接层。卷积层顾名思义就是对该层网络进行卷积运算,在卷积网络的术语定义中,卷积的第一个参数通常称为输入,第二个参数通常称为核函数,输出也称为特征映射。对于图像而言,卷积运算过程如图4-3所示,输入为3×4的网络,核函数为2×2卷积算子,最终得到2×3的输出网络。由卷积层的定义可以看出,卷积层的运算过程是一个自动提取特征的过程,因此,相对于传统全连接神经网络而言,卷积神经网络既是一个特征提取器,又是一个分类器,能够自主学习特征而不需要人工预先提取特征。卷积神经网络运用了两个重要思想来改进传统神经网络算法:稀疏交互[1](Sparse Interactions)和参数共享(Parameter Sharing)。

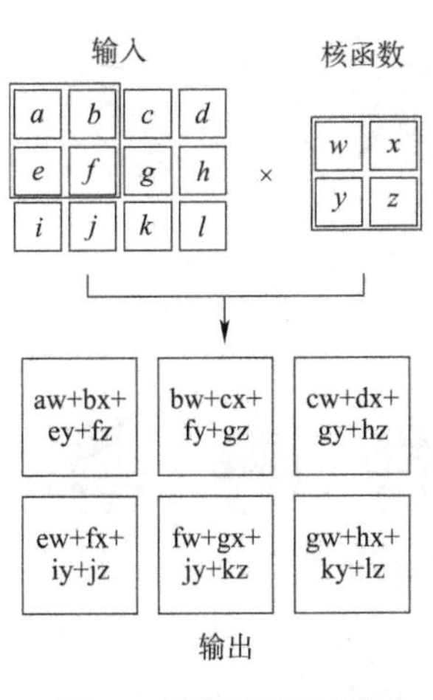

图4-3 卷积运算示意图

传统神经网络中每一层的神经元通过矩阵乘法进行交互运算,并且每一层中的所有神经元都与下一层的所有神经元进行交互。对于卷积网络而言,卷积运算具有稀疏性,即具有稀疏权重的特征,这是由于卷积核尺寸远远小于输入的尺寸。当处理图像时,图像像素点可能有成千上万个,但是对于分类任务或者识别任务而言,只需要其中的几百个或者几十个特征进行表征,因此,采用稀疏权重计算图像特征可以在表示图像的同时减少模型存储空间,提高模型效率。稀疏连接的图形化解释如图 4-4 所示,*X*1 ~ *X*5 为输入,*S*1 ~ *S*5 为输出,a)表示核宽度为 3 的输入输出影响关系,可以看出 *S*3 只与 *X*2、*X*3 和 *X*4 三个输入有关,但对于矩阵乘法而言,连接不是稀疏的,b)可知所有的输入都会影响 *S*3。参数共享是卷积网络的又一重要特征,指在一个模型中多个函数使用同样的参数。传统神经网络中,在计算层参数时,权重矩阵元素都仅使用一次,每两个神经元间的参数都是独立,不共享的。而在卷积网络中,卷积核的每一个元素都用在每一个输入单元中,并不需要针对不同的位置学习独立参数。这种共享权重的方式将模型存储需求空间降低,并在统计效率方面极大优于稠密算法。

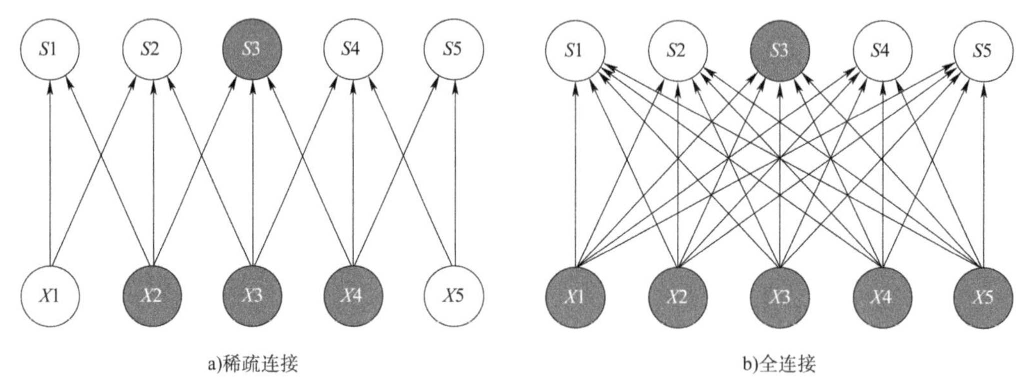

a)稀疏连接　　b)全连接

图 4-4　稀疏连接与全连接

图 4-5 所示为参数共享的实现方式,*X*1 ~ *X*5 为输入,*S*1 ~ *S*5 为输出,a)中 *X*3 与 *S*3 的连接使用 3 元素核的中间参数,图中浅色箭头代表同一参数,b)中浅色箭头代表在权重矩阵中该参数仅仅使用过一次。

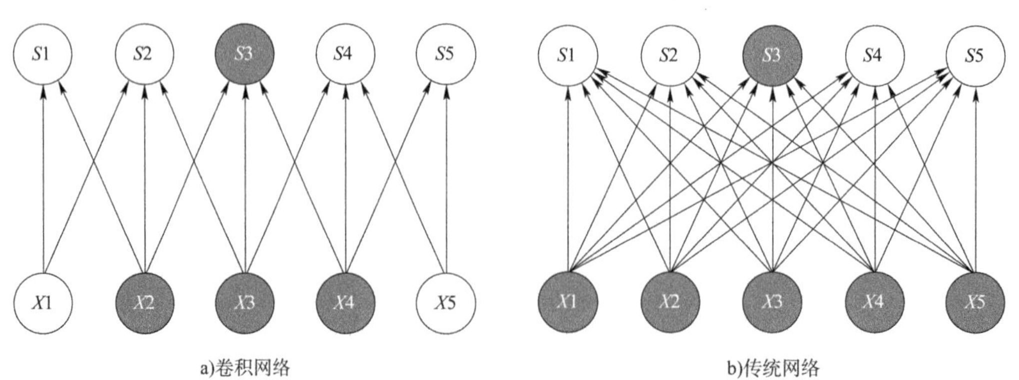

a)卷积网络　　b)传统网络

图 4-5　参数共享

一个典型的卷积网络层通常包括三级:第一级,并行地计算多个卷积产生一组线性激活响应;第二级,使用激活函数将线性激活响应进行整流;第三级,使用池化函数来调整输出。所谓池化计算,就是以某位置相邻的总体统计特征作为该位置的输出。常用的池化函数有:最大池化(Max Pooling)、平均池化(Mean Pooling)、L^2范数和加权平均函数等。常用且经典的池化函数为最大池化,最大池化计算过程如图4-6所示,输入为4×4矩阵,使用2×2最大池化算子,最终得到2×2输出。从计算过程可以看出,最大池化可以在一定程度上保持不变性,即矩阵发生微小变化或扰动时,输出可以保持不变。这是由于最大池化计算是一个下采样过程,池化计算矩阵中只有最大值影响输出值,其他小值并不会对输出有影响。因此,池化计算可以使网络具有一定的不变性,同时还起到降维并保持特征的作用。

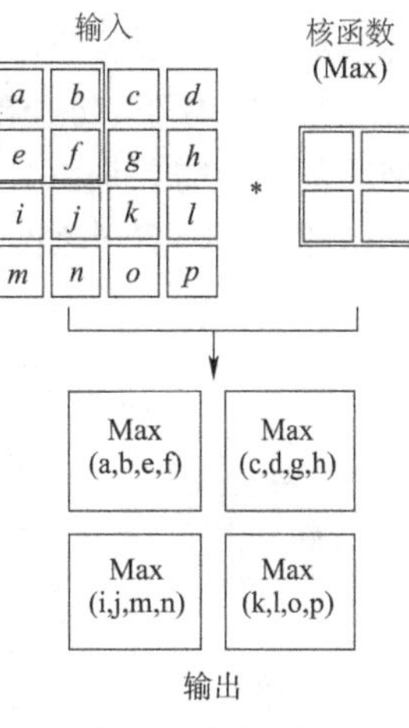

图4-6 最大池化

4.2 迁移学习和参数优化

4.2.1 迁移学习

在传统的机器学习分类任务中,通常需要人工标定一定数量的训练数据,利用先验知识提取特征,使用分类器训练分类算法,最后用测试集对分类模型进行测试。在机器学习任务中,分类器通常是浅层结构,数据量级一般在10^3~10^4时就可以完全将参数训练好并得到最优解。但是对于深度学习而言,几十层甚至几百层网络往往涉及亿万个参数训练,所需训练集数据量十分庞大,例如,典型的深度学习网络VGGNet具有16~19层,参数数量达到上亿个,基于数据量达120万张的ILSVRC-2012数据集,该网络在装有4个NVIDIA Titan Black GPUs的电脑上训练时间长达2~3周。可以看出训练一个深层神经网络需要海量数据,数据量级至少在10^5~10^6以上,并且需要高性能显卡服务器作为支撑,此外还耗费数周甚至数月。因此,对于数据量较小的分类问题,例如本书中的车型分类问题,数据量远远不足以从零开始训练一个深层神经网络,因此,需要基于已训练好的成熟网络借助迁移学习技术进行再训练。

迁移学习[2](Transfer Learning)就是将一个场景中学习的模型、参数运用到另一个场景中,这两个场景应该是相似的领域并且具有相似的任务。由于直接对新场景进行学习成本较高,因此,采用迁移学习找到新场景与老场景的相似点是迁移学习的核心。具体地,将已有的知识叫作源域(Source Domain),将待学习的新知识叫作目标域(Target Domain),迁移学习就是将源域的知识迁移到目标域中,源域与目标域通常有一定的关联。传统机器学习算法在应对数据的分布、维度,以及输出变化等任务时,模型不够灵活、结果不够好,往往需要重新训练模型,但是迁移学习对于这些变化并不敏感。在数据分布、特征维度以及模型输出变化条件下,基于源域中的知识来对目标域更好地建模,并不需要从零开始建模。这种学习方式在存在标定数据缺乏的情况下,可以很好地利用相关领域有标定的数据完成数据的标定,在数据样本比较少时,可以以相关领域模型为基准进行再训练。图4-7形象地描述了传统机器学习与迁移学习的关系，对于传统机器学习而言，识别“圆形”“三角形”和“菱形”需要三个独立模型，每个模型需要独立训练；对于迁移学习而言，在已有“圆形”和“三角形”模型的基础上需要训练一个“菱形”模型时，可以利用“圆形”和“三角形”模型的知识，以此为基础建立“菱形”模型。

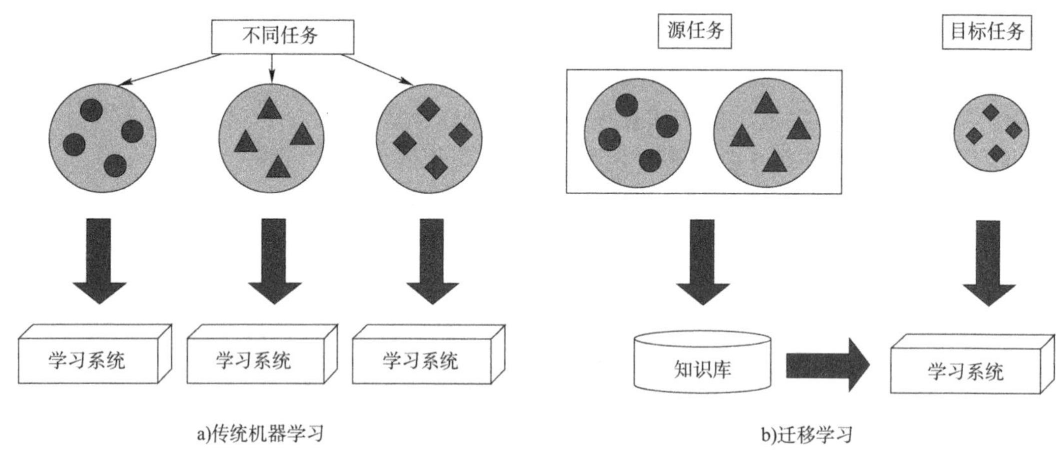

图 4-7　传统机器学习与迁移学习

按照学习方式的不同，迁移学习可以分为四种：基于样本的迁移、基于特征的迁移、基于模型的迁移和基于关系的迁移。基于样本的迁移通过对源域中有标定样本的加权利用完成知识迁移；基于特征的迁移通过将源域和目标域映射到相同的空间（或者将其中之一映射到另一个的空间中），并最小化源域和目标域的距离来完成知识迁移；基于模型的迁移将源域和目标域的模型与样本结合起来调整模型的参数；基于关系的迁移则通过在源域中学习概念之间的关系，然后将其类比到目标域中完成知识的迁移。

4.2.2　参数优化

经典的卷积神经网络通常是在低层采用卷积运算，卷积计算之后采用全连接层进行分类，可以简单理解为卷积层提取图像特征，全连接层是传统的神经网络分类器。但是全连接层参数数量庞大，这会导致两个瓶颈：一方面，对训练的机器配置压力较大，且耗时长，降低训练效率；另一方面，容易导致过拟合，网络的泛化能力不尽人意。基于这两点，本书在迁移学习已有成熟网络的同时采用参数优化策略，以降低参数数量并防止过拟合，本书采用 Dropout 和全局平均池化两种策略。

（1）Dropout 层。Dropout 是指在深度神经网络训练中，按照一定概率随机地将网络中的隐藏节点暂时丢弃，丢弃的节点可以被认为暂时不属于网络结构。从理论上来说，可以将 dropout 看作是模型平均的一种。对于每次输入到网络中的样本（可能是一个样本，也可能是一个 batch 的样本），其对应的网络结构都是不同的，但所有的网络结构又同时共享隐含节点的权值。图 4-8 所示为经典网格与 Dropout 网格，可以直观地看出，Dropout 后的网络与经典网络相比更“瘦”，在图示网络中，经典网络中具有 55 个参数，在 Dropout 一半节点后，参数变成 15 个。

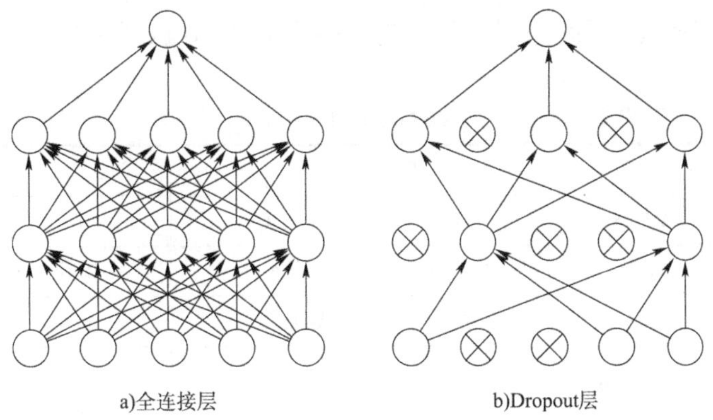

图 4-8 经典网络与 Dropout 网络

(2)全局平均池化层。Lin M[3],Chen Q 提出用全局平均池化层代替全连接层,并用实验验证多层卷积神经网络 + 全局平均池化层在 CIFAR-10 数据集上错误率为 10.41%,同等实验条件下,全连接层的错误率为 11.59%,全连接层 + Dropout 层的错误率为 10.88%,实验结果表明全局平均池化层代替全连接层具有可行性并在性能上略优。图 4-9 所示为全连接层和全局平均化,可以看出,对于采用全连接层的卷积神经网络而言,每一组卷积核对应的特征图输出后,将之串联成全连接层的输入,并使用 Softmax 进行多分类得到输出;对于全局平均池化而言,对每一张特征图取平均值,将平均值直接作为 Softmax 分类的输入与输出节点对应。可以看出,采用平均池化后特征图只输出一个特征,在保留特征图特征的同时大大减少参数,可以很好地避免过拟合。

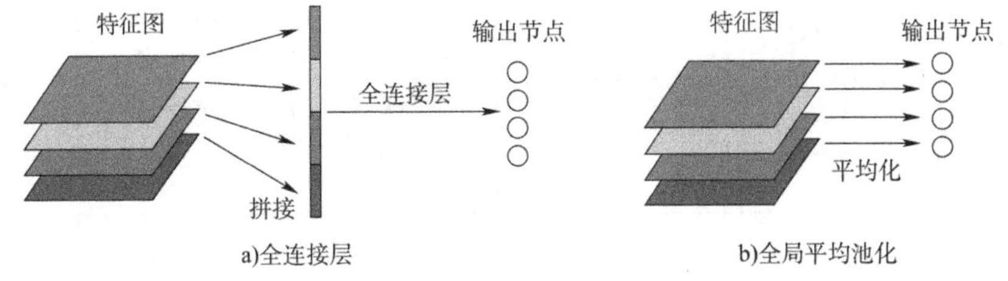

图 4-9 全连接层与全局平均池化

4.3 卷积神经网络结构

4.3.1 基于 VGG-16 的车型分类模型

VGGNet 网络结构由 Simonyan K[4] 和 Zisserman A 提出,该网络结构在 ILSVRC2014 图像分类比赛中获得了第一名的成绩。VGGNet 结构有几种不同的层数,参数配置基本一样,不同类型 VGGNet 的参数配置见表 4-1,常用的网络层数通常有 11 层、13 层、16 层和 19 层,虽然层数不一,但是网络参数相差并不大,11 层和 13 层 VGGNet 大约有 133 百万个参数,16 层 C 类结构有 134 百万个参数,16 层 D 类结构有 138 百万个参数,19 层 E 类结构有 144 百万个参数。综合性能和参数考量,本书采用 D 类结构,也就是 VGG-16 结构。VGG-16 结构图如图 4-10 所示,整个网络分成 5 个 block,每个 block 内有多组卷积,卷积核均为 3 ×3,block

间通过最大池化层连接，三个全连接层，全连接层采用 ReLU 激活函数，最后使用 Softmax 进行多分类。

VGGNet 结构表 表 4-1

ConvNet 架构					
A	A-LRN	B	C	D	E
11 层	11 层	13 层	16 层	16 层	19 层
输入层(224×224 RGB)					
conv3-64	conv3-64LRN	conv3-64 conv3-64	conv3-64 conv3-64	conv3-64 conv3-64	conv3-64 conv3-64
最大池化					
conv3-128	conv3-128	conv3-128 conv3-128	conv3-128 conv3-128	conv3-128 conv3-128	conv3-128 conv3-128
最大池化					
conv3-256 conv3-256	conv3-256 conv3-256	conv3-256 conv3-256	conv3-256 conv3-256 conv1-256	conv3-256 conv3-256 conv3-256	conv3-256 conv3-256 conv3-256 conv3-256
最大池化					
conv3-512 conv3-512	conv3-512 conv3-512	conv3-512 conv3-512	conv3-512 conv3-512 conv1-512	conv3-512 conv3-512 conv3-512	conv3-512 conv3-512 conv3-512 conv3-512
最大池化					
conv3-512 conv3-512	conv3-512 conv3-512	conv3-512 conv3-512	conv3-512 conv3-512 conv1-512	conv3-512 conv3-512 conv3-512	conv3-512 conv3-512 conv3-512 conv3-512
最大池化					
FC-4096					
FC-4096					
FC-1000					
soft-max					

基于 VGG-16 的车型分类模型在 VGG-16 的基础上去除最后三个全连接层，并在卷积层后加入参数优化层，采用 Dropout 和全局平均池化层，具体的结构见表 4-2。整个网络模型输入为 224×224 RGB 三通道图像，每个 block 代表一组卷积计算，一组卷积计算中包含若干卷积层和一个池化层，卷积核为 3×3，完成 5 个 Block 卷积计算后，与全局平均池化层相连，之后使用丢弃率为 0.5 的 Dropout 层，最后用 Softmax 函数与输出节点相连。

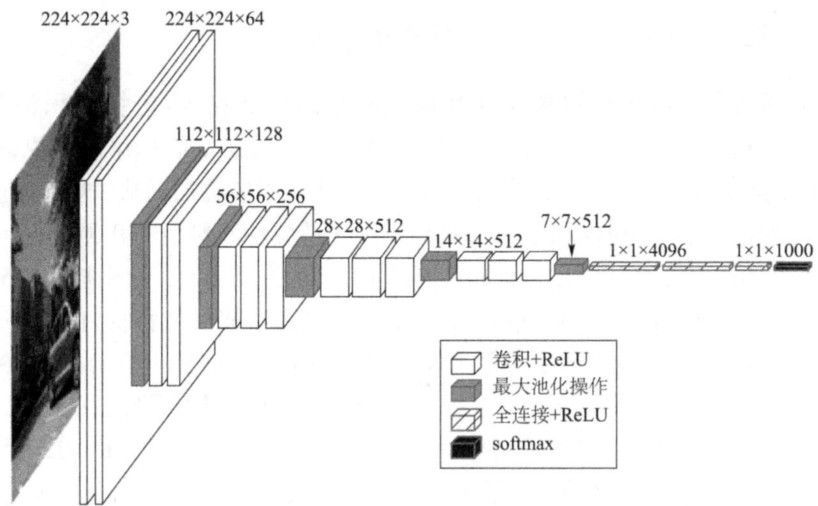

图 4-10　VGG-16 网络结构

基于 VGG-16 的车型分类模型结构表　　表 4-2

<table>
<tr><td colspan="2">输入图像(224 ×224 RGB)</td></tr>
<tr><td rowspan="3">块 1</td><td>Conv3-64</td></tr>
<tr><td>Conv3-64</td></tr>
<tr><td>Maxpool</td></tr>
<tr><td rowspan="3">块 2</td><td>Conv3-128</td></tr>
<tr><td>Conv3-128</td></tr>
<tr><td>Maxpool</td></tr>
<tr><td rowspan="4">块 3</td><td>Conv3-256</td></tr>
<tr><td>Conv3-256</td></tr>
<tr><td>Conv3-256</td></tr>
<tr><td>Maxpool</td></tr>
<tr><td rowspan="4">块 4</td><td>Conv3-512</td></tr>
<tr><td>Conv3-512</td></tr>
<tr><td>Conv3-512</td></tr>
<tr><td>Maxpool</td></tr>
<tr><td rowspan="4">块 5</td><td>Conv3-512</td></tr>
<tr><td>Conv3-512</td></tr>
<tr><td>Conv3-512</td></tr>
<tr><td>最大池化</td></tr>
<tr><td colspan="2">全局平均池化</td></tr>
<tr><td colspan="2">Dropout(0.5)</td></tr>
<tr><td colspan="2">Dense-6(Softmax)</td></tr>
</table>

4.3.2 基于 InceptionV3 的车型分类模型

Inception 网络[5]与传统卷积神经网络最大的不同之处在于：传统卷积神经网络（如 VGG 结构）将卷积网络层层堆叠，是典型的纵向结构，而 Inception 网络除了纵向堆叠卷积层，还提出 Inception 层，而 Inception 单元是由不同尺寸卷积核叠加而成，这个叠加过程不仅增加了网络的"宽度"，同时也增加了网络对于尺度的适应性。典型的几种 Inception 单元如图 4-11 所示，以 Inception A 为例，该单元结构以 1 ×1 卷积核、3 ×3 卷积核、5 ×5 卷积核和 pool 核为基础，纵向横向叠加，直接使用 1 ×1 卷积核得到当前尺度特征，使用 1 ×1 卷积核后进行 5 ×5 卷积计算可以得到浅层卷积特征，使用 1 ×1 卷积核后进行两次 3 ×3 卷积计算可以得到深层次卷积细节特征，池化后进行 1 ×1 卷积计算得到下采样后的特征，总之经过 Inception 单元计算后可输出不同尺度特征图。InceptionV3 网络结构如图 4-12 所示，低层结构是经典的卷积层堆叠，采用卷积层-卷积层-卷积层-池化层-卷积层-卷积层-池化层的结构，池化后加入 3 个 Inception A 单元，随后连接 1 个 Inception B 单元，接着再连接 4 个 Inception C 单元，然后连接 1 个 Inception D 单元，之后连接 2 个 Inception E 单元，再采用平均池化处理和 Dropout 处理，最后采用全连接层后进行 Softmax 分类。

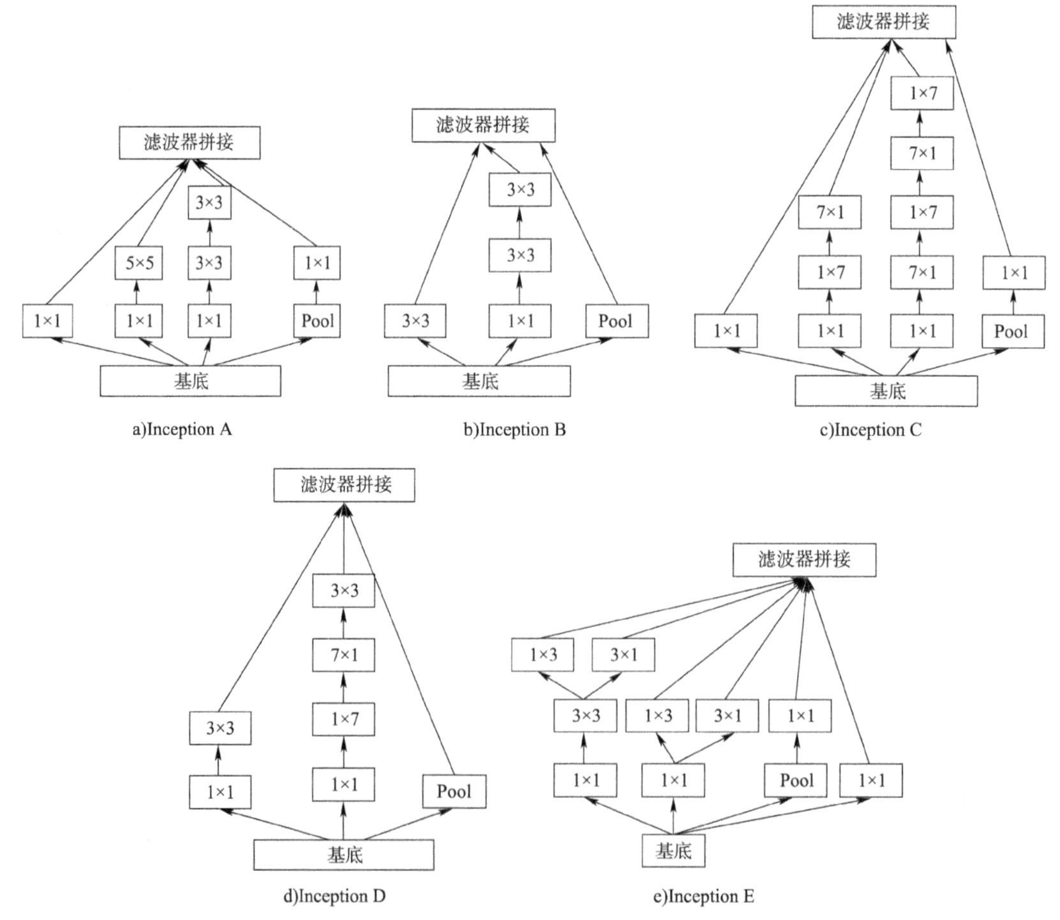

图 4-11 Inception 单元结构

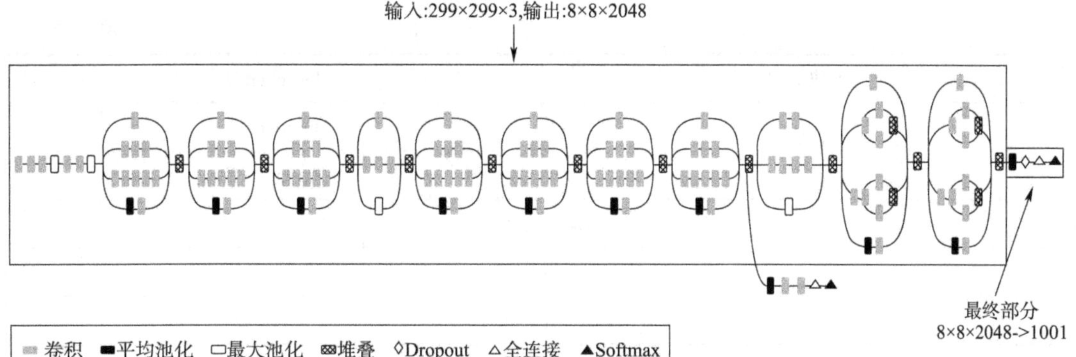

图 4-12　Inception V3 网络结构

基于 Inception V3 的车型分类模型在 Inception V3 的基础上去除最后的全连接层,并加入参数优化层,采用 Dropout 和全局平均池化层,具体地结构见表 4-3。整个网络模型输入为 299 ×299 RGB 三通道图像,每个 block 代表一组计算,前两组为卷积计算,一组卷积计算中包含若干卷积层和一个池化层,卷积核为 3 ×3,完成 2 个 Block 卷积计算后,与 Inception 单元相连,Block 3 中使用 3 个 Inception A 单元,Block 4 中使用 1 个 Inception B 单元,Block 5 中使用 4 个 Inception C 单元,Block 6 中使用 1 个 Inception D 单元,Block 7 中使用 2 个 Inception E 单元,之后与全局平均池化层相连,再使用丢弃率为 0.5 的 Dropout 层,最后用 Softmax 函数与输出节点相连。

基于 Inception V3 的车型分类模型结构表　　表 4-3

输入图像(299 ×299 RGB)	
块 1	Conv3-32
	Conv3-32
	Conv3-64
	Maxpool
块 2	Conv3-80
	Conv3-192
	Maxpool
块 3	Inception A
	Inception A
	Inception A
块 4	Inception B
块 5	Inception C
	Inception C
	Inception C
	Inception C

续上表

块6	Inception D
块7	Inception E
	Inception E
全局平均池化	
Dropout(0.5)	
Dense-6(Softmax)	

4.3.3 基于 Xception 的车型分类模型

Xception 网络结构是在 Inception 网络基础上的改进,其最大的特点在于引入深度可分卷积(Depthwise Separable Convolution)计算,计算过程的核心在于深层卷积计算。图 4-13 所示为传统卷积与深度卷积,其中 a)为传统卷积运算,b)为深度卷积运算,可以看出传统的卷积算子作用于输入特征图中的所有通道,即一个卷积算子对所有通道图都进行计算;而深层卷积采用了"分层"策略,即每个卷积核只对一个通道图进行计算,输入特征图的通道数应该与卷积核个数相等,这也就使得输入通道数等于输出通道数。一个完整的深度可分卷积运算单元如图 4-14 所示,首先通过 3×3 卷积核进行深度卷积计算,之后进行 1×1 卷积计算,归一化之后使用 ReLU 激活函数得到输出。Xception 网络结构如图 4-15 所示,Xception 网络分为三个模块,即输入模块、中间模块和输出模块,网络的输入是 299×299 RGB 三通道图像,先进行两次卷积核为 3×3 的卷积运算并经过激活函数提高非线性,之后连接深度可分卷积运算单元,每一个运算单元都包含 2 次带 ReLU 激活函数的 3×3 深度可分卷积运算和最大池化,输入模块得到 19×19×728 的特征图,中间模块是由 8 个相同的深度可分卷积运算单元相连,每一个运算单元都包含 3 次带 ReLU 激活函数的 3×3 深度可分卷积运算,输出模块是 1 个深度可分卷积运算单元,运算单元包含 2 次带 ReLU 激活函数的 3×3 深度可分卷积运算和最大池化,之后进行 2 次带 ReLU 激活函数的 3×3 深度可分卷积运算,进行全局平均池化后接一个全连接层,最后使用 Logistic 函数进行分类得到输出。

基于 Xception 的车型分类模型,在 Xception 的基础上去除最后的全连接层,并加入参数优化层,采用 Dropout 和全局平均池化层。整个网络包括输入模块、中间模块和输出模块,模型输入为 299×299 RGB 三通道图像,输入模块进行两次卷积核为 3×3 的卷积运算并通过激活函数提高非线性,之后连接深度可分卷积运算单元,每一个运算单元都包含 2 次带 ReLU 激活函数的 3×3 深度可分卷积运算和最大池化,输入模块得到 19×19×728 的特征图,中间模块是由 8 个一样的深度可分卷积运算单元相连,每一个运算单元都包含 3 次带 ReLU 激活函数的 3×3 深度可分卷积运算,输出模块是一个深度可分卷积运算单元,运算单元包含 2 次带 ReLU 激活函数的 3×3 深度可分卷积运算和最大池化,随后进行 2 次带 ReLU 激活函数的 3×3 深度可分卷积运算,接着与全局平均池化层相连,再使用丢弃率为 0.5 的 Dropout 层,最后用 Softmax 函数与输出节点相连。

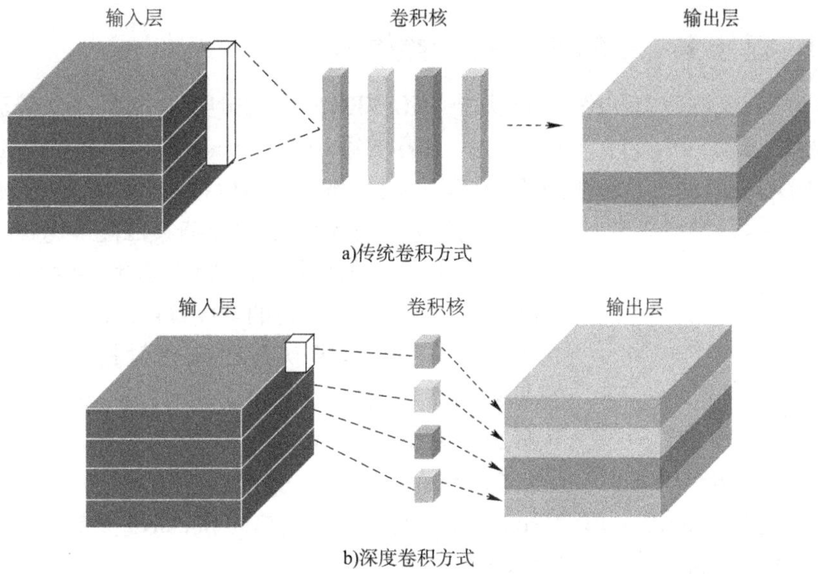

a)传统卷积方式

b)深度卷积方式

图 4-13　传统卷积与深度卷积

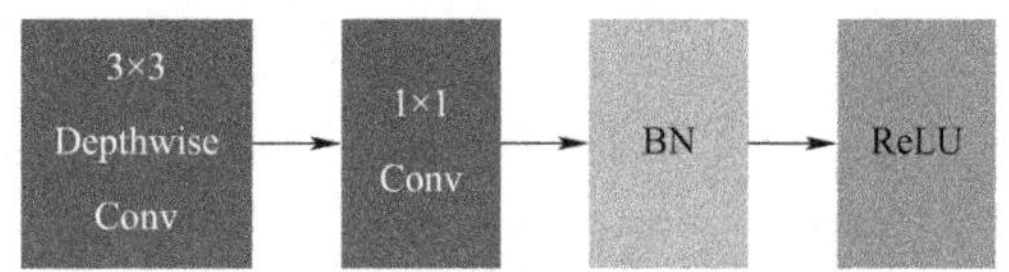

图 4-14　深度可分离卷积运算单元

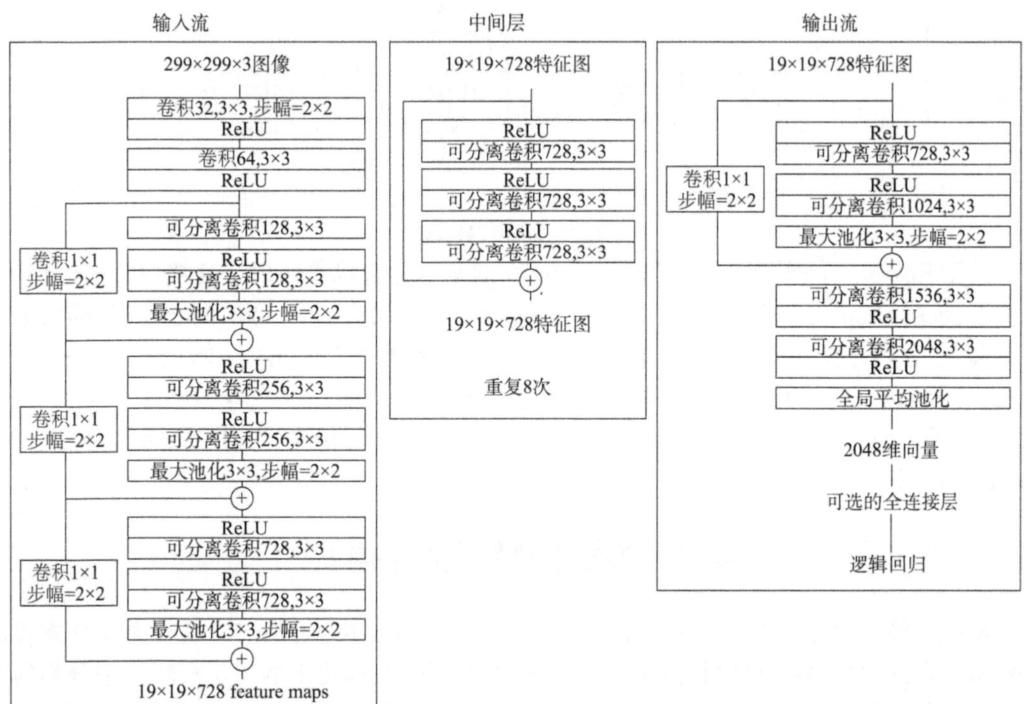

图 4-15　Xception 网络结构

4.3.4 基于 Resnet50 的车型分类模型

Resnet 网络,又称残差网络,不仅获得了 ILSVRC2015 的分类任务第一名,还获得了 ImageNet 目标检测、ImageNet 目标定位等分类大赛的第一名,Resnet 网络结构的核心是残差学习(Residual Learning)。在常规网络中,每一层求解参数时目标函数都是最优解的映射 $H(X)$;对于残差网络而言,并不直接匹配最优解映射 $H(X)$,而是去匹配一个残差映射 $F(X)=H(X)-X$,残差映射示意图如图 4-16 所示,原映射的最优解可以改成 $F(X)+X$,通过实验分析证明,残差映射跟原映射相比更容易被优化。Resnet 网络结构如图 4-17 所示,Resnet50 核心是由 3 个 conv2_x 单元、4 个 conv3_x 单元、6 个 conv4_x 单元和 3 个 conv5_x 单元组成,第一层是一个 7×7 的卷积,最后一层是一个全连接层,其中 conv2_x 单元、conv3_x 单元、conv4_x 单元和 conv5_x 单元均包括 3 个卷积层,卷积算子分别为 1×1、3×3 和 1×1。

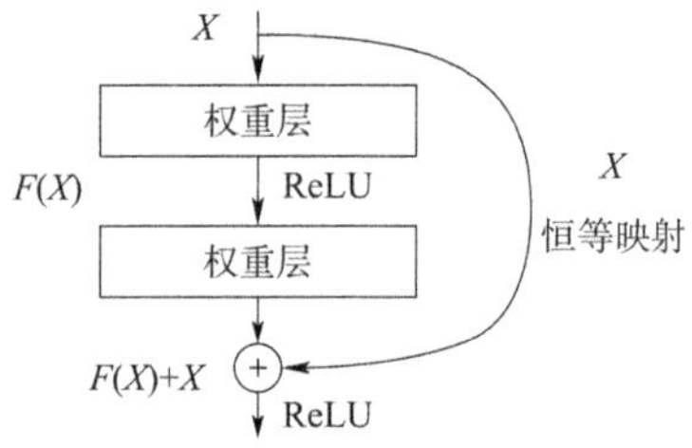

图 4-16 残差映射示意图

网络层名称	输出尺寸	18层	34层	50层	101层	152层
conv1	112×112	7×7,64,步幅2				
卷积层2_x	56×56	3×3最大池体,步幅2				
		[3×3,64 3×3,64] ×2	[3×3,64 3×3,64] ×3	[1×1,64 3×3,64 1×1,256] ×3	[1×1,64 3×3,64 1×1,256] ×3	[1×1,64 3×3,64 1×1,256] ×3
卷积层3_x	28×28	[3×3,128 3×3,128] ×2	[3×3,128 3×3,128] ×4	[1×1,128 3×3,128 1×1,512] ×4	[1×1,128 3×3,128 1×1,512] ×4	[1×1,128 3×3,128 1×1,512] ×8
卷积层4_x	14×14	[3×3,256 3×3,256] ×2	[3×3,256 3×3,256] ×6	[1×1,256 3×3,256 1×1,1024] ×6	[1×1,256 3×3,256 1×1,1024] ×23	[1×1,256 3×3,256 1×1,1024] ×36
卷积层5_x	7×7	[3×3,512 3×3,512] ×2	[3×3,512 3×3,512] ×3	[1×1,512 3×3,512 1×1,2048] ×3	[1×1,512 3×3,512 1×1,2048] ×3	[1×1,512 3×3,512 1×1,2048] ×3
	1×1	平均池化,1000-d fc,softmax				
FLOPs		1.8×10^9	3.6×10^9	3.8×10^9	7.6×10^9	11.3×10^9

图 4-17 Resnet 网络结构

基于 Resnet50 的车型分类模型在 Resnet50 的基础上去除最后的全连接层,并加入参数优化层,采用 Dropout 和全局平均池化层。Resnet50 第一层为 1 个 7×7 的卷积层,随后进行 3×3 池化,接着连接 3 个 conv2_x 单元、4 个 conv3_x 单元、6 个 conv4_x 单元和 3 个 conv5_x 单元,其中 conv2_x 单元、conv3_x 单元、conv4_x 单元和 conv5_x 单元均包括 3 个卷积层,卷积算子分别为 1×1、3×3 和 1×1,然后与全局平均池化层相连,再使用丢弃率为 0.5 的 Dropout 层,最后用 Softmax 函数与输出节点相连。

4.4 深层网络融合模型

本章所采用的融合方式不是传统的求平均值或者投票法,而是把单模型去掉全连接前的输出串联,再通过神经网络训练来解决各个模型的权重,即提出的用于车辆类型分类的深层网络融合模型(Fused Deep Neural Network,FDNN)是基于 Inception V3 的车型分类模型、Xception 的车型分类模型和 Resnet50 的车型分类模型融合而来。深层网络融合模型的结构

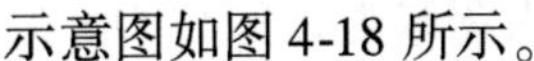

示意图如图 4-18 所示。

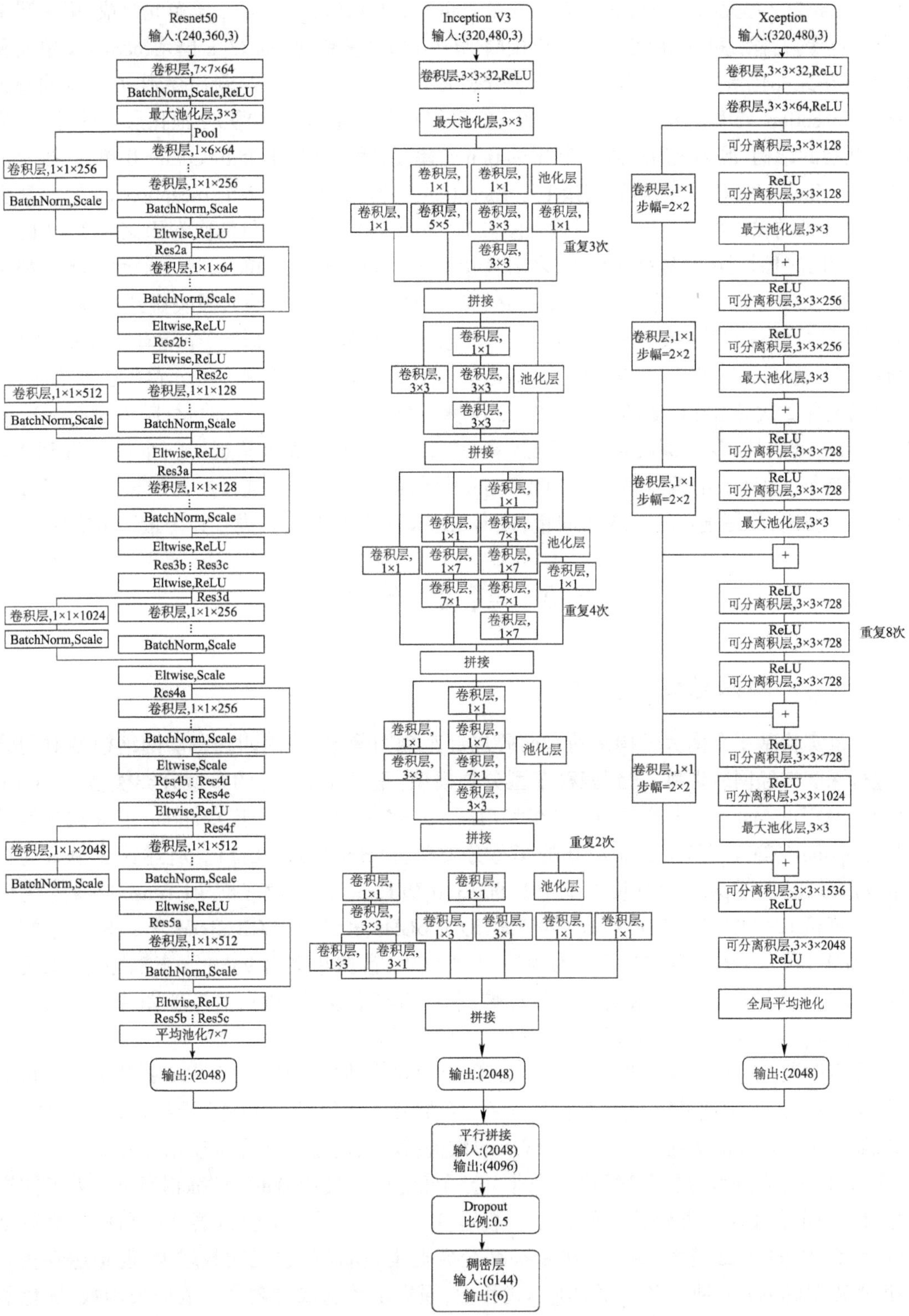

图 4-18　深层网络融合模型网络结构

输入图像后分别使用三个模型进行特征提取。对于 Resnet50，输入图像为 240 ×360 ×3，由 3 个 conv2_x 单元、4 个 conv3_x 单元、6 个 conv4_x 单元和 3 个 conv5_x 单元组成，第一层是一个 7 ×7 的卷积，最后一层是一个全连接层，其中 conv2_x 单元、conv3_x 单元、conv4_x 单元和 conv5_x 单元均包括 3 个卷积层，卷积算子分别为 1 ×1、3 ×3 和 1 ×1，最后得到 2048 维的输出特征。Inception V3 输入图像为 320 ×480 ×3，采用卷积层-卷积层-卷积层-池化层-卷积层-卷积层-池化层的结构，池化之后加入 3 个 Inception A 单元，随后连接 1 个 Inception B 单元，接着再连接 4 个 Inception C 单元，然后连接 1 个 Inception D 单元，再连接 2 个 Inception E 单元，最后得到 2048 维的输出特征。Xception 输入图像为 320 ×480 ×3，先进行两次卷积核为 3 ×3 的卷积运算，并经过激活函数提高非线性，之后连接深度可分卷积运算单元，每一个运算单元都包含 2 次带 ReLU 激活函数的 3 ×3 深度可分卷积运算和最大池化，输入模块得到 19 ×19 ×728 的特征图，中间模块是由 8 个一样的深度可分卷积运算单元相连，每一个运算单元都包含 3 次带 ReLU 激活函数的 3 ×3 深度可分卷积运算，输出模块是一个深度可分卷积运算单元，运算单元包含 2 次带 ReLU 激活函数的 3 ×3 深度可分卷积运算和最大池化，随后进行 2 次带 ReLU 激活函数的 3 ×3 深度可分卷积运算，得到 2048 维的输出特征。三个模型得到 3 ×2048 维特征，随后采用丢弃率为 0.5 的 Dropout 层，最后是一个全连接层并用 Softmax 函数与输出节点相连，最终输出一个 6 维向量，该向量中最大分量对应的类别即为最终分类结果。

4.5 实验分析

4.5.1 单网络模型实验

本章实验基于东南大学构建的车前脸局部车辆图像集，使用四种深层网络模型对图像集进行深度神经网络训练，得到四种车型分类模型：基于 VGG-16 的车型分类模型（VGG16-VCM）、基于 Inception V3 的车型分类模型（Inception V3-VCM）、基于 Xception 的车型分类模型（Xception-VCM）和基于 Resnet50 的车型分类模型（Resnet50-VCM）。所述算法模型均在 Jupyter Notebook（Ipython）环境中基于 Python3.6 和 Keras 深度学习框架（TensorFlow 作为后端），计算机 CPU 配置为 Intel Core i7-6700HQ 2.6GHz，RAM 为 8GB，ROM 为 1TB，显卡配置为 NVDIA GeForce GTX960M，显存为 4G。本实验中，数据集共有 9850 张车辆图像，采用图像的 60% 作为训练图像，20% 作为验证图像，剩余 20% 作为测试图像，车辆图像共分成六种类型：客车、小型客车、轻型载货汽车、轿车、SUV 和载货汽车。

在模型训练过程中采用批量训练方法，即一次迭代使用一个 Batch Size 的数据而不是全数据集的数据，采用这种方法原因如下：其一，数据集太大使得一次载入数据占用太大内存，即机器内存和显存的大小限制了一次载入的数量；其二，对于非凸样本使用全数据集很有可能得到的最优化值为“局部最优化”，而非“全局最优化”，使用 Batch 训练相当于是人工抽样的过程，一定程度可以避免这个问题。一般地，Batch Size 需要综合机器性能和样本集数量进行设置，Batch Size 越大，跑完一次 epoch（全数据集）所需的迭代次数越少，但是达到相同精度所需要的 epoch 数越多。模型训练过程中，损失函数选取对数交叉熵损失函数，优化器选用 Adam 和 RMSprop 进行对比实验。图 4-19 为 Resnet50-VCM 使用 Adam 优化器的训练过程图,图4-20为Resnet50-VCM使用RMSprop优化器的训练过程图,图中左上角train-loss图代表训练损失随着迭代次数的变化,左下角val-loss图代表验证损失随着迭代次数的变化,图中右上角train-acc图代表训练精度随着迭代次数的变化,图中右下角val-acc图代表验证精度随着迭代次数的变化。可以看出,无论是Adam优化器还是RMSprop优化器,在迭代8次epoch后模型趋于收敛,模型收敛时的训练精度和验证精度都基本持平,但RMSprop优化器随着迭代次数增加,精度变化较为缓慢,但是验证损失明显呈下降趋势,反观Adam优化器训练损失和验证损失在经过2次epoch后下降缓慢,但无论是验证精度还是训练精度均呈上升态势。

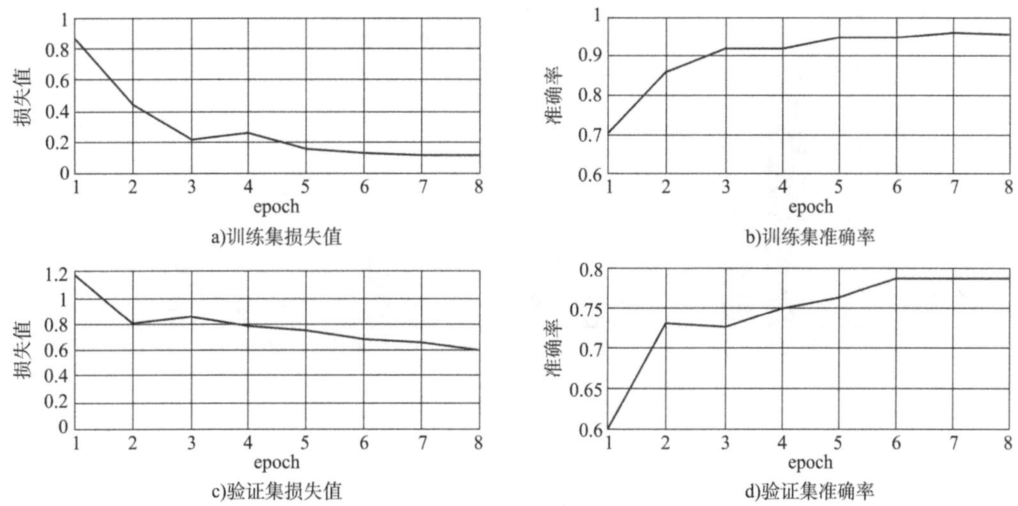

图4-19 Resnet50-VCM Optimizer = Adam 训练过程

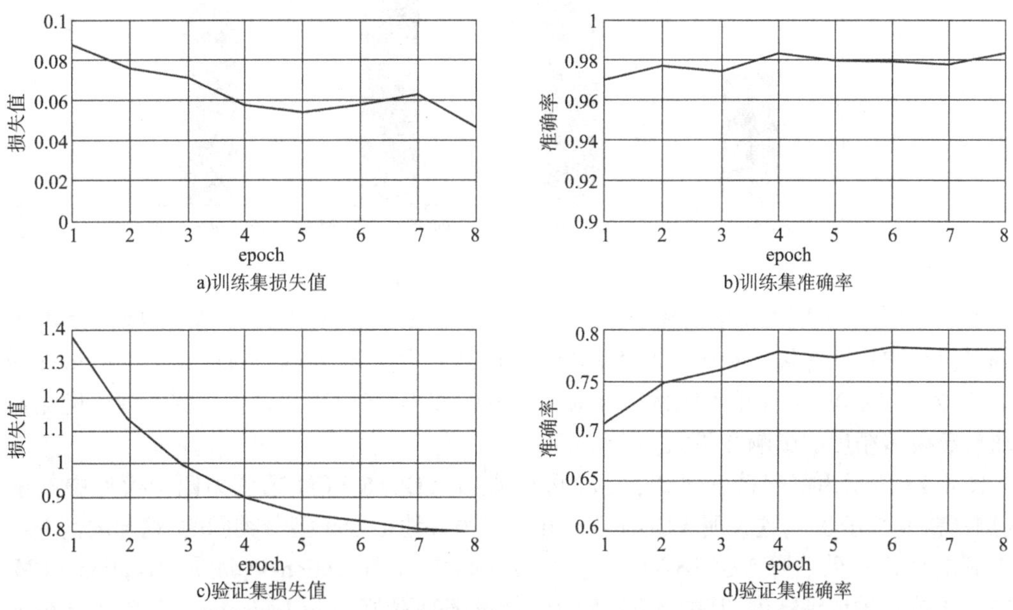

图4-20 Resnet50-VCM Optimizer = RMSprop 训练过程

模型训练损失和验证损失对比如图 4-21 所示。从图中可以看出，VGG16-VCM 的训练损失和验证损失较大，模型没有得到很好的收敛效果，从损失便可以看出此模型精度较低。除了 VGG16-VCM 外，其余三个模型的损失均较小于 0.6，并且验证损失都大于训练损失，符合训练规律，说明 Resnet50-VCM、Inception-VCM 和 Xception-VCM 都是拟合较好的模型，模型结构与车型分类问题比较适配。模型训练耗时对比图如图 4-22 所示。Resnet50-VCM、Inception-VCM 和 Xception-VCM 计算一个 epoch 需要近 1min 的时间，由于 VGG16-VCM 只有十几层结构，所以耗时仅需 28s，而 Resnet50-VCM、Inception-VCM 和 Xception-VCM 结构都比较复杂，层数达到几十层甚至一百多层，耗时都将近 1min，训练效率较低。

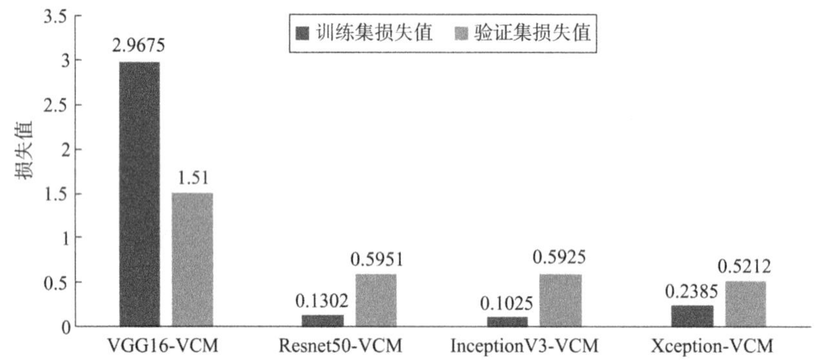

图 4-21 模型 loss 对比

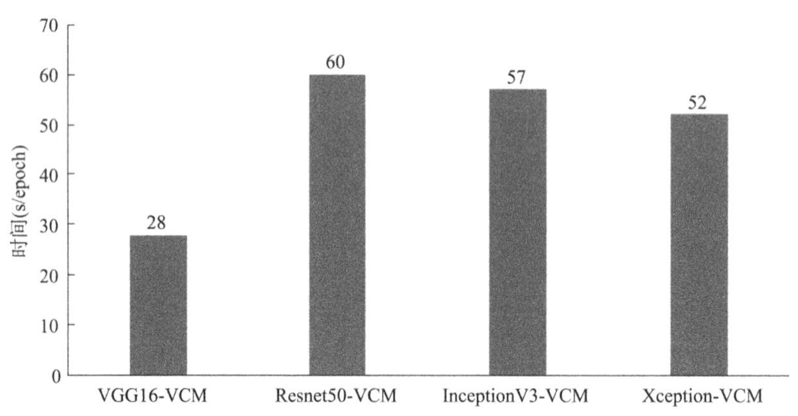

图 4-22 模型 epopch 耗时对比

表 4-4 所示为不同优化器模型精度对比表，可以看出，VGG16-VCM 模型在使用 RMSprop 优化器时，训练精度和验证精度都比使用 Adam 优化器要高，Resnet50-VCM、Inception-VCM 和 Xception-VCM 使用不同优化器对精度影响较小，属于正常误差范围，因此，优化器的选取对于模型精度的影响并不大。

图 4-23 所示为模型精度对比，从 a) 可以看出，VGG16-VCM 精度为四个模型中的最低值，测试精度小于 0.7，这说明 VGG16-VC 并不能很好地拟合车型分类问题，这与之前 loss 分析得到的结论一致。除 VGG16-VCM 外，Resnet50-VCM、Inception-VCM 和 Xception-VCM 都能得到比较好的训练精度，其中，四个模型中精度表现最好的为 Inception-VCM，测试精度达 83.85%。经过训练得到五个车型分类模型后，对测试集进行测试实验。为测试模型的稳定

性及鲁棒性,用测试集与验证集作为测试样本库,进行100次交叉验证测试实验,每次实验从测试样本库中随机抽取1800张图像,并统计模型精度。模型精度箱型图分布如图4-23b)所示。从图中可以看出,InceptionV3-VCM模型精度较高,InceptionV3-VCM和Resnet50-VCM的精度相差较小,InceptionV3-VCM和Xception-VCM模型精度分布在一个较小的范围内,说明模型有较好的稳定性,VGG16-VCM和Resnet50-VCM有几个异常点,说明模型稳定性较差。综合对比可知,InceptionV3-VCM优于其余三种模型。

不同优化器模型精度对比表 表4-4

模　型	optimizer = RMSprop		optimizer = Adam	
	train-acc	val-acc	train-acc	val-acc
VGG16-VCM	0.7031	0.7396	0.6302	0.724
Resnet50-VCM	0.9833	0.7826	0.9577	0.7884
InceptionV3-VCM	0.9779	0.8229	0.9648	0.8386
Xception-VCM	0.9618	0.7778	0.9167	0.7917

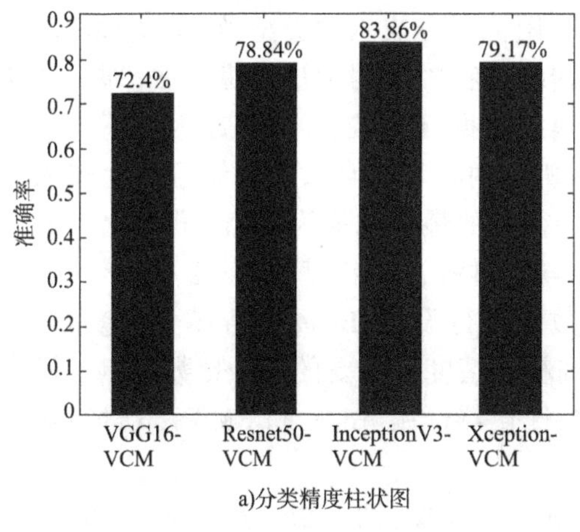

a)分类精度柱状图

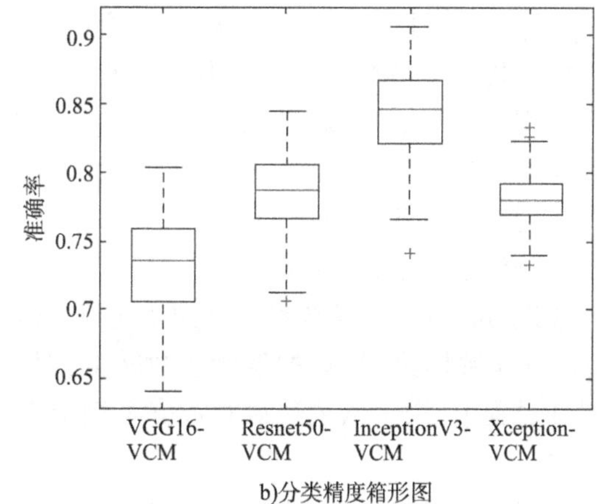

b)分类精度箱形图

图4-23　模型精度对比

表4-5所示为InceptionV3-VCM模型的混淆矩阵。混淆矩阵每行表示预测类,每列表示真实类,例如,第一行第一列表示真实类别为客车、识别为客车的样本数为110,第二行第一列表示真实类别为轻型客车识别为Bus的样本数为9,其他行列以此类推。对角线上表示样本正确分类的数目,每种类型车辆被正确识别的样本数分别为:110、165、87、1022、228和111。由此可以看出,客车和转型客车正确分类率较高,这可能是因为这两类车与其他类型车辆卷积特征差距较大,对于样本数量占比较大的轿车和SUV正确分类率略差,并且由于SUV和轿车车前脸信息一致性较高,出现部分SUV和轿车误分类的情况。

InceptionV3-VCM模型混淆矩阵 表4-5

类别	客车	轻型客车	轻型载货汽车	轿车	SUV	载货汽车
客车	98.21%	1.79%	0	0	0	0
轻型客车	5.11%	93.75%	1.14%	0	0	0

续上表

类别	客车	轻型客车	轻型载货汽车	轿车	SUV	载货汽车
轻型载货汽车	0	5.26%	91.58%	0	0	3.16%
轿车	0	0	2.36%	86.32%	11.32%	0
SUV	0	0	1.79%	16.49%	81.72%	0
载货汽车	0	0	10.48%	0	0	89.52%

4.5.2 深层网络融合模型实验

采用一种深层网络融合模型对图像集进行深度神经网络训练，得到一个用于车型分类的深层网络融合模型（FDNN-VCM）。本章所述算法模型均在 Jupyter Notebook（Ipython）环境中基于 Python3.6 和 Keras 深度学习框架（TensorFlow 作为后端），计算机 CPU 配置为 Intel Core i7-6700HQ 2.6GHz，RAM 为 8GB，ROM 为 1TB，显卡配置为 NVDIA GeForce GTX960M，显存为 4G。本实验中，数据集共有 9850 张车辆图像，采用图像的 60% 作为训练图像，20% 作为验证图像，剩余 20% 作为测试图像，车辆图像共分成六种类型：客车、轻型客车、轻型载货汽车、轿车、SUV 和载货汽车。在模型训练过程中采用批量训练方法，即一次迭代使用一个 Batch Size 的数据，而不使用全数据集的数据，使用这种方法原因如下：其一，数据集太大使得一次载入数据占用太大内存，即机器内存和显存大小限制了一次载入的数量；其二，对于非凸样本使用全数据集很有可能得到的最优化值为“局部最优化”，而非“全局最优化”，使用 Batch 训练相当于是人工抽样的过程，一定程度可以避免这个问题。一般地，Batch Size 需要综合机器性能和样本集数量进行设置，Batch Size 越大，跑完一次 epoch（全数据集）所需的迭代次数减少，但是达到相同精度所需要的 epoch 数越多。模型训练过程中，损失函数选取对数交叉熵损失函数，优化器选用 Adam 和 RMSprop 进行对比实验。

图 4-24 为 FDNN-VCM 使用 Adam 优化器的训练过程图，图 4-25 为 FDNN-VCM 使用 RMSprop 优化器的训练过程图，图中左上角 train-loss 图代表训练损失随着迭代次数的变化，左下角 val-loss 图代表验证损失随着迭代次数的变化，图中右上角 train-acc 图代表训练精度随着迭代次数的变化，图中右下角 val-acc 图代表验证精度随着迭代次数的变化。采用Adam 优化器时，训练损失和验证损失都呈对数下降，在迭代 40 次 epoch 后，训练损失和验证损失下降速度放缓，在迭代 100 次 epoch 后损失趋于收敛，同样地，在迭代 40 次 epoch 前，训练精度和验证精度都处于上升趋势，在迭代 40 次 epoch 后，模型精度趋于平稳，模型精度基本达到收敛。采用 RMSprop 优化器训练时，训练损失总体呈下降趋势，但仍有小范围波动，而验证损失呈光滑下降趋势，与训练损失相对应的训练精度呈曲折上升趋势，在迭代 60 次 epoch 后趋于平稳，验证精度一直在较小的波动范围内保持平稳。对比 Adam 优化器和 RMSprop 优化器，模型收敛后验证精度均在 0.95 左右，训练精度均在 0.98 左右，这说明优化器的选择对于模型精度并没有太大影响，采用 Adam 优化器达到收敛时，迭代次数比采用 RMSprop 优化器多，即对于本模型而言，RMSprop 优化器更容易达到收敛，并且无论是训练损失还是验证损失都比采用 Adam 优化器小。

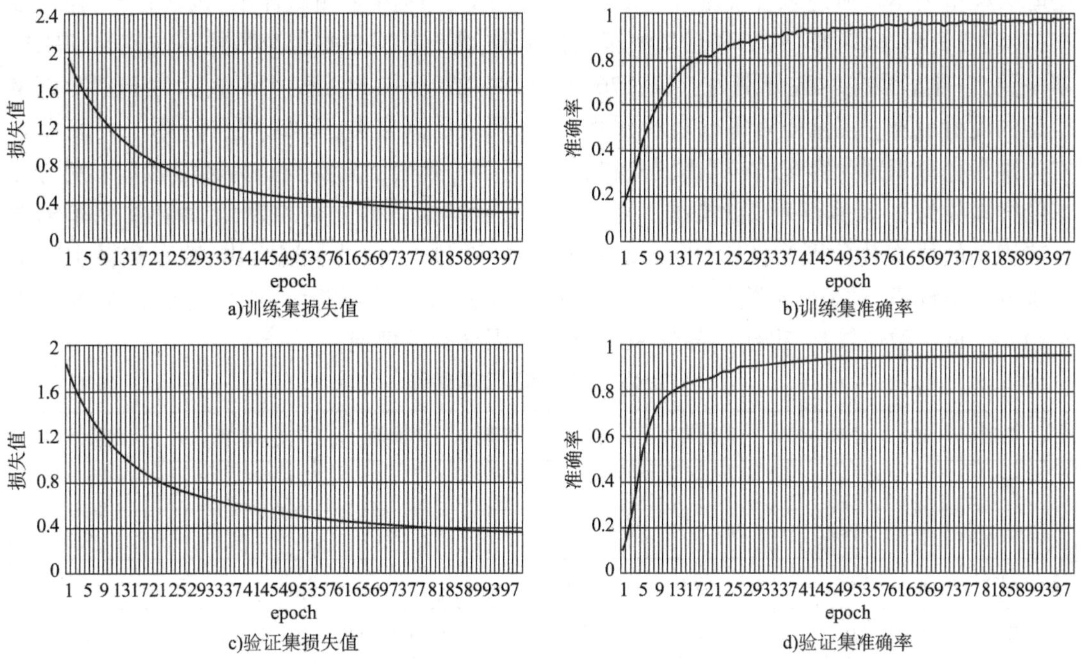

a)训练集损失值　b)训练集准确率

c)验证集损失值　d)验证集准确率

图 4-24　FDNN-VCM Optimizer = Adam 训练过程

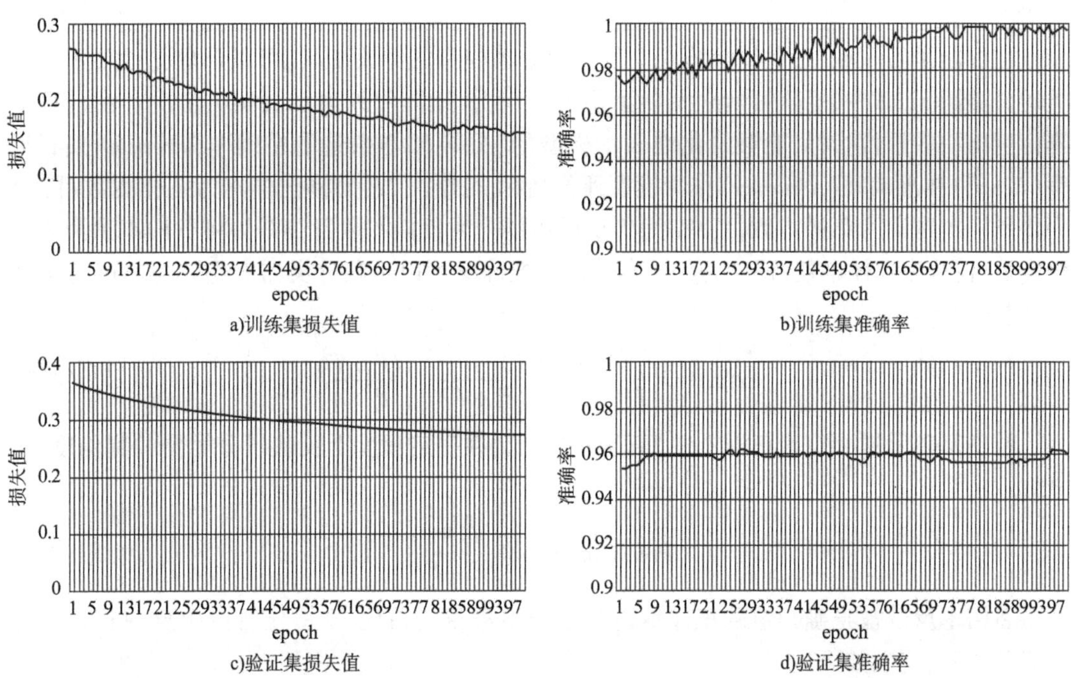

a)训练集损失值　b)训练集准确率

c)验证集损失值　d)验证集准确率

图 4-25　FDNN-VCM Optimizer = RMSprop 训练过程

本节对基于联合特征的机器学习分类模型、深度学习车型分类模型和深层网络融合模型进行对比实验分析。机器学习分类模型使用基于高斯核的支持向量机提取 HOG + Gabor + LDA 组合降维特征，深度学习车型分类模型为基于 InceptionV3 的车型分类模型，深层网络融合模型为本章所述融合模型。测试实验中，共使用1970个测试样本，包含客车、轻型客车、轻型载货汽车、轿车、SUV和载货汽车六种车型，测试样本中每类车型样本占比与训练样本一致，每种车型样本数分别为：112、176、95、1184、279和124。表4-6所示为FDNN-VCM模型的混淆矩阵。混淆矩阵每行表示预测类，每列表示真实类，例如，第一行第一列表示真实类别为客车识别为客车的样本数为112，第二行第一列表示真实类别为轻型客车识别为客车的样本数为2，其他行列以此类推。对角线上表示样本正确分类的数目，每种类型车辆被正确识别的样本数分别为：112、174、90、1123、263和118。由此可以看出，客车和轻型客车正确分类率较高，对于样本数量较多的轿车和SUV正确分类率略差，并且由于SUV和轿车车前脸信息一致性较高，出现小部分SUV和轿车误分类的情况。

FDNN-VCM 模型混淆矩阵 表4-6

类别	客车	轻型客车	轻型载货汽车	轿车	SUV	载货汽车
客车	100.00%	0	0	0	0	0
轻型客车	1.14%	98.86%	0	0	0	0
轻型载货汽车	0	5.26%	94.74%	0	0	0
轿车	0	0	0.17%	94.85%	4.98%	0
SUV	0	0	1.08%	4.66%	94.27%	0
载货汽车	0	0	4.84%	0	0	95.16%

在机器学习领域中，混淆矩阵是一种评价分类模型的经典工具，可以形象化地展示每一类的分类情况，其中，矩阵每行表示模型预测类情况，矩阵每列表示真实类情况。由混淆矩阵衍生出一些评价指标，能够量化地表示模型的“好坏”，本书选取精确率(*Precision*)、召回率(*Recall*)和准确率(*Accuracy*)作为模型评价指标。式中，TP 为将正样本为正样本数目；TN 为将负样本预测为负样本数目；FN 为将正样本预测为负样本数目；FP 为将负样本预测为正样本数目；P 为正样本数目；N 为负样本数目。准确率可以反映分类器对整体样本的分类能力，定义如下：

$$Accuracy = \frac{TP + TN}{TP + TN + FP + FN} = \frac{TP + TN}{P + N} \tag{4-2}$$

精确率表示被判定为正样本中真正样本占比，在一定程度上反映了分类器的置信度，定义如下：

$$Precision(P) = \frac{TP}{TP + FP} \tag{4-3}$$

召回率反映被正确判定的正样本占总正样本数目的占比，在一定程度上反映正样本的正确分类率，定义如下：

$$Recall(P) = \frac{TP}{TP + FN} = \frac{TP}{P} \tag{4-4}$$

图4-26为三种模型召回率对比图，从图中可以看出，无论使用何种模型，Bus类的召回率比其他类别高，说明Bus的特征较为明显，可以与其他类进行区分；模型间对比可知，在六

类车型下,FDNN-VCM 的召回率都比其他两种模型高,说明 FDNN-VCM 在六类车型下样本正确分类率都比其他模型高,其次为基于 HOG + Gabor + LDA 的 SVM 模型,召回率表现最差的为 InceptionV3-VCM。图 4-27 为三种模型精度对比图,由于各类样本分布不均匀,类间精度差距较大,这种情况下类间比较意义不大,因此只对模型间进行比较分析;模型间对比可知,FDNN-VCM 的精度在六类车型下都远远高于其他两种模型,说明 FDNN-VCM 在六类车型下样本分类置信度比其他模型高,其次为基于 HOG + Gabor + LDA 的 SVM 模型,召回率表现最差的为 InceptionV3-VCM。图 4-28 为三种模型分类准确率对比图,从图 4-28a)柱状图模型间对比可知,FDNN-VCM 的准确率高于其他两种模型,说明 FDNN-VCM 对于车型分类问题拟合较好,测试准确率高达 95.43%,其次为基于 HOG + Gabor + LDA 的 SVM 模型,准确率表现最差的为 InceptionV3-VCM;图 4-28b)为三种模型箱型图,从图中可以看出,FDNN-VCM 模型准确率分布于 0.91 ~0.98,上四分位值为 0.96,下四分位为 0.93,均值为 0.95,与基于 HOG + Gabor + LDA 的 SVM 模型和 InceptionV3-VCM 模型相比,FDNN-VCM 准确率分布跨度范围较小且均值较高。基于 HOG + Gabor + LDA 的 SVM 模型准确率均值高于 InceptionV3-VCM 模型,但是准确率分布跨度范围比 InceptionV3-VCM 模型大。综合分析可知,FDNN-VCM 模型不仅在准确率上性能表现较好,且具有较好的鲁棒性和稳定性。

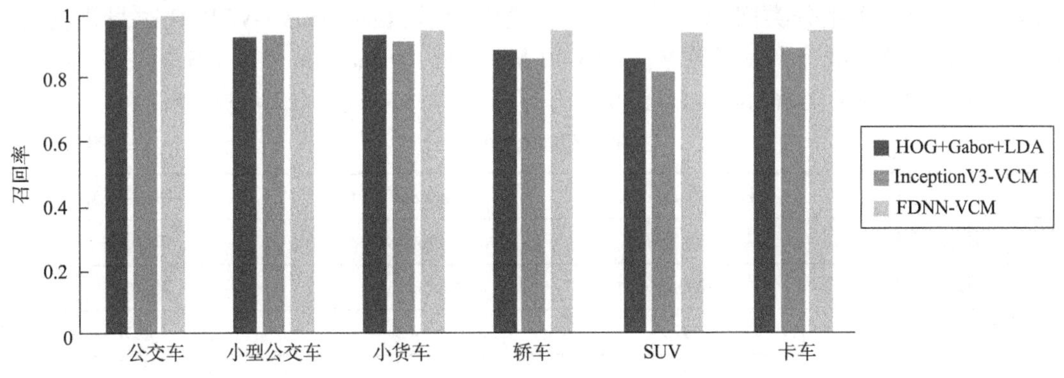

图 4-26　三种模型召回率(*Recall*)对比

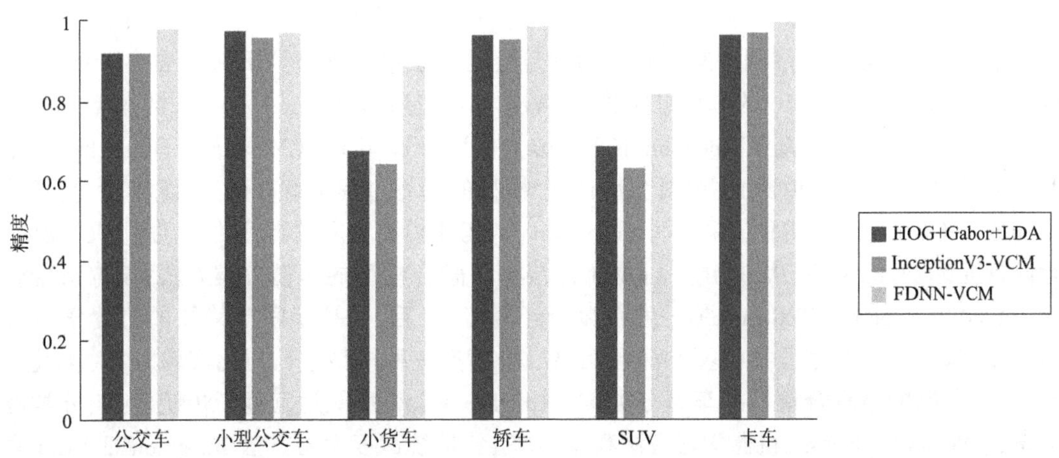

图 4-27　三种模型精度 (*Precision*)对比

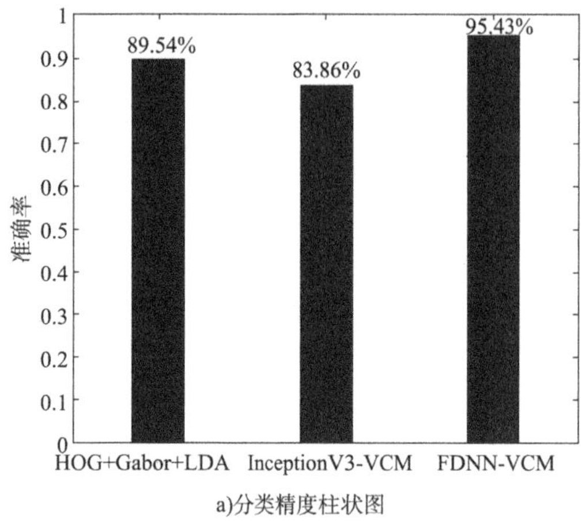

a)分类精度柱状图

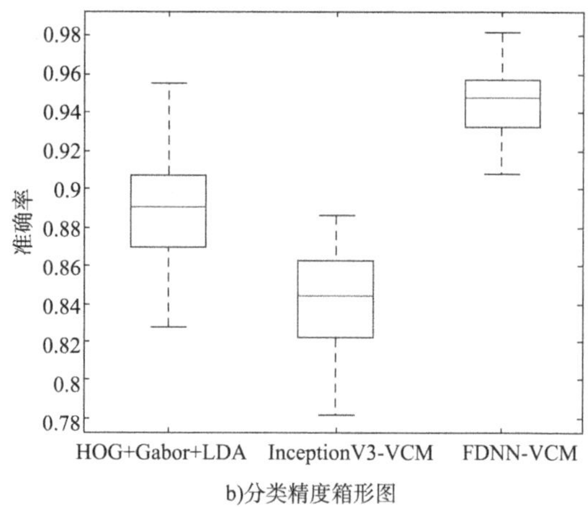

b)分类精度箱形图

图 4-28　三种模型准确率对比图

表 4-7 为三种模型综合性能对比。三个模型的训练准确率均高出测试准确率，这符合模型训练规律，其中 InceptionV3-VCM 模型的训练准确率远远高于测试准确率，说明该模型并没有很好拟合。FDNN-VCM 的训练集准确率和测试集准确率都高于其他两种模型，说明 FDNN-VCM 对于车型分类问题拟合较好。从耗时上看，InceptionV3-VCM 耗时最短，仅需 584ms，但是该模型准确率表现较差，FDNN-VCM 耗时约为 InceptionV3-VCM 的三倍，FDNN-VCM 耗时略优于 HOG + Gabor + LDA，从综合性能看，FDNN-VCM 模型表现最佳。

三种模型综合性能对比　　表 4-7

项　目	HOG + Gabor + LDA	InceptionV3-VCM	FDNN-VCM
训练准确率	92.89%	96.48%	97.55%
测试正确率	89.54%	83.86%	95.43%
测试耗时(ms)	1295	424	1237

4.6　小　　结

本章开展了基于深层网络融合模型的智慧交通场景中车辆类型识别方法的研究工作。首先，构造了基于 VGG-16 的车型分类模型(VGG16-VCM)、基于 InceptionV3 的车型分类模型(InceptionV3-VCM)、基于 Xception 的车型分类模型(Xception-VCM)和基于 Resnet50 的车型分类模型(Resnet50-VCM)，并对比分析四个模型的训练过程训练时间、训练精度、验证精度和测试精度等参数，实验结果表明：InceptionV3-VCM 模型精度较高，训练精度达 96.48%，验证精度达 83.85%；其次，提出一种基于深层网络融合模型的车型分类方法，该方法融合 InceptionV3、Xception 和 Resnet50 三种深度神经网络；最后，对基于联合特征的机器学习分类模型、深度学习车型分类模型和深层网络融合模型三种模型进行对比实验分析，实验结果表明：深层网络融合模型的车型分类方法(FDNN-VCM)性能远远优于传统模型，分类准确率达 95.43%，比传统机器学习方法高 9.46%，比传统深度学习方法 InceptionV3-VCM 高 11.57%。

本章参考文献

[1] Rong H L,Xia Y X. A Vehicle Type Recognition Method based on Sparse Auto Encoder International Conference on Computer Information Systems and Industrial Applications[C] NYC: IEEE Press,2015.

[2] Wang J,Zheng H,Huang Y,et al. Vehicle Type Recognition in Surveillance Images From Labeled Web-Nature Data Using Deep Transfer Learning[J]. IEEE Transactions on Intelligent Transportation Systems,2018,19(99):2913-2922.

[3] Lin M,Chen Q,Yan S. Network In Network[J]. Computer Science,2013,39(12):1-5.

[4] Simonyan K,Zisserman A. Very Deep Convolutional Networks for Large-Scale Image Recognition[J]. Computer Science,2014,1(1):1-6.

[5] Szegedy C,Vanhoucke V,Ioffe S,et al. Rethinking the Inception Architecture for Computer Vision[J]. Computer Science,2016,308(6):2818-2826.

第5章 基于极限学习深度网络融合模型的智慧交通场景中车辆号牌识别方法研究

车辆号牌字符识别是判别车辆号牌文字(汉字、英文字母和数字)的过程,是影响整个车辆号牌识别过程准确性的关键因素,其精度最终决定了整个车辆号牌识别的准确度。目前国内外研究学者已提出了很多车辆号牌识别方法,但由于在实际应用场景中,车辆号牌字符易出现污染严重、字符模糊和人为遮挡等情况,图像采集过程中的光照不均也会影响字符识别的结果,同时,汉字字符的结构复杂且笔画数较多,在成像质量较低的情况下不易区分,给车辆号牌字符识别增加了难度,这些重点、难点仍未能突破。因此,本章开展了基于极限学习深度网络融合模型的智慧交通场景中车辆号牌识别方法研究工作,以实现智慧场景下车辆牌号的准确识别。

5.1 深度学习理论

5.1.1 深度学习理论概述

深度学习的前身是从神经科学角度出发的简单线性模型,McCulloch-Pitts 神经元是脑功能的早期模型,该线性模型通过检验函数 $f(x,w)$ 的正负来识别两种不同类别的输入。20 世纪 50 年代,由 Rosenblatt 提出的感知机(Perception)成为首个可根据不同类别输入样本来学习其权重的模型[1],该感知机有单层计算单元的神经网络,由线性元件及阈值元件组成。但是,单层感具有无法解决线性不可分问题的局限性,促使了多层感知机的形成,多层感知机是在单层感知机的基础上,在输入层与输出层之间加入隐藏层,通过凸域对样本进行正确分类。20 世纪 80 年代,第二代神经网络问世,以 Rumelhart 和 McClelland 为基础的科学家在多层感知机的基础上,提出反向传播(Backpropagation Algorithm,BP)算法[2],其基本思想是将信号的正向传播与误差的反向传播两个过程组合成为算法的学习过程,如图 5-1 所示。正向传播时,输入层传入输入样本,输入样本经各隐层逐层处理后,传向输出层,当输出层的实际输出结果与期望输出结果不符时,则转入误差的反向传播阶段;在反向传播时,将输出结果以某种形式通过隐藏层向输入层逐层反传,同时分摊误差给各层的所有单元,从而获取各层单元的误差信号,依据此误差信号修正各层各单元权值。BP 算法解决了多层感知机难以获取隐层权值的问题。

20 世纪 90 年代,各种浅层机器学习模型相继面世,如支持向量机(Support Vector Machies,SVM)、Boosting、最大熵方法(Logistic Regerssion,LR)等。2006 年以来,由多伦多大学的 Hinton 为代表的一批研究者成功打破多层神经网络研究的瓶颈,Hinton 认为多隐层的人工神经网络都具有优秀的特征学习能力[3],得到的特征可以更本质化地刻化数据,以提高可视化和分类的实现;深度神经网络可以通过逐层初始化克服训练上的难度。深度学习作为机器学习中的一个新领域和新方向，其动机是建立、模拟人脑进行学习分析的人工神经网络。相对于浅层模型只包含1层或2层的非线性特征转换层，因此对复杂函数的表现能力有限，而深度学习通过对一种深层非线性网络结构的学习，表征输入数据，实现复杂函数逼近，使其具有强大的、从少数样本集中学习数据集本质特征的能力。深度学习模型是在传统浅层神经网络模型上进行的拓展。如5-2所示，深度学习与传统的神经网络相同之处在于都采用了分层结构：模型结构均包含输入层、隐层（可单层、可多层）和输出层，且只有相邻层的神经元节点之间存在连接，而同一层以及跨层节点之间并无连接。

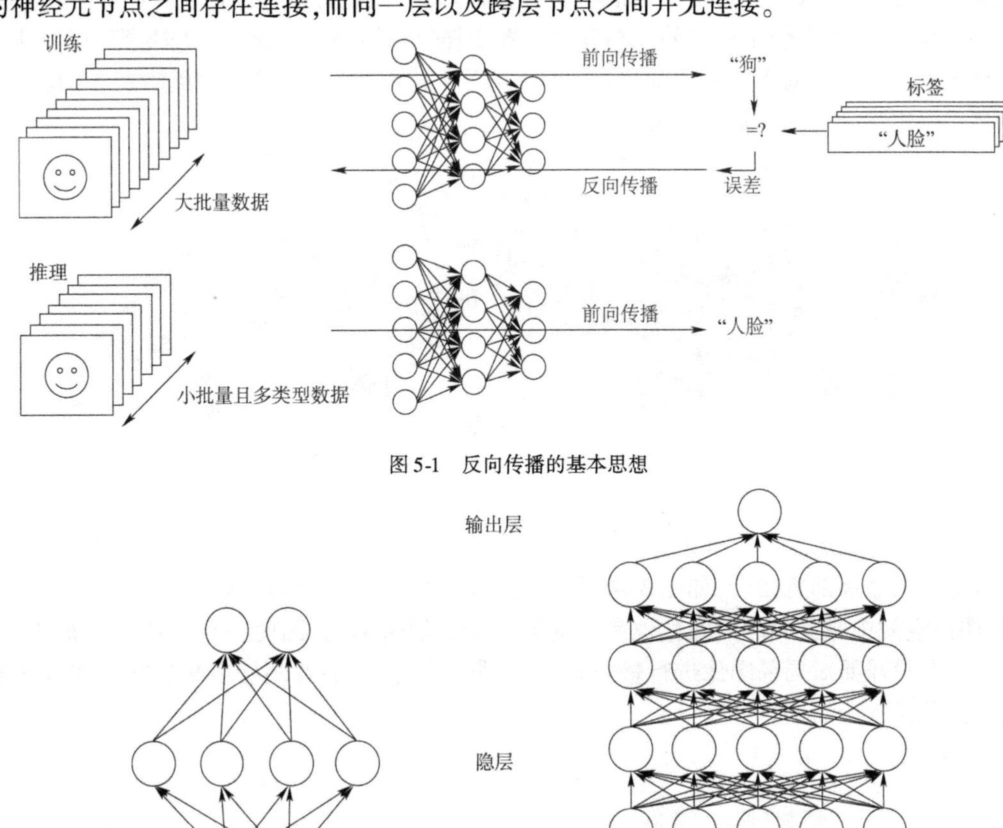

图5-1　反向传播的基本思想

图5-2　传统神经网络与深度学习全连接网络模型对比

5.1.2　卷积神经网络

卷积神经网络（Convolution Neural Network，CNN）是一种多层神经网络，由多层感知机发展而来，对于处理图像尤其是大型图像的相关机器学习问题有着优异表现。典型的卷积神经网络结构如图5-3所示，包括输入层、卷积层、池化层和一个全连接的多层感知机分类器，即全连接层。卷积神经网络的每个特征提取模块由卷积层和池化层所组成。在卷积神经网络的卷积层中，通常包含若干个特征平面(Feature Map)，每一个特征平面由一些矩形排列的神经元组合而成，且每个神经元仅与部分相邻层神经元连接，同一个特征平面的神经元共享权值，该权值为卷积核。卷积核一般以随机小数的形式初始化，在卷积神经网络训练的过程中，卷积核通过学习得到合理的权值。共享权值(卷积核)的优点在于减少了卷积神经网络各层之间的连接，并降低了过拟合的风险。池化(Pooling)又称为子采样，通常有平均池化(Mean Pooling)和最大池化(Max Pooling)两种操作形式，池化可以看作是一种特殊的卷积过程，卷积和池化极大降低了模型的复杂程度。卷积神经网络通过结合局部感受野、权值共享和池化来充分利用数据本身包含的局部性等特征，优化网络结构，简化网络参数，并且保证网络具有一定程度上的位移和变形的不变性。

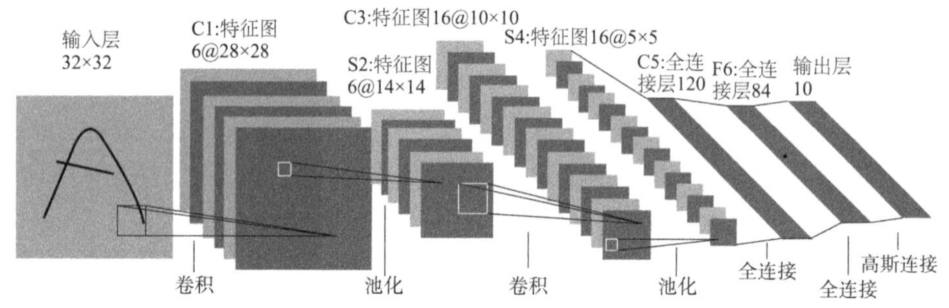

图 5-3　典型的卷积神经网络结构图

1)局部感受野

感受野表示视觉感受外部世界的区域，按照区域大小可分为全局感知和局部感知，局部感知区域即成为局部感受野，如图 5-4 所示。由人们从局部到全局的认知外部世界方式的启发，图像空间中像素间的关联性也是从局部到全局越来越弱，因此在对图像进行感知时，每个神经元只需要对局部图像进行感知即可，而非全图像，然后在高层空间综合局部特征便可以得到图像的全局信息。

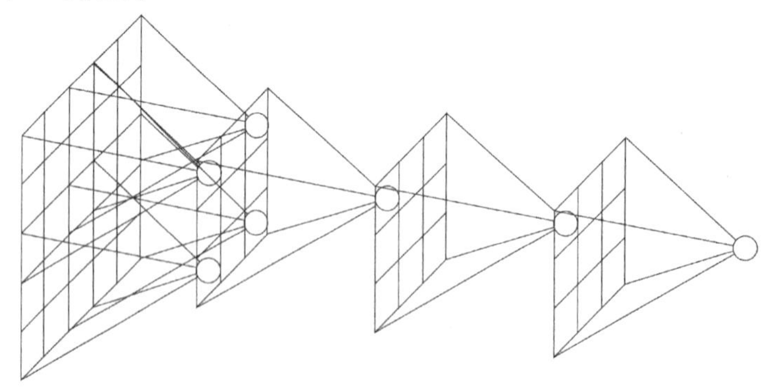

图 5-4　局部感受野

局部感受野的计算采用 up to down 的方式，即先计算最深层在前一层的感受野，然后逐层传递到第一层，计算公式如下，即：

$$RF_i = (RF_{i+1} - 1) \times stride_i + Ksize_i \tag{5-1}$$

式中，RF_i 为第 i 层卷积层的感受野；*stride* 表示卷积的步长；*Ksize* 表示本层卷积核的大小。

2)权值共享

局部感受野虽然在很大程度上降低了整个卷积神经网络的参数个数,但由于卷积神经网络本身结构复杂,参数个数依然较多。这时权值共享是减少参数个数的有效方法,权值共享是指在一个网络模型中的多个函数都使用相同的权重值。不同于传统神经网络值每计算一层输出时权重矩阵的每个权重值都不重复使用,卷积神经网络用于某一输入的权重也同时会在其他输入上应用,因此只需要学习一个权重值集合而不需要对输入的每个位置都单独学习,在显著降低模型存储需求的同时极大程度减少了参数个数。这种权值共享让神经网络层具备了平移等变的特性。图 5-5 所示为权值共享,它模拟了权值共享的实现方式,$(m-1)$层为输入,m 层为输出,图 5-5a)中红线表示在卷机模型中使用了一个含有 3 元素的卷积核的中间参数,由于权值共享,该权值被用在所有输入位置上,而图 5-5b)表示在该全连接模型中所有权值仅被使用过一次。

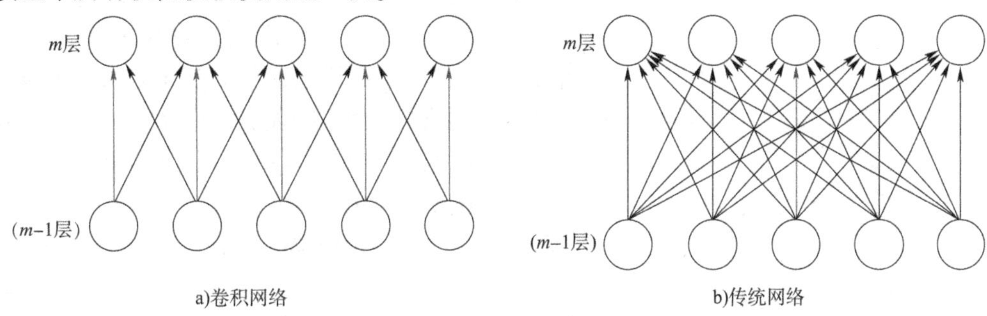

a)卷积网络　b)传统网络

图 5-5　权值共享

3)池化

在卷积神经网络中,通常每一层包含三个级运算:第一级称为卷积级(Convolutional Stage),此级功能是并行计算多个卷积后产生一组线性激活响应;第二级称为探测级(Detector Stage),此级将卷积级中产生的每个线性激活响应经过非线性激活函数处理,增加网格非线性;第三级称为池化级(Pooling Stage),此级采用池化函数对上一级的输出进行调整。池化是使用某一位置及其相邻输出的总体统计特征来代替神经网络在该位置的输出,进而组成新的一层。最大池化(Max Pooling)和均值池化(Mean Pooling)是两种常见的池化操作形式。如图 5-6 所示,最大池化是将相邻矩形区域的最大值作为此位置的输出,而根据取平均值算法的不同,均值池化可以分为简单求平均和距中心像素距离的加权平均等池化操作。

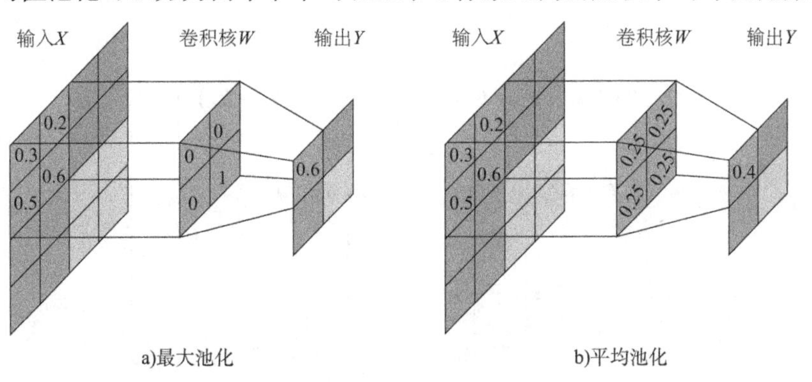

a)最大池化　b)平均池化

图 5-6　池化操作

5.2 极限学习理论

5.2.1 单隐藏层前馈神经网络

前馈神经网络是神经网络中结构最简单但应用最广泛的一种网络，该网络结构主要有三层：输入层、隐藏层和输出层。其中，输入层用于接收外界传输的信息，该层神经元个数和输入信息的维度相同；隐藏层作为处理单元，对输入函数使用激活函数进行非线性变化处理，隐藏层的层数和神经元个数一般需要通过实验对比来确定；输出层的作用是输出经线性变换处理的隐藏层的输出信息；同一层各神经元之间相互独立，互不相连，各层的神经元只朝输出方向连接，不存在相互连接和反馈连接的现象，这是前馈神经网络的特性，单隐藏层前馈神经网络是指网络结构中隐藏层仅为一层的最简单的前馈神经网络，其网络结构如图 5-7 所示。

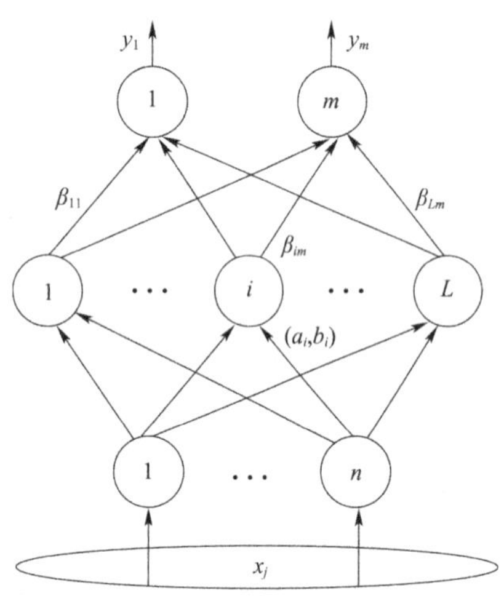

图 5-7 单隐藏层前馈神经网络

对于含有 N 个不同样本(x_i,t_i)，其中 $x_i=[x_{i1},x_{i2},\cdots,x_{in}]^T\in R^n$，$t_i=[t_{i1},t_{i2},\cdots,t_{im}]^T\in R^m$，具有 L 个隐藏节点，$L\leqslant N$，激活函数为 $g(x)$ 的单隐藏层前馈神经网络数学模型为：

$$\sum_{i=1}^{L}\beta_i g_i(x_j)=\sum_{i=1}^{L}\beta_i g(a_i\cdot x_j+b_i)=t_j,j=1,\cdots,N \tag{5-2}$$

式中，x_i 和 t_i 表示第 j 个输入样本和输出样本；β_i 为连接第 i 个隐藏层节点和输出神经元的输出权重；a_i 为连接输入神经元和第 i 个隐藏层节点的输入权重；b_i 为第 i 个隐藏层节点的偏置(Bias)。

其含有 L 个隐藏层节点，且激励函数为 $g(x)$ 的标准但隐藏层前馈 i 神经网络可以无限接近于 N 个训练样本。激励函数 $g(x)$ 可以是正弦函数 Sin、Sigmoid 函数及 RBF 径向函数等。式(5-2)的矩阵形式可简写为：

$$H\beta=T \tag{5-3}$$

其中：

$$\left.\begin{aligned}H&=\begin{bmatrix}g(a_1\cdot x_1+b_1) & \cdots & g(a_L\cdot x_1+b_L)\\ \vdots & \cdots & \vdots\\ g(a_1\cdot x_N+b_1) & \cdots & g(a_L\cdot x_N+b_L)\end{bmatrix}_{N\times L}\\ \beta&=\begin{bmatrix}\beta_1^T\\ \vdots\\ \beta_L^T\end{bmatrix}_{L\times m},\quad T=\begin{bmatrix}t_1^T\\ \vdots\\ t_N^T\end{bmatrix}_{N\times m}\end{aligned}\right\} \tag{5-4}$$

式中，H 为神经网络的隐藏层输出矩阵，共有 N 行 L 列。

该矩阵中的第 i 列表示第 i 个隐藏层节点对应 $x_1, x_2, \cdots, x_N$ 的输出向量。

5.2.2 极限学习机

2006 年,新加坡南洋理工大学的黄广斌提出了一种求解单隐藏层前馈神经网络的学习算法——极限学习机(Extreme Learning Machine,ELM)[4],该算法通过拟合 N 个不同样本的输入和输出来获取任意小的非零误差,同时根据实际情况选择隐藏层节点个数 $L(L \leqslant N)$,以达到确定网络结构的目的。该隐藏层节点带有随机的两个参数 a_i 和 b_i,即输入连接权重和隐藏层节点偏置,隐藏层输出矩阵 H 由这两个随机初始化参数确定。ELM 算法具有泛化性好、训练速度快和调参简便的特点。根据极限学习机的理论,当激励函数 $g(x)$ 无限可微时,可以随机选择连接输入权值和隐含层节点偏置。当模型开始训练时,连接输入权值 a_i 和隐含层节点偏置 b_i 在训练过程中不发生变动,且隐藏层输出矩阵 H 也固定不变。因此,训练一个单隐藏层神经网络可以转化为对一个线性系统 $H\beta = T$ 求解其最小二乘解 β。当隐藏层节点个数 L 等于训练样本个数 N 时,如果随机选择连接输入权重 a_i 和隐含层节点偏置 b_i,隐藏层输出矩阵 H 为方阵且可逆,同时该单隐藏层前馈神经网络可以零误差学习输入样本。但若在实际训练中遇到大型样本时,隐藏层节点个数肯定远远低于训练样本数,也无法确保隐藏层输出矩阵 H 是方阵,此时不存在 a_i, b_i, β_i 使得 $H\beta = T$。为了得到输出权重值,对线性方程组 $\min\limits_{\beta} \| H\beta = T \|$ 求解其最小二乘解,极小范数最小二乘解为:

$$\hat{\beta} = H^{\dagger} T \tag{5-5}$$

式中,$H^{\dagger}$ 为极限学习机特征空间 H 的广义逆矩阵(Moore-Penrose Inverse)。

基于上述模型及求解算法,对于给定的训练集 $X = \{(x_i, t_j) \mid x_i \in R^n, t_j \in R^m, i = 1, \cdots, N\}$,激励函数 $g(x)$,隐藏层节点个数 L,极限学习机 ELM 的算法执行过程可分为三步:首先,随机给定连接输入权重 a_i 和隐含层节点偏置 $b_i, i = 1, \cdots, L$;然后,计算隐藏层输出矩阵 H;最后,计算输出权重 $\hat{\beta} = H^{\dagger} T$。

5.3 迁 移 学 习

传统的机器学习算法只能解决相同领域同一问题的学习问题,该算法需要满足训练样本和测试样本具有相同的特征空间且服从相同的数据分布的假设条件,若学习对象和应用场景发生改变,统计特性也会发生改变,而已训练的模型无法适应这些变化,需要重新构建训练模型。然而一些复杂的深度学习网络模型的训练过程需要数量庞大的已标注训练样本作为支撑,但由于标注数据耗时耗力,常常存在某些领域无法获取大量训练数据的情况,导致模型训练陷入瓶颈。在这些困境下,迁移学习提供了一种解决新思路,它放宽了传统机器学习方法中的限制前提,允许迁移已学习的知识来解决目标领域中仅存在少量已标注数据样本的学习问题,即运用已学习的知识对其他不同但相似领域的问题求解。

迁移学习(Transfer Learning)作为一种新的学习机制,其定义可以表述为:对于给定的源领域 D_S 和学习任务 T_S,目标领域 D_T 和学习任务 T_T,其中 $D_S \neq D_T$,$T_S \neq T_T$,使用 D_S 和 T_S 中已有的知识,帮助提高目标领域 D_T 中目标预测函数的学习。迁移学习与传统机器学习的学习过程对比如图 5-8 所示,传统机器学习根据各自类别的领域来构建其独立的分类模型,不同的任务数据形成不同分布，学习任务之间相互独立。而在迁移学习中，不同任务之间不再是割裂独立的，可以从不同源任务的不同数据中挖掘出与目标任务相关的知识，以帮助目标任务的学习，由此可见，迁移学习能充分利用训练数据来进行学习，提高训练速度，其泛化性能更佳，两种任务间相似性越高，迁移学习效果越好。

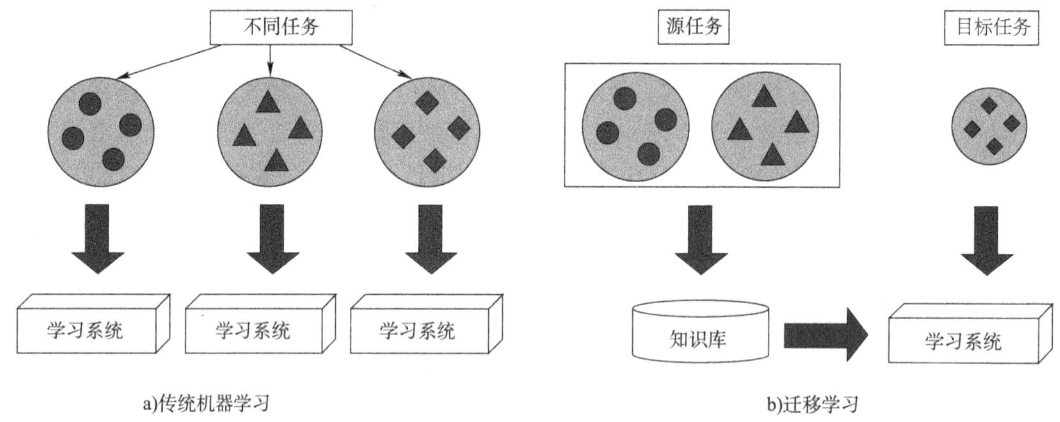

图 5-8　迁移学习与传统机器学习过程对比

5.4　极限学习卷积神经网络模型

5.4.1　基于极限学习 Resnet50 模型的车辆号牌识别

Resnet 网络全称为 Residual Network，即残差网络，是研究学者何凯明于 2016 年提出的深度卷积网络[5]，Resnet 网络模型的核心是学习残差函数来解决因深度增加而带来的网络退化问题。卷积神经网络能提取低中高维(low/mid/high-level)的特征，网络的层数越多，提取到不同 level 的特征越丰富，但如果简单增加网络层数，会导致梯度弥散或梯度爆炸，虽然通过批量正则化(Batch Normalization)可以实现几十层网络的模型训练，但随着层数的增加，模型准确率会出现下滑的现象(不由过拟合引起)，即退化现象。在残差网络中，网络不直接过拟合原始的映射 $H(x)$，而是拟合残差映射 $F(x)=H(x)-x$，如图 5-9 所示，若 $F(x)=0$，就构成恒等映射 $H(x)=x$，使得网络更易被优化。

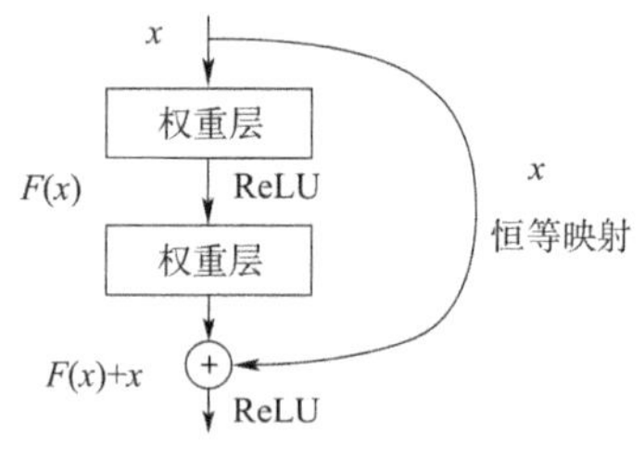

图 5-9　残差网络映射单元

Resnet 网络是在 VGG19 网络的基础上进行修改，并通过短路机制添加了残差单元。Resnet 中使用了两种残差单元，如图 5-10 所示，整个残差结构成为“Building Block”，a)中 2 层残差单元用于 34 层以下的浅层 Resnet 网络，b)中 3 层残差单元用于 50 层以下的深层 Resnet 网络，3 层残差单元又称为“Bottleneck Design”，其目的是降低参数的数目和计算量。表 5-1 为多层 Resnet 网络结构对比，由表 5-1 可知，50-layer 的残差网络，即 Resnet50 网络结构由 6 部分组成：conv1、conv2_x、conv3_x、conv4_x、conv5_x 和全连接层，其中，conv2_x 含有 3 个 Building Block，conv3_x 含有 4 个 Building Block，conv4_x 含有 6 个 Building Block，conv5_x 含有 3 个 Building Block。

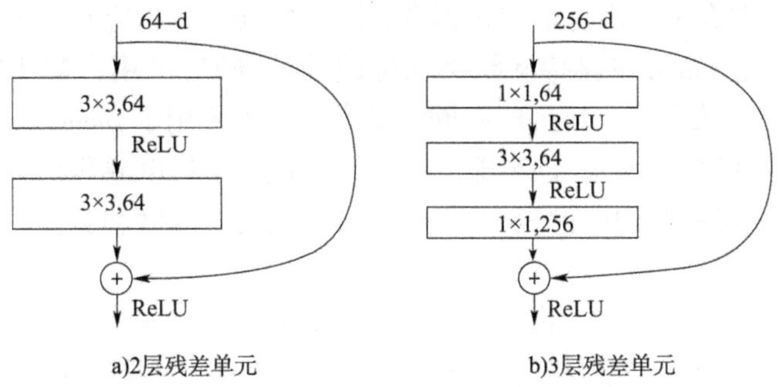

图 5-10　不同残差单元

多层 Resnet 网络结构对比　　表 5-1

网络层名称	输出尺寸	18 层	34 层	50 层	101 层	152 层
卷积层 1	112 × 112	7 × 7,64,步幅 2				
卷积层 2_x	56 × 56	3 × 3 最大池化,步幅 2				
		$\begin{bmatrix}3\times3,64\\3\times3,64\end{bmatrix}\times2$	$\begin{bmatrix}3\times3,64\\3\times3,64\end{bmatrix}\times3$	$\begin{bmatrix}1\times1,64\\3\times3,64\\1\times1,256\end{bmatrix}\times3$	$\begin{bmatrix}1\times1,64\\3\times3,64\\1\times1,256\end{bmatrix}\times3$	$\begin{bmatrix}1\times1,64\\3\times3,64\\1\times1,256\end{bmatrix}\times3$
卷积层 3_x	28 × 28	$\begin{bmatrix}3\times3,128\\3\times3,128\end{bmatrix}\times2$	$\begin{bmatrix}3\times3,128\\3\times3,128\end{bmatrix}\times4$	$\begin{bmatrix}1\times1,128\\3\times3,128\\1\times1,512\end{bmatrix}\times4$	$\begin{bmatrix}1\times1,128\\3\times3,128\\1\times1,512\end{bmatrix}\times4$	$\begin{bmatrix}1\times1,128\\3\times3,128\\1\times1,512\end{bmatrix}\times8$
卷积层 4_x	14 × 14	$\begin{bmatrix}3\times3,256\\3\times3,256\end{bmatrix}\times2$	$\begin{bmatrix}3\times3,256\\3\times3,256\end{bmatrix}\times6$	$\begin{bmatrix}1\times1,256\\3\times3,256\\1\times1,1024\end{bmatrix}\times6$	$\begin{bmatrix}1\times1,256\\3\times3,256\\1\times1,1024\end{bmatrix}\times23$	$\begin{bmatrix}1\times1,256\\3\times3,256\\1\times1,1024\end{bmatrix}\times36$
卷积层 5_x	7 × 7	$\begin{bmatrix}3\times3,512\\3\times3,512\end{bmatrix}\times2$	$\begin{bmatrix}3\times3,512\\3\times3,512\end{bmatrix}\times3$	$\begin{bmatrix}1\times1,512\\3\times3,512\\1\times1,2048\end{bmatrix}\times3$	$\begin{bmatrix}1\times1,512\\3\times3,512\\1\times1,2048\end{bmatrix}\times3$	$\begin{bmatrix}1\times1,512\\3\times3,512\\1\times1,2048\end{bmatrix}\times3$
	1 × 1	平均池化,1000-d fc,softmax				
FLOPs		1.8×10^9	3.6×10^9	3.8×10^9	7.6×10^9	11.3×10^9

基于极限学习 Resnet50 模型(Resnet50-Extreme Learning Machine,Resnet50-ELM)的车辆号牌识别是在输入图像后,采用 Resnet50 模型对图像进行特征提取,并将提取的特征输入极限学习机 ELM 中进行分类训练。在 Resnet50 的基础上,去掉全连接层,输入图像首先经过第一层 7 × 7 卷积,然后进行 3 × 3 池化,经过 conv2_x,conv3_x,conv4_x,conv5_x,并通过平均池化,得到维度为 1 × 2048 的输出特征向量,将特征向量输入极限学习机中训练字符识别的分类模型。

5.4.2　基于极限学习 InceptionV3 模型的车辆号牌识别

Inception 模型架构的主要思想是寻找采用密集成分来近似最优的局部疏结方法。为了获得高性能的模型,大部分卷积神经网络选择层层堆叠卷积层,但随着模型层数及神经元数量增加,当训练集数据有限时容易造成过拟合,并且网络越深,越容易出现梯度弥散问题,网络模型优化难度增大。如何在保持网络结构稀疏性的同时,利用密集矩阵的高计算性能,Inception模块提供了解决方法。Inception 网络最大特点是采用了 Inception 模块,该模块是一种具有优良局部拓扑结构的网络,即对输入图像并行执行多尺度卷积运算或池化操作,并结合所有输出结果以获取深层的图像表征,该过程在增加网络深度和宽度的同时,提高了网络对尺度的适应性。

如图 5-11 所示,28 ×28 ×192 的输入经 Inception 模块处理得到 28 ×28 ×256 的输出,增加了输入的深度,3 ×3 卷积前、5 ×5 卷积前和池化后添加 1 ×1 卷积用于限制如输入通道的数量,降低了参数数量。InceptionV2 采用两层连续的 3 ×3 卷积核替代了原始 Inception 模块中的 5 ×5 卷积核,网络结构增加了 9 层,如图 5-12 所示。InceptionV3 在 InceptionV2 的基础上提出了卷积分解的概念,将 $N \times N$ 的卷积核分解为($1 \times N, N \times 1$)的卷积核,这样既可以加速计算,还能增加网络深度,以提升网络的非线性。同时,InceptionV3 输入尺寸由 224 ×224 变为 299 ×299。InceptionV3 网络结构如图 5-13 所示,整个网络由低层结构由图 5-12 所示的 5 种 Inception 模块构成,其中低层结构由卷积-卷积-卷积-池化-卷积-卷积-池化堆叠构成,在池化层后串接 3 个 Inception Module A、1 个 Inception Module B、4 个 Inception Module C、1 个 Inception Module D 和 2 个 Inception Module E,在 Inception Module E 后采用平均池化和 Dropout 处理,最后进行全连接并采用 Sofamax 分类。

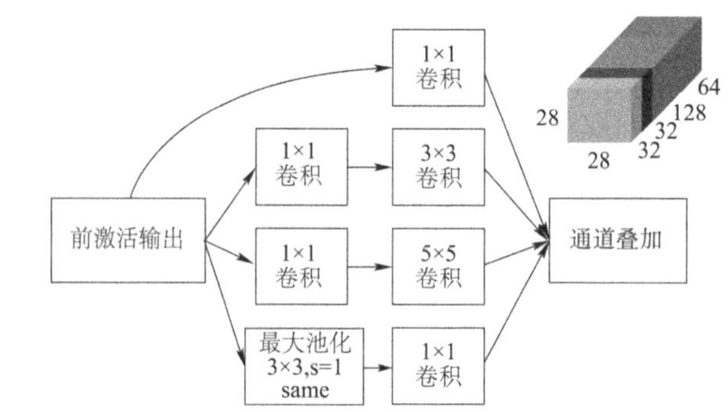

图 5-11　降维的 Inception 模块

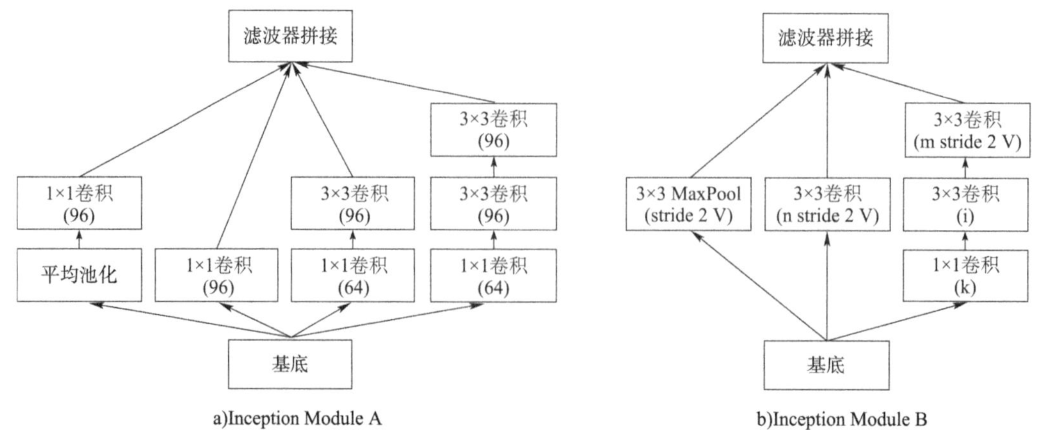

a)Inception Module A　　b)Inception Module B

图　5-12

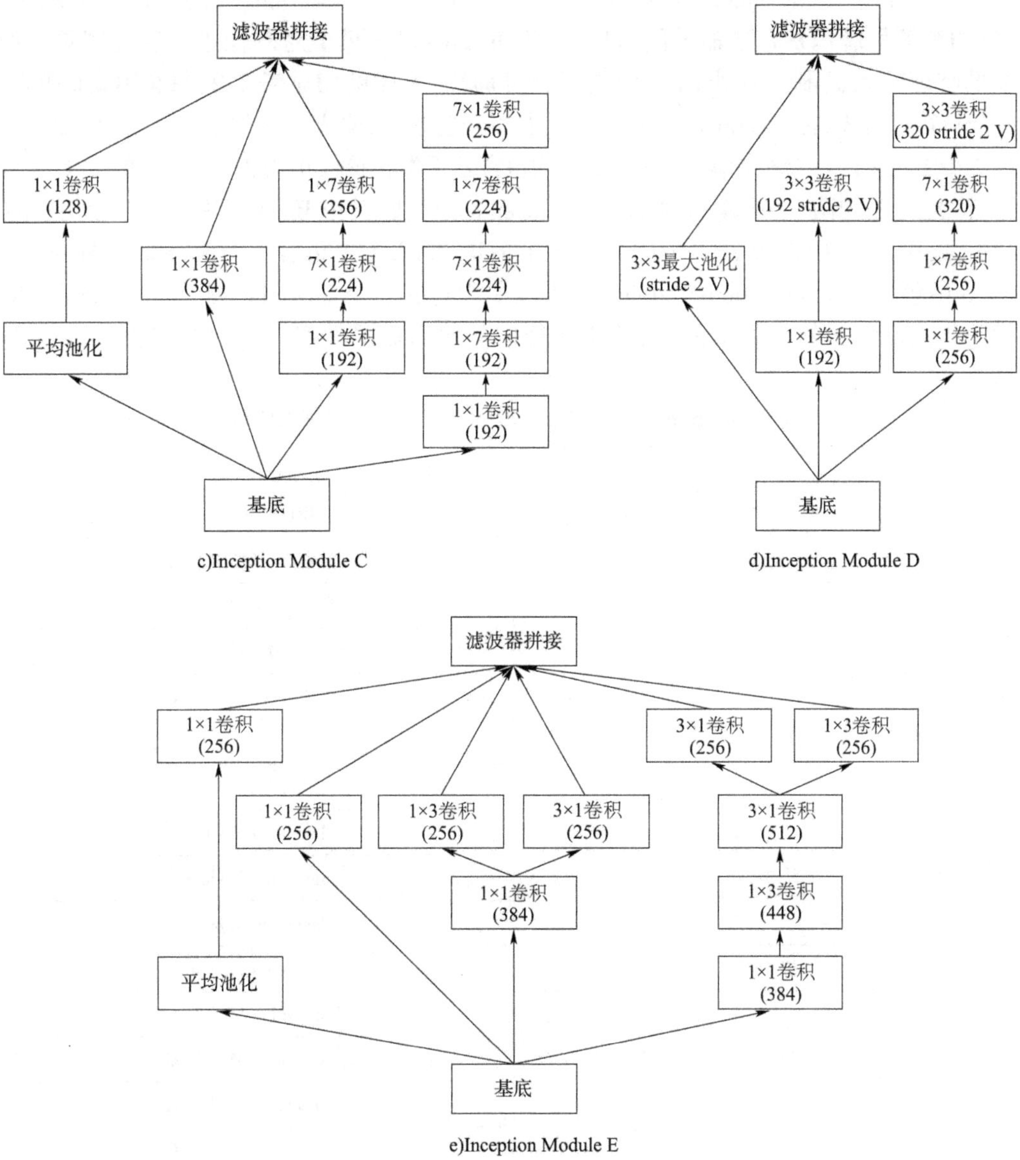

滤波器拼接
1×1卷积 (128)
平均池化
1×1卷积 (384)
1×7卷积 (256)
7×1卷积 (224)
1×1卷积 (192)
7×1卷积 (256)
1×7卷积 (224)
7×1卷积 (224)
1×7卷积 (192)
1×1卷积 (192)
基底

c)Inception Module C

滤波器拼接
3×3最大池化 (stride 2 V)
3×3卷积 (192 stride 2 V)
1×1卷积 (192)
3×3卷积 (320 stride 2 V)
7×1卷积 (320)
1×7卷积 (256)
1×1卷积 (256)
基底

d)Inception Module D

滤波器拼接
1×1卷积 (256)
平均池化
1×1卷积 (256)
1×3卷积 (256)
3×1卷积 (256)
1×1卷积 (384)
3×1卷积 (256)
1×3卷积 (256)
3×1卷积 (512)
1×3卷积 (448)
1×1卷积 (384)
基底

e)Inception Module E

图 5-12　Inception 模块

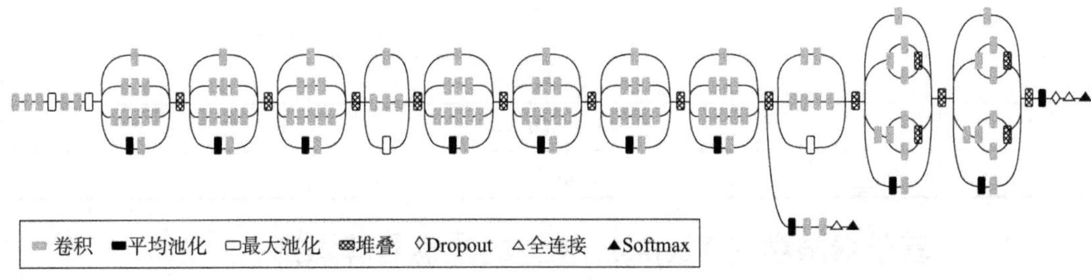

图 5-13　InceptionV3 网络结构

基于极限学习 InceptionV3 模型(InceptionV3-Extreme Learning Machine, InceptionV3-ELM)的车辆号牌识别是在输入图像后,采用 InceptionV3 模型对图像进行特征提取,并将提取的特征输入极限学习机 ELM 中进行分类训练,具体结构见表 5-2,每个 Block 表示进行一组计算。首先,在 InceptionV3 的基础上去掉全连接层,输入图像的 Size 为 299 ×299 ×3,经过 2 个 Block 进行卷积计算,每个 Block 均包含若干卷积核大小为 3 ×3 的卷积层与一个池化层;其次,经过前两个 Block 计算后,连接 Inception 模块,其中 Block 3 中包含 3 个 Inception Module A,Block 4 中包含 2 个 Inception Module B,Block 5 中包含 4 个 Inception Module C,Block 6 中包含 1 个 Inception Module D,Block 7 中包含 2 个 Inception Module E;最后,得到维度为 1 ×2048 的输出特征向量,并将特征向量输入极限学习机中训练字符识别的分类模型。

基于 InceptionV3-ELM 的车辆号牌字符识别模型结构表 表 5-2

Input(299 ×299 ×3)	
块 1	卷积层 2d(3 ×3,32)
	卷积层 2d(3 ×3,32)
	卷积层 2d(3 ×3,64)
	最大池化
块 2	卷积层 2d(3 ×3,80)
	卷积层 2d(3 ×3,192)
	最大池化(3 ×3)
块 3	Inception Module A
	Inception Module A
	Inception Module A
块 4	Inception Module B
块 5	Inception Module C
	Inception Module C
	Inception Module C
	Inception Module C
块 6	Inception Module D
块 7	Inception Module E
	Inception Module E
全局平均池化	
Dropout(0.5)	
ELM	

5.4.3 基于极限学习 Xception 模型的车辆号牌识别

Xception 模型的核心是在 InceptionV3 网络结构的基础上引入深度可分离卷积结构

(Depthwise Separable Convolution)替换传统的卷积操作。在传统卷积运算中,一个卷积算子对所有输入通道都进行计算,而深度可分离卷积结构采用了"串行"策略,将传统卷积分为 Depthwise Convolution 和 Pointwise Convolution 两步:第一步,Depthwise Convolution 中每个卷积核只负责一个通道,一个通道只使用一个卷积核进行卷积,卷积核个数与输入通道数相等;第二步,Pointwise Convolution 的运算与常规卷积运算相似,对 Depthwise Convolution 的 Feature Maps 在深度方向加权组合,进行第二次卷积。如图 5-14 所示,如输入图像为 5×5 三通的彩色图像,经过一个包含 4 个 Filter 的卷积层,最终输出 4 个 Feature Maps,对于 a)传统卷积运算,卷积参数个数为 $3\times3\times3\times4=108$,对于 b)深度可分离卷积,卷积参数个数为 $3\times3\times3+1\times1\times3\times4=39$,可以看出,对于相同的输入通道和输出通道,深度可分离卷积的参数个数是传统卷积的三分之一,获得质量更好的特征,因此,在参数量相同的前提下,采用深度可分离卷积的更加深度化网络结构。

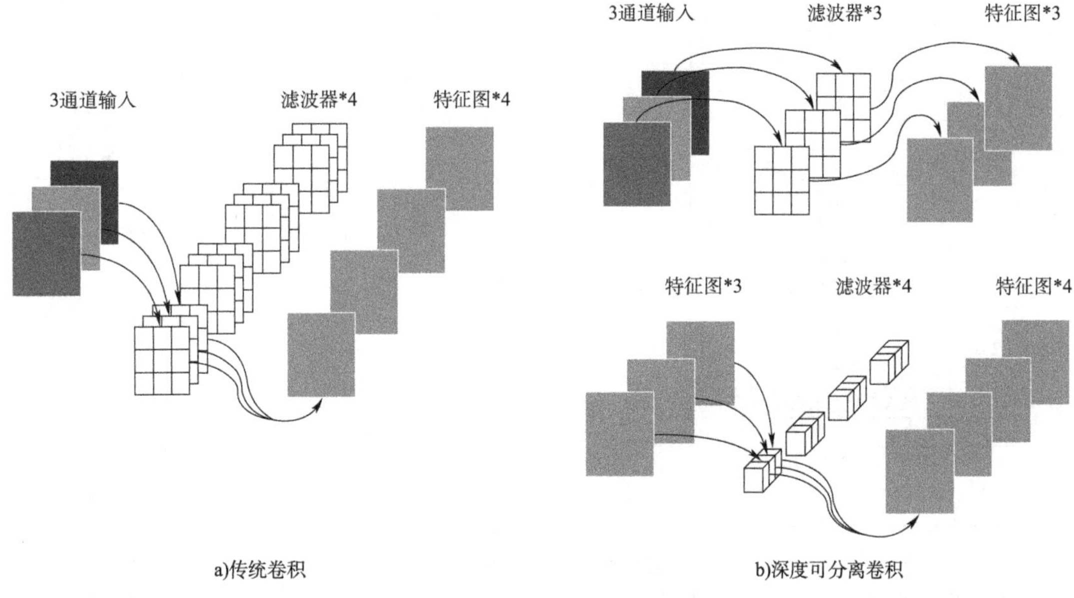

图 5-14 传统卷积和深度可分离卷积对比

Xception 网络结构如图 5-15 所示,整个网络由输入模块、中间模块和输出模块三部分组成,其中又分为 14 个深度可分离卷积子模块,将 299×299 三通道(即 RGB)的图像输入模型后,首先经过两次卷积运算,并采用 RelU 激活函数提高非线性,然后连接 3 个深度可分离卷积子模块,模块间采用残差连接,每个深度可分离卷积子模块包含 2 层带 RelU 激活函数的深度可分离卷积和一层最大池化,输出模块输出 $19\times19\times728$ 的特征图(Feature Map);中间模块由 8 个结构相同的深度可分离卷积子模块串联组成,模块间采用残差连接,每个深度可分离卷积子模块包含 3 层带 RelU 激活函数的深度可分离卷积,输出 $19\times19\times728$ 的特征图;输出模块包含 1 个深度可分离卷积子模块,模块采用残差连接,该深度可分离卷积子模块包含 2 层带 RelU 激活函数的深度可分离卷积和一层最大池化,之后再进行 2 次带 RelU 激活函数的深度可分离卷积运算,进行全局平均池化后连接全连接层,最后使用 Logistic 函数进行分类输出。

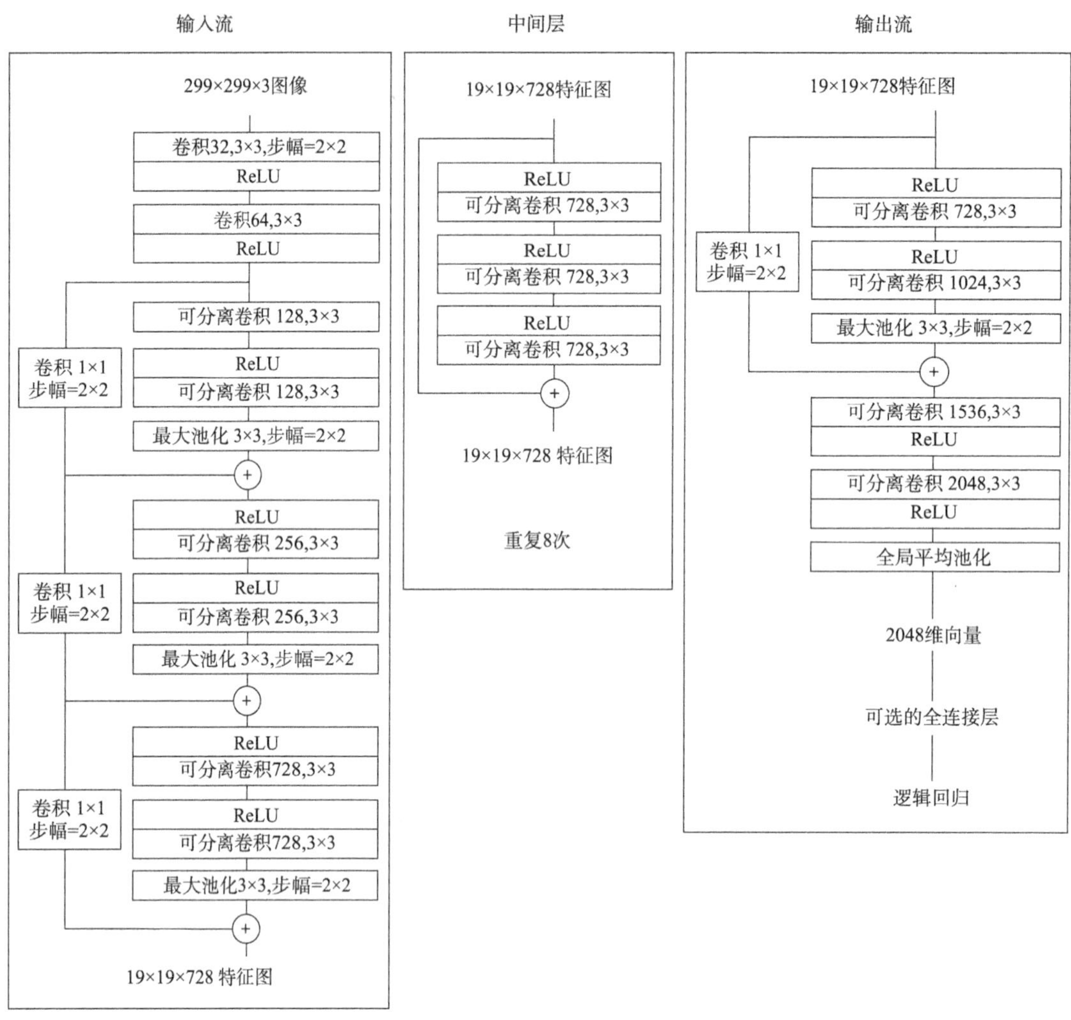

图 5-15 Xception 网络结构

基于极限学习 Xception 模型(Xception-Extreme Learning Machine, Xception-ELM)的车辆号牌字符识别模型是在输入图像后,采用 Xception 模型对图像进行特征提取,并将提取的特征输入极限学习机 ELM 中进行分类训练。首先,在 Xception 的基础上去掉全连接层,将 299 × 299 三通道图像输入模型,在输入模块中先进行两次卷积运算,并采用 ReLU 激活函数提高非线性;其次,连接 3 个采用残差连接的深度可分离卷积子模块,每个深度可分离卷积子模块包含 2 层带 ReLU 激活函数的深度可分离卷积和一层最大池化,输出 19 × 19 × 728 的特征图;再次,连接中间模块,中间模块由 8 个结构相同的采用残差连接的深度可分离卷积子模块串联组成,每个深度可分离卷积子模块包含 3 层带 ReLU 激活函数的深度可分离卷积,输出19 × 19 × 728 的特征图;然后,连接输出模块,输出模块包含 1 个采用残差连接的深度可分离卷积子模块,该深度可分离卷积子模块包含 2 层带 ReLU 激活函数的深度可分离卷积和一层最大池化;最后,进行 2 次带 ReLU 激活函数的深度可分离卷积运算,进行全局平均池化后,得到维度为 1 × 2048 的输出特征,将特征输入极限学习机中训练字符识别的分类模型。

5.4.4 基于极限学习 NASNet 模型的车辆号牌识别

NASNet 网络的结构借鉴了主流优秀的网络结构,例如 ResNet 网络和 Inception 网络重复堆叠的思想,将基于 NAS 核心机制自动生成的子网络单元按照一定设计规则连接,其中核心是网络结构中的子单元。NAS 核心机制是采用递归神经网络 RNN 控制器对子网络结构进行预测,并训练此子网络模型直至模型收敛,然后采用验证集验证该模型精度,将此精度作为回报信号反馈到 RNN 控制器以更新 RNN 控制器的参数,并采用 PPO(Proximal Policy Optimization)算法进行优化,生成结构更佳的子网络。

通过神经架构搜索(Neural Architecture Search,NAS)得到的两个最佳单元结构如图 5-16 所示,a)Normal Cell 为不改变输入特征图(Fearute Map)大小的卷积,b)Reduction Cell 为将输入特征图(Fearute Map)减少为原始的二分之一的卷积,通过增加步长 stride 对减小尺寸,其中 Normal Cell 和 Reduction Cell 都由 5 个基本模块组成,此基本模块样例如图 5-17 所示。NASNet 网络结构如图 5-18 所示,网络结构主要由 Normal Cell 和 Reduction Cell 两个基本单元构成,输入 299 ×299 三通道图像,先经过一层卷积核大小为 3 ×3 的卷积,然后依次连接 2 个 Reduction Cell、6 个 Normal Cell、1 个 Reduction Cell、6 个 Normal Cell、1 个 Reduction Cell、6 个 Normal Cell,之后进行全局池化和 Dropout,最后使用 Softmax 函数进行分类。基于极限学习 NASNet 模型(NASNet-Extreme Learning Machine,NASNet-ELM)的车辆号牌字符识别模型是在输入图像后,采用 NASNet 模型对图像进行特征提取,并将提取的特征输入极限学习机 ELM 中进行分类训练:首先,在 Xception 的基础上去掉全连接层,将 299 ×299 三通道图像输入模型,并进行一次卷积核大小为 3 ×3 的卷积操作;然后,接入 NASNet 单元,包括 2 个 Reduction Cell、6 个 Normal Cell、1 个 Reduction Cell、6 个 Normal Cell、1 个 Reduction Cell 和 6 个 Normal Cell;最后,得到维度为 1 ×11056 的输出特征,将特征输入极限学习机中训练字符识别的分类模型。

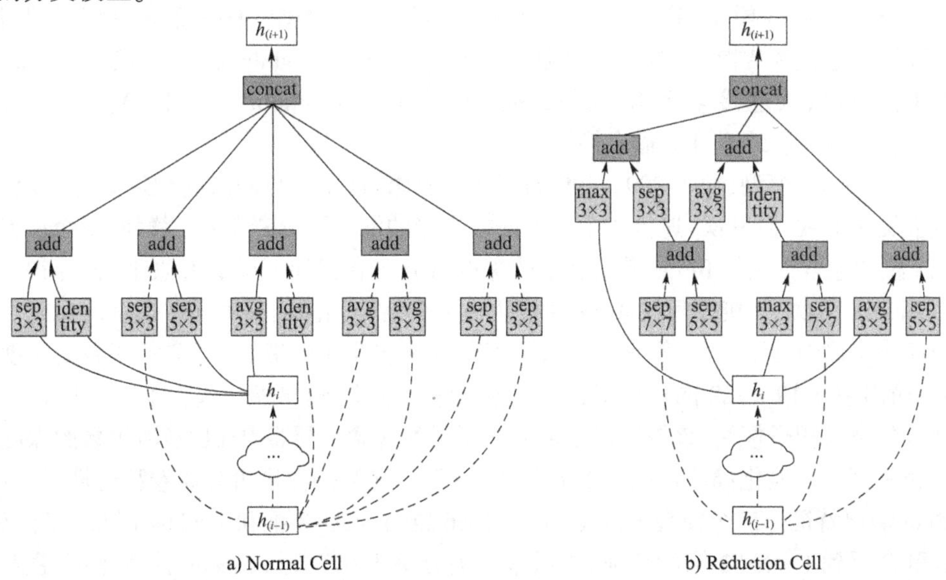

图 5-16 NASNet 网络单元结构示意图

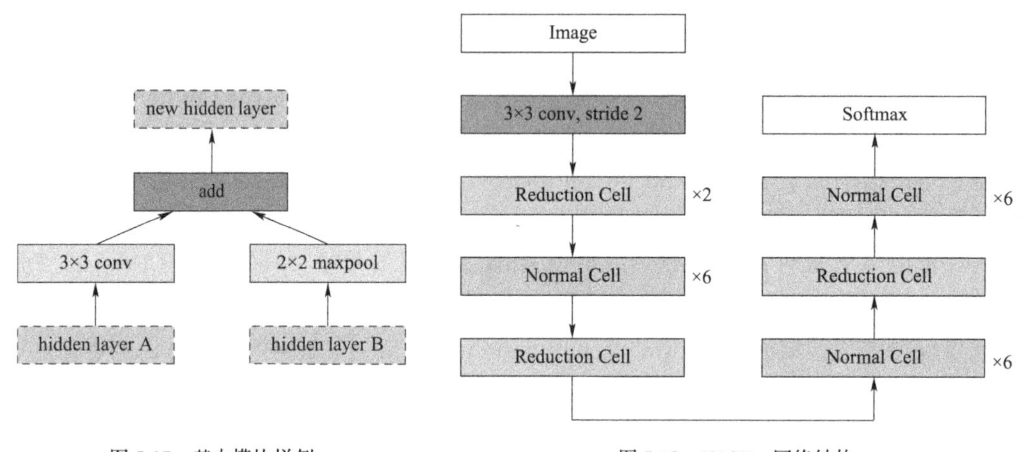

图 5-17　基本模块样例

图 5-18　NASNet 网络结构

5.5　基于极限学习深度网络融合模型的车辆号牌识别

本书采取的融合策略是将单个模型在全连接层前的输入串联,并通过极限学习机来进行特征的训练,即提出一种基于极限学习深度网络融合模型(Fused Deep Neural Network-Extreme Learning Machine,FDNN-ELM)的车辆号牌字符识别方法,该模型是由 InceptionV3-ELM、XceptionV3-ELM、NASNet-ELM 三种车辆号牌识别模型采用串联规则融合而成,车辆号牌识别的 FDNN-ELM 模型结构如图 5-19 所示,分别采用三个模型对图像进行特征提取。对于 NANet 模型,输入图像为 299 × 299 的三通道图像,第一层是一个 3 × 3 的卷积,然后依次连接 2 个 Reduction Cell 单元、6 个 Normal Cell 单元、1 个 Reduction Cell 单元、6 个 Normal Cell 单元、1 个 Reduction Cell 单元和 6 个 Normal Cell 单元,最后得到维度为 1056 的输出特征。对于 InceptionV3 模型,输入图像为 299 × 299 的三通道图像,采用卷积-卷积-卷积-池化-卷积-卷积-池化堆叠结构,在池化层后加入 3 个 Inception Module A,并连接 1 个 Inception Module B,接着依次连接 4 个 Inception Module C、1 个 Inception Module D、2 个 Inception Module E,最后得到 2048 维的输出特征。

对于 Xcepiton 模型,输入 299 × 299 的三通道图像,首先进行两次卷积运算并采用 ReLU 激活函数提高非线性;其次,连接 3 个采用残差连接的深度可分离卷积子模块,每个深度可分离卷积子模块包含 2 层带 ReLU 激活函数的深度可分离卷积和 1 层最大池化,输出 19 × 19 × 728 的特征图;再次,连接中间模块,中间模块由 8 个结构相同的采用残差连接的深度可分离卷积子模块串联组成的,每个深度可分离卷积子模块包含 3 层带 ReLU 激活函数的深度可分离卷积,输出 19 × 19 × 728 的特征图;然后,连接输出模块,输出模块包含 1 个采用残差连接的深度可分离卷积子模块,该深度可分离卷积子模块包含 2 层带 ReLU 激活函数的深度可分离卷积和一层最大池化;最后,进行 2 次带 ReLU 激活函数的深度可分离卷积运算,最后得到 2048 维的输出特征。三个模型分别得到 1 × 1056 维、1 × 2048 维和 1 × 2048 维的特征后,进行串联融合得到 1 × 5152 维的特征,之后采用丢弃率为 0.5 的 Dropout 层,将特征输入极限学习机中训练字符识别的分类模型。

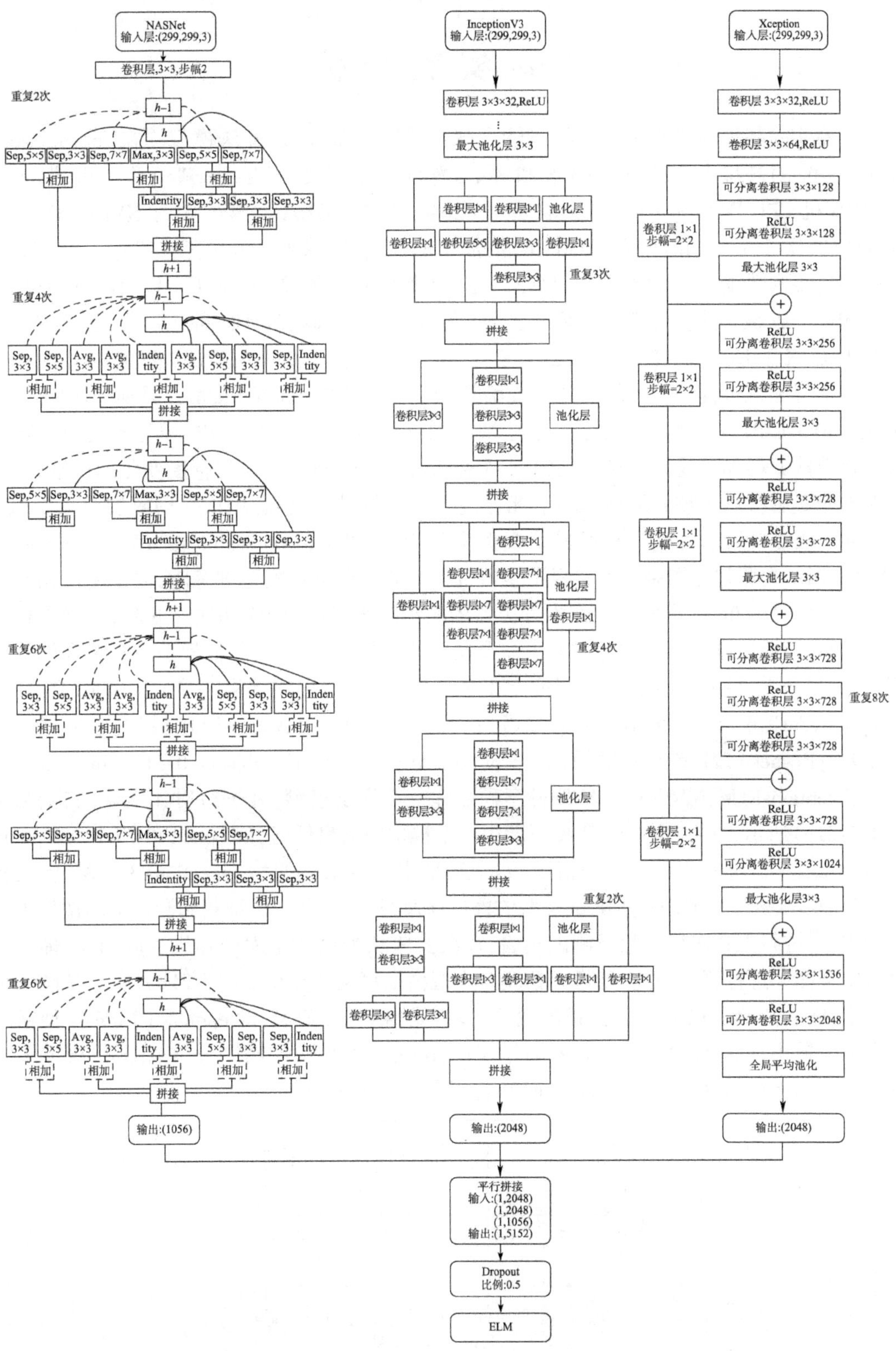

图 5-19　FDNN-ELM 模型结构

5.6 实验分析

本章实验基于构建的东南大学车辆号牌字符图像集，所述算法模型均在 Jupyter Notebook（Ipython）环境中基于 Python3.5 和 Keras 深度学习框架（以 TensorFlow 作为后端）下编译，计算机 CPU 配置为 Intel（R） Xeon E5-2640 V3 2.6GHz，显卡配置为 NVDIA GeForce GTX1060，显存为 6G，RAM 为 32GB，ROM 为 4TB。字符图像数据集共有 10075 幅字符图像，采用字符图像数据集的 60% 作为训练图像，20% 作为验证图像，剩余 20% 作为测试图像，字符图像共分成 50 种类型：京、津、冀、辽、吉、黑、沪、苏、浙、皖、闽、赣、鲁、豫、蒙、晋、A、B、C、D、E、F、G、H、J、K、L、M、N、P、Q、R、S、T、U、V、W、X、Y、Z、0、1、2、3、4、5、6、7、8、9。

在模型训练过程中，极限学习机核函数（即激励函数）选择 Sigmoid 函数，图 5-20 为 InceptionV3-ELM 采用不同隐藏层节点个数 L 的训练过程图，可以看出，模型精度随着隐藏层节点个数 L 增加而提高，当隐藏层节点个数 L 增加至 3000 时，模型精度变化趋于平稳，这表明在隐藏层节点个数 L 足够大的情况下，极限学习机模型训练精度对隐藏层节点个数 L 不敏感。表 5-3 所示为卷积神经网络模型实验结果，可得，Resnet、InceptionV3、Xception 和 NASNet 四种卷积神经网络在连接极限学习机作为分类器进行模型训练时，验证精度均高于使用原网络中 Softmax 损失函数作为分类器的验证精度，这是因为相比于 Softmax 函数梯度下降的算法，极限学习机在训练过程中需要调用的参数较少，因而降低模型计算量和训练时间，分类更高效，模型性能在一定程度上得到提升，验证精度均提高一个百分点以上，其中 InceptionV3-ELM 模型验证精度最高，达到 94.17%；其次为 NASNet-ELM 模型，验证精度为 92.39%；Resnet-ELM 模型精度最低，仅为 80.25%。分别训练 Resnet50-ELM、InceptionV3-ELM、Xception-ELM、NASNet-ELM 四种车辆号牌字符识别模型，并进行对比实验，实验结果如图 5-21a）所示，可得，Resnet-ELM 精度为四个模型中的最低值，InceptionV3-ELM、Xception-ELM、NASNet-ELM 都得到较好的精度，四个模型中精度最高的为 InceptionV3-ELM，验证精度达到 94.17%。为了进一步测试模型的鲁棒性及稳定性，采用验证集和测试集图像作为测试样本库，进行 100 次交叉验证测试实验，每次实验从测试样本库中随机选取 1600 幅车辆号牌字符图像进行测试，并统计模型精度。模型精度箱型图分布如图 5-21b）所示，从图中可以看出，InceptionV3-ELM 的模型精度较高；其次是 NASNet-ELM；InceptionV3-ELM 模型精度分布范围最小，说明该模型具有较好的稳定性；Resnet-ELM 模型精度分布范围大，模型稳定性较差。综上对比可知，InceptionV3-ELM 优于其他三种模型。

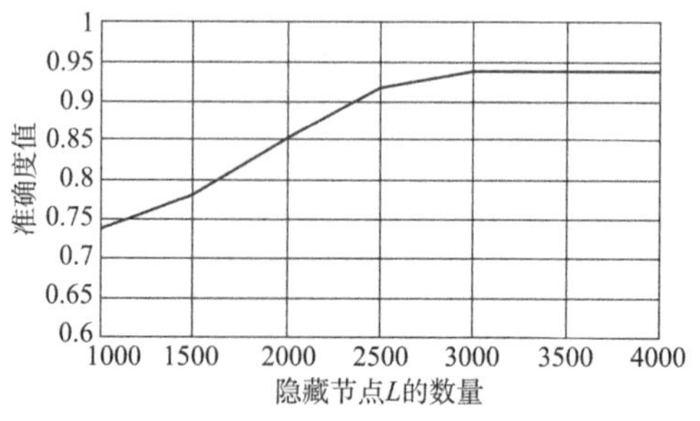

图 5-20 隐藏层节点个数 L

卷积神经网络模型实验结果　　表5-3

分类器	Resnet	InceptionV3	Xception	NASNet
Softmax	79.18%	93.05%	80.93%	91.08%
ELM	80.25%	94.17%	83.20%	92.39%

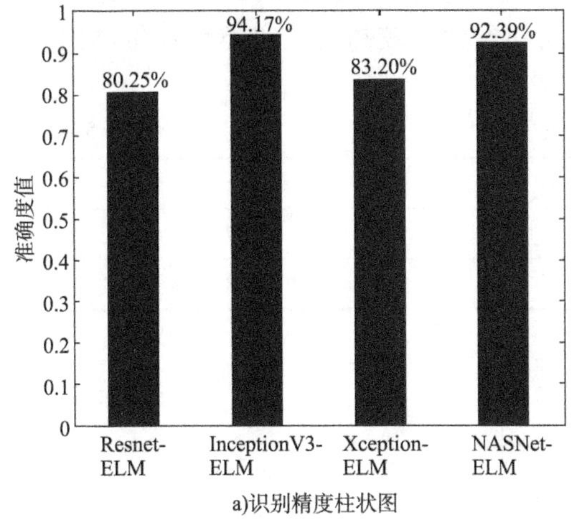

a)识别精度柱状图

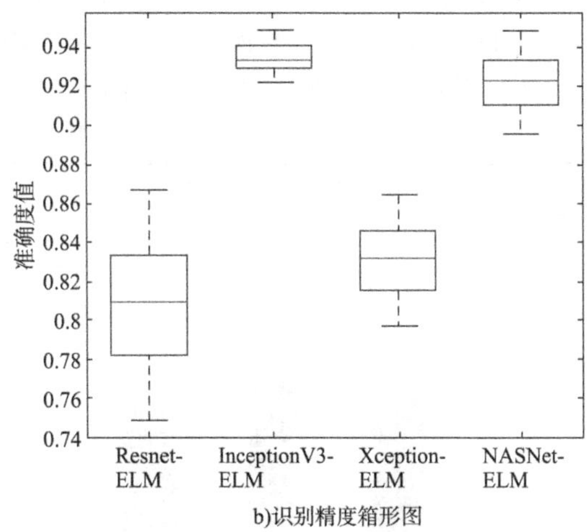

b)识别精度箱形图

图5-21　四种模型实验结果

为进一步验证本书所提出的基于极限学习深度网络融合模型的车辆号牌字符识别方法的性能,基于构建的东南大学车辆号牌字符图像集开展以下实验。以东南大学车辆号牌字符图像集的80%作为训练图像,剩余20%作为测试图像,训练车辆号牌字符识别的FDNN-ELM模型,并进行测试,实验结果如表5-4所示。从表5-4可得,InceptionV3和深度网络融合模型在连接极限学习机做为分类器进行模型训练时验证精度均高于使用原网络中以Softmax损失函数作为分类器的验证精度,这是因为相比于Softmax函数梯度下降的算法,极限学习机在训练过程中需要调用的参数较少,降低了模型计算量和训练时间,分类更高效,模型性能在一定程度上得到提升,其中FDNN-ELM模型验证精度相比于InceptionV3-ELM有了更大的提升,高达到98.11%,而采用Softmax作为分类器的FDNN模型验证精度为97.52%。进一步开展基于传统的HOG + SVM模型、InceptionV3-ELM模型和FDNN-ELM模型的车辆号牌字符识别实验,实验结果如图5-22a)所示,传统的HOG + SVM模型精度最低,InceptionV3-ELM、FDNN-ELM都有较好的精度,三种模型中精度最高的为FDNN-ELM,验证精度达到98.18%。为了测试模型的鲁棒性及稳定性,采用验证集和测试集图像作为测试样本库,进行100次交叉验证测试实验,每次实验随机从测试样本库中随机选取1600张图像进行测试,并统计模型精度。模型精度箱型图分布如图5-22b)所示,从图中可以看出,FDNN-ELM的模型精度最高;其次是InceptionV3-ELM;FDNN-ELM模型精度分布范围最小,说明FDNN-ELM模型具有较好的稳定性和鲁棒性;HOG + SVM模型精度分布范围大,模型稳定性较差。基于极限学习深度网络融合模型的车辆号牌识别实验结果的混淆矩阵如下:98.28%、98.33%、98.25%、99.19%、95.55%、99.63%、100%、99.20%、100%、99.58%、100%、100%、99.06%、100%、100%、98.21%、100%、100%、100%、100%、100%、100%、100%、95.23%、100%、100%、100%、92.31%、96.87%、96.42%、94.44%、83.33%、90.91%、

88.89%、84.52%、89.21%、100%、88.65%、97.74%、92.69%、82.17%、80.35%、98.14%、100%、78.23%、81.52%、99.87%、89.29%、83.17%、80.16%。其中字符类别顺序为:0、1、2、3、4、5、6、7、8、9、A、B、C、D、E、F、G、H、J、K、L、M、N、P、Q、R、S、T、U、V、W、X、Y、Z、赣、黑、沪、吉、冀、津、晋、京、辽、鲁、蒙、闽、苏、皖、豫、浙。混淆矩阵每一行代表一个预测类,每一列代表真实类。由于车辆图像数量有限,获取的字符类别个数差异较大,因此样本数量较低的类别(如蒙、闽等省份)的混淆矩阵分类率较低,而样本数量较高的数字类和省份类别(如鲁、苏),其混淆矩阵分类率可达到100%。

模型精度对比 表5-4

分 类 器	InceptionV3	FDNN
Softmax	93.05%	97.52%
ELM	94.17%	98.18%

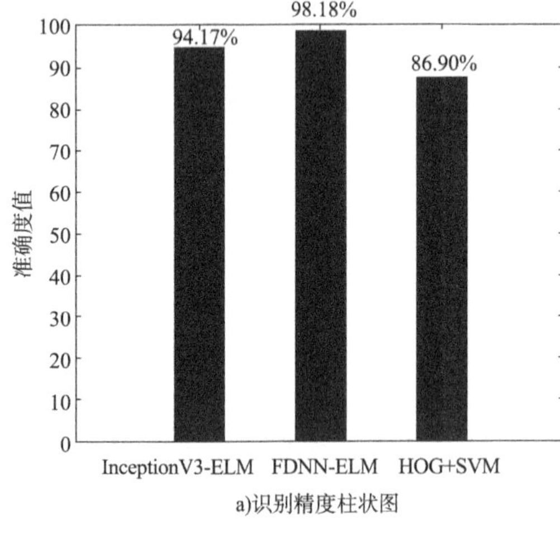

a)识别精度柱状图

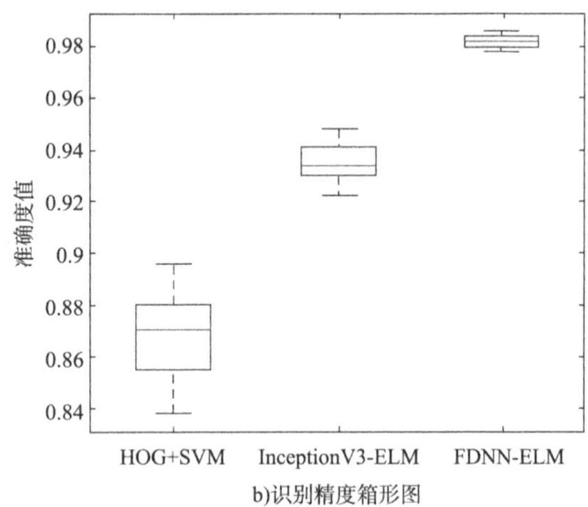

b)识别精度箱形图

图5-22 模型精度对比

5.7 小 结

本章开展了基于极限学习深度网络融合模型的智慧交通场景中车辆号牌识别方法的研究研究工作。首先,分析了深度学习理论和极限学习理论;其次,分析了Resnet50、InceptionV3、Xception和NASNet四种卷积神经网络模型,并基于极限学习理论构建了基于极限学习Resnet50模型、基于极限学习InceptionV3模型、基于极限学习XceptionV3模型和基于极限学习NASNet模型的车辆号牌识别方法;然后,分析了卷积神经网络融合规则,基于极限学习InceptionV3模型、极限学习XceptionV3模型和极限学习NASNet模型,提出了一种基于极限学习深度网络融合模型的车辆号牌识别方法;最后,基于东南大学车辆号牌字符图像集,开展了对比实验,实验结果表明:基于极限学习IncpetionV3模型的车辆号牌识别方法的性能优于极限学习Resnet50模型、极限学习XceptionV3、极限学习NASNet模型,并且基于极限学习深度网络融合模型的车辆牌号识别方法的性能优于极限学习InceptionV3模型、极限学习XceptionV3模型和极限学习NASNet模型,其识别率达到98.18%。

本章参考文献

[1] Rosenblatt F. The perceptron: a probabilistic model for information storage and organization in the brain[J]. Psychological review, 1958, 65(6):386-408.

[2] Rumelhart D E, Hinton G E, Williams R J. Learning representations by back-propagating errors[J]. Cognitive modeling, 1986, 323(3):533-536.

[3] Hinton G E, Salakhutdinov R R. Reducing the dimensionality of data with neural networks [J]. science, 2006, 313(5786):504-507.

[4] Huang G B, Zhu Q Y, Siew C K. Extreme learning machine: theory and applications[J]. Neurocomputing, 2006, 70(1-3):489-501.

[5] He K, Zhang X, Ren S, et al. Deep residual learning for image recognition: IEEE conference on computer vision and pattern recognition[C]. NYC: IEEE Press, 2016.

第6章 基于卷积神经网络模型的智慧交通场景中车辆颜色识别方法研究

车辆颜色信息是除车辆号牌信息外的车辆关键信息之一,车身颜色识别弥补了单一车辆属性识别的缺点,对于打击假牌、套牌车辆有着重要的作用。但由于场景、光照变化复杂等影响因素较多,智慧交通场景中车辆颜色的精确识别具有一定的难度和挑战性。本章基于原始车辆图像数据集,采用车辆号牌定位方法找到车辆号牌区域,根据车辆号牌区域获取车辆颜色区域,构建车辆颜色图像集,并采用深度学习方法对智慧交通场景中的车辆颜色进行分类识别。

6.1 构建车辆颜色图像集

6.1.1 基于车辆号牌及车辆对称性的车脸区域定位方法

由于车辆号牌大多悬挂于车辆对称轴上,因此车辆号牌对称轴与车辆车身对称轴重合,利用该几何特性可对车辆进行检测及定位[1]。相比于基于轮廓的方法,基于车辆号牌及车辆对称性的车辆定位方法对道路背景具有较好的鲁棒性,受道路背景干扰影响较小,基于车辆号牌及车辆对称性的车辆定位方法流程如图 6-1 所示。首先,采用车辆号牌定位方法对输入图像进行车辆号牌定位;然后,检测车辆的车辆号牌垂直对称轴,根据车辆对称的几何特性,车辆号牌垂直对称轴即为车辆区域垂直对称轴;最后,计算垂直对称轴两侧垂直方向直方图,确定车辆区域左右边缘,根据车辆区域左右边缘之间计算图像的水平直方图,确定车辆上下边缘。由于原始车辆图像数据集中车辆图像拍摄角度原因,多数车辆图像中车辆车身未能完整地进入拍摄视野,图像上边缘多为车窗部分,因此采用此方法对车辆区域进行定位时,定位区域包括完整的车脸区域即可。

a)原始图像

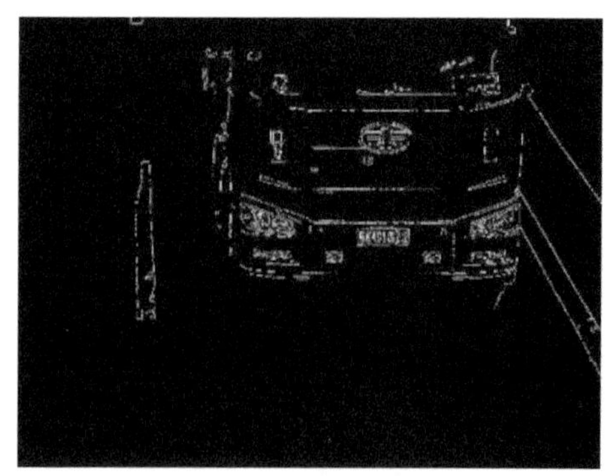

b)车辆号牌

图 6-1

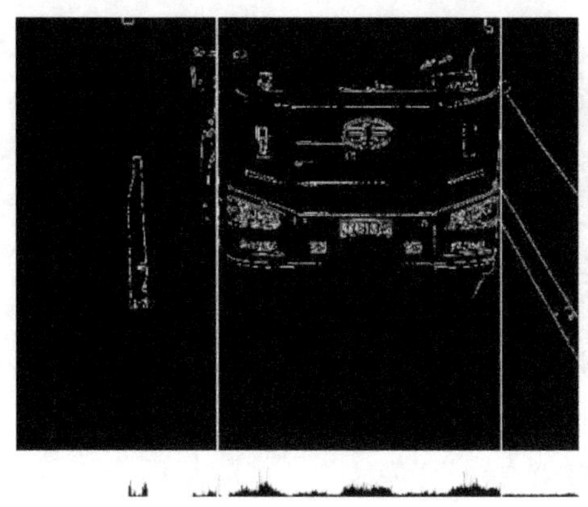

c)车辆区域左右边缘确定

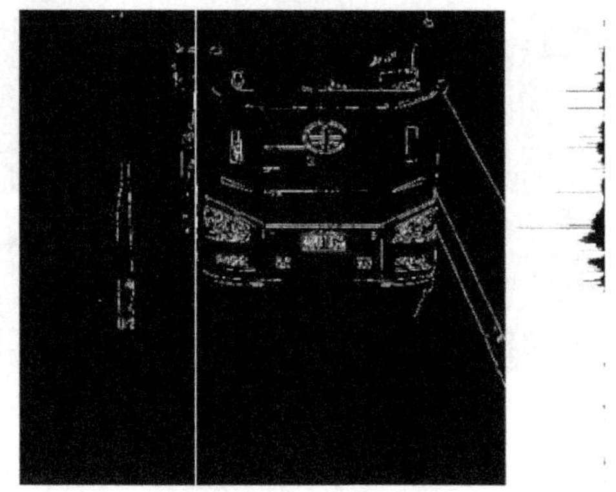

d)车辆区域左右边缘确定

图 6-1　基于车辆号牌及车辆对称性的车辆定位过程

6.1.2　车辆颜色图像集的构建

基于车辆号牌及车辆对称性的车脸区域定位方法，需要根据车辆号牌、车脸和车辆的比例大小关系和位置关系确定车辆车脸区域。在所获得的车辆定位区域图像，定义局部车脸区域左右边缘为车辆区域边缘，设车辆号牌高度为 H，局部车脸区域上边缘为车辆号牌上边缘的 $5H$ 处，如图 6-2 所示。本书构建的东南大学车辆颜色图像集共 1492 幅图像，包括红色、蓝色、白色、黑色、黄色和绿色六种车辆局部前脸图像，部分样例如图 6-3 所示，红色、蓝色、白色、黑色、黄色和绿色的车辆颜色图像数量分别为 797 幅、240 幅、367 幅、16 幅、43 幅和 20 幅。

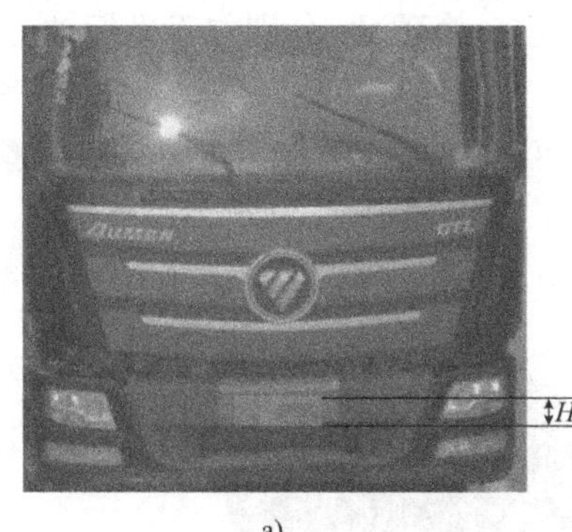

a)

5H

b)

图 6-2　车脸区域与车辆位置大小相对关系

a)红色

b)蓝色

c)白色

图　6-3

d)黑色

e)黄色

f)绿色

图 6-3　车辆颜色样例

6.2　颜色空间概述

6.2.1　RGB 颜色空间

RGB 色彩空间是根据三原色原理定义的颜色空间，是通过调整红色（Red，R）、绿色（Green，G）和蓝色（Blue，B）三种颜色亮度以及将它们叠加来获得可以表述自然界中绝大多数颜色。如图 6-4 所示，RGB 颜色空间是一个立方体的三维空间结构[2]，其中三个坐标轴分别代表三原色，即红、绿、蓝，原点（0,0,0）表示黑色，此时三原色都没有亮度，坐标点（1,1,1）表示白色，此时三原色亮度达到最高值。从黑色到白色的体对角线为灰度级，它由亮度较低时的等量三原色生成；三原色在 RGB 彩色立方体中各占一个顶角，分别位于坐标轴上，剩余的三个顶角被称为二次色，分别为绿色、黄色和品红。三原色是相互独立的，任何一种原色都不能由另外两种颜色叠加而成。利用三原色原理，可以通过 RGB 颜色配置出所需颜色 C，利用三种原色相加混合，即：

$$F = r(R) + g(G) + b(B) \tag{6-1}$$

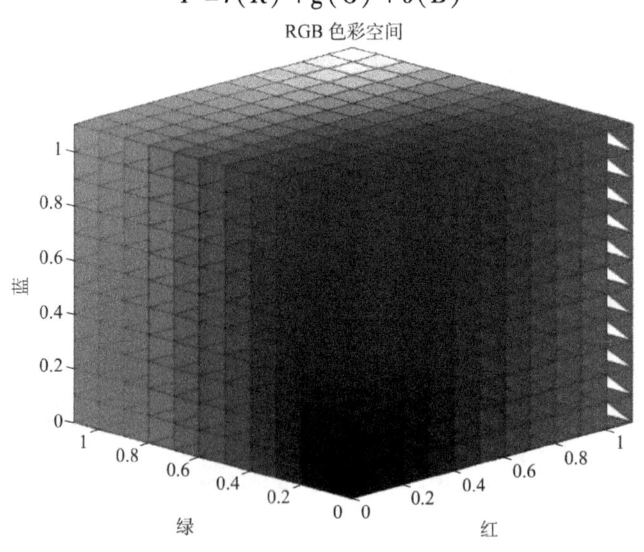

图 6-4　RGB 颜色空间

6.2.2 HSV 颜色空间

HSV 颜色空间是一种根据颜色的直观特性创建的颜色表示方法[3],将 RGB 颜色空间中的点对应在圆锥模型中,HSV 模型如图 6-5 所示。与 RGB 颜色空间中每个分量代表一种颜色的方式不同,HSV 模型中,H 代表色调,表示色彩类别,取值范围为 0° ~360°,其中红色为 0°,绿色为 120°,蓝色为 240°;S 代表饱和度,表示颜色接近光谱色的程度,取值范围为 0% ~100%,光谱色所占的比例越大,颜色接近光谱色程度越高,颜色越饱和;V 代表明度,表示颜色明亮的程度,取值范围为 0% ~100%,对于光源色,明度值与发光体的光亮度有关;对于物体色,明度值与物体的透射比或反射比有关。圆锥体模型顶点为最暗点,表示纯黑色;圆锥地面中心点为最两点,表示纯白色。

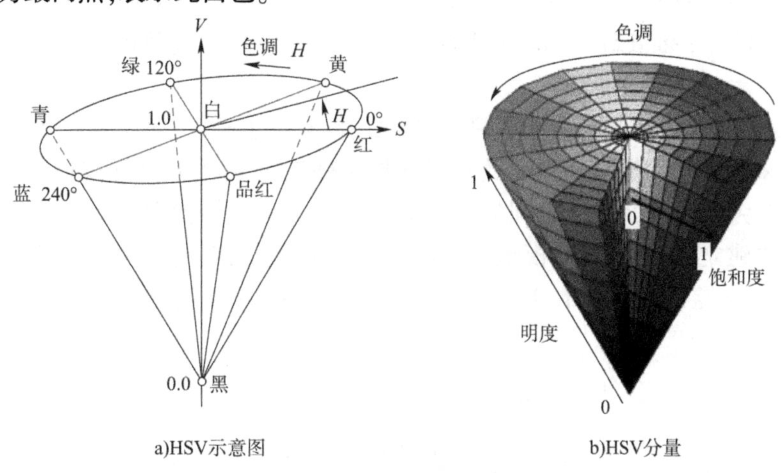

a)HSV示意图　　b)HSV分量

图 6-5　HSV 颜色空间模型

设(R,G,B)为 RGB 空间中的一点,该点坐标值分别表示三个分量值,在区间[0,1]内取值。假设 max = Max(R,G,B),min = Min(R,G,B)。依据式(6-2) ~式(6-4)可实现 RGB 颜色空间到 HSV 颜色空间的转换,即:

$$h=\begin{cases}0°,\text{if } \max=\min\\ 60°\times\dfrac{G-B}{\max-\min}+0°,\text{if } \max=R \text{ and } G\geqslant B\\ 60°\times\dfrac{G-B}{\max-\min}+360°,\text{if } \max=R \text{ and } G\leqslant B\\ 60°\times\dfrac{B-R}{\max-\min}+120°,\text{if } \max=G\\ 60°\times\dfrac{R-G}{\max-\min}+240°,\text{if } \max=B\end{cases}\tag{6-2}$$

$$s=\begin{cases}0,\text{if } \max-0\\ 1-\dfrac{\min}{\max},\text{ortherwise}\end{cases}\tag{6-3}$$

$$v=\max\tag{6-4}$$

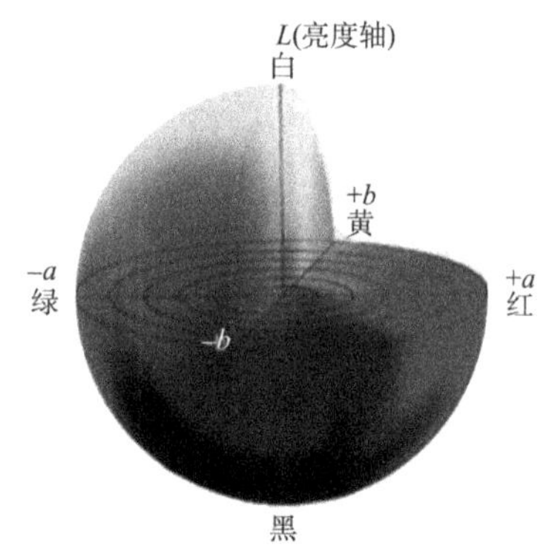

图 6-6　LAB 颜色空间模型

6.2.3　LAB 颜色空间

LAB 是基于 1931 年国际照明委员会(CIE)制定的颜色度量国际标准上建立的一种颜色空间,如图 6-6 所示,它是一种与设备无关的颜色系统,用数字化的方式描述人类的视觉感应[4]。不同于 RGB 颜色空间,LAB 颜色空间更接近人类视觉。如 LAB 色彩空间中,L 表示亮度,A 与 B 用于描述颜色。在一幅图像中,每个像素都对应一个 LAB 值,L 保存图像的明亮程度信息,其取值范围为[0,100],表示从纯黑到纯白。A 分量表示从绿色到灰色到红色的变化,取值范围为[-128,127]。B 分量表示从蓝色到灰色到黄色的变化,其取值范围为[-128,127]。

LAB 模型中将明度与颜色分离开来,L 通道中没有颜色分量,而 A 通道和 B 通道只有颜色分量,所以采用修改 A 通道和 B 通道的输出能精确地表示颜色,并使用通道 L 进行亮度调整。RGB 颜色空间与 LAB 颜色空间的转化需要使用一个中间颜色空间作为过渡空间。由于 LAB 模型的建立是基于 XYZ 模型,因此可以将需要转换颜色空间的图像先映射到 XYZ 空间中,再从 XYZ 空间映射到 LAB 空间[5]。首先根据将 RGB 色彩空间转换到 XYZ 色彩空间中,即:

$$[X,Y,Z]=M^{*}[g(R),g(G),g(B)] \tag{6-5}$$

其中,M 为转换矩阵,$M=\begin{bmatrix}0.4125 & 0.3576 & 0.1805\\ 0.2126 & 0.7152 & 0.0722\\ 0.0193 & 0.1192 & 0.9505\end{bmatrix}$。RGB 取值对应原图像在 RGB 色彩空间中的三个原始色彩分量。函数 g 为 Gamma 校正函数,即:

$$g(x)=\begin{cases}\left(\dfrac{x+0.055}{1.055}\right)^{2.4}, x>0.04045\\ \dfrac{x}{12.92}, x\leqslant 0.04045\end{cases} \tag{6-6}$$

然后线性归一化 X,Y,Z,得到 X'、Y'、Z'。将 XYZ 色彩空间转换到 LAB 色彩空间:

$$\begin{cases}L=116\cdot f(Y')-16\\ a=500[f(X')-f(Y')]\\ b=200[f(Y')-f(Z')]\end{cases} \tag{6-7}$$

其中,f 为一个与 Gamma 校正函数类似的校正函数,即:

$$f(t)=\begin{cases}t^{\frac{1}{3}}, t>\left(\dfrac{6}{29}\right)^{3}\\ \dfrac{1}{3}\left(\dfrac{29}{6}\right)^{2}t+\dfrac{4}{29}, t\leqslant\left(\dfrac{6}{29}\right)^{3}\end{cases} \tag{6-8}$$

6.3 基于卷积神经网络模型的车辆颜色识别

6.3.1 卷积神经网络

1)卷积层

卷积层的主要功能是提取输入图像的局部特征,同时增强输入图像特征,每个卷积层包含多个特征平面,每个特征平面表示一个特征图,卷积核个数决定特征图的个数。卷积公式定义为:

$$C_j^l = f\left(\sum_{i \notin M_j} C_j^{l-1} k_{ij}^l + b_j^l\right) \tag{6-9}$$

式中,C_j 为该层卷积所得的第 j 个特征图;l 为卷积层数;f 为激活函数;M_j 为输入特征;k 为卷积核;b 为偏置。

由于卷积核的大小为超参数,即无法通过学习更新,因此卷积核的设置非常重要。如果卷积核个数过低,则可能使后续提取的特征无效或难以满足分类模型的需要,导致网络的精确度降低;如果卷积核个数过多,则会使信息冗余,可能引起网络更新缓慢,并产生过拟合现象,导致验证集的准确率降低。卷积核大小即感受野区域,它的大小需要根据实际样本的特点进行选取。卷积层对输入进行离散卷积运算,输出为高维张量,其会在训练的过程中不断更新卷积核的参数。

2)激活函数

激活函数是将线性的隐藏层变成非线性的函数,因此,激活函数赋予了神经网络架构任意的非线性函数拟合能力。激活函数在给与卷积网络分类非线性函数能力的同时,也对网络模型的收敛性有影响,因此,激活函数的选择对卷积神经网络的准确度以及速度有着非常大的影响。常用的激活函数有 Sigmoid 函数、Tanh 函数与 ReLU 函数,其中 Sigmoid 函数和 Tanh 函数是传统神经网络中常用的两个激活函数,这两个函数的输出不具备稀疏性,因此适用于较深的网络结构时会导致梯度消失现象的产生。与传统激活函数相比,只需要通过阈值设置,ReLU(Rectified Linear Units)函数就能得到激活函数,具有尖端不可导的、可以分段求导的特性。图 6-7 所示为 ReLU 函数,ReLU 函数定义为:

$$f(x) = \max(0, x) \tag{6-10}$$

由图 6-7 可得,若计算结果小于 0,就将输出值设为 0,而大于 0 的值保持原始值大小不变。该方法在训练中可加快收敛,缩短训练时间。然而这样仍会使训练后的网络具有一定的稀疏性。ReLU 函数的导数形式如下:

$$f'(x) = \begin{cases} 1, x > 0 \\ 0, x < 0 \end{cases} \tag{6-11}$$

当输入小于或者等于 0 时,ReLU 函数的导数为 0,当输入大于 0 时,ReLU 函数的导数为定值,使得在反向

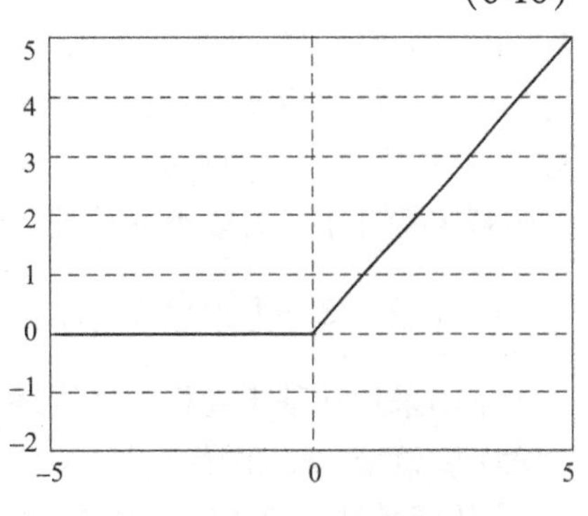

图 6-7 ReLU 函数图像

传播时,能够将梯度信息传递到前一层神经网络层。

3)池化层

在进行卷积操作后会产生大量冗余的卷积值,而池化层的作用为减少冗余值,在最大程度保留图像信息的同时,尽可能减少模型参数个数并进一步扩大感受野,将任一特征图 C 分成不同模块 p_k,其中 $k=1,2,3\cdots,r$,池化的定义为:

$$C_j^l = f[\omega_j^l \sigma(C_j^{l-1}) + b_j^l] \tag{6-12}$$

$$pool_{\max}(p_k) = \max_{a_i \in p_k} a_i \tag{6-13}$$

$$pool_{\mathrm{ave}}(p_k) = \frac{1}{|p_k|} \sum_{a_i \in p_k} a_i \tag{6-14}$$

式中,f 为激活函数;ω,b 为偏置;σ 为采样函数。

池化操作主要有最大池化和平均池化。增加池化层可以降低卷积特征,减少网络参数,提高更新效率,同时能够保证图像的旋转不变性。通常池化层连接在卷积层提取特征之后,以卷积层的输出作为输入,对所有通道的数据进行池化处理。如果池化层过大,则会丢失过多信息,难以保证网络的准确度;如果池化层过小,则会导致网络参数过多,降低训练效率。

4)全连接层

通过卷积层、激活函数层与池化层之后,卷积神经网络可以有效提取输入信息的特征,即将输入数据映射到高维的隐藏特征空间。全连接层的作用在于将高维的隐藏层特征空间的分布式特征信息映射到样本空间中,起分类器的作用。但由于全连接层参数过多,容易产生过拟合,因此需要在每个全连接层后采用 Dropout 策略来降低过拟合效应。常用的损失函数包括 Euclidean 损失、Triplet 损失和 Softmax 损失等。Softmax 损失函数多用于标签分类问题中,它将多个神经元的输出映射到(0,1)区间中。Softmax 函数定义为:

$$p_j^{(i)} = \frac{\exp[W_j^T x^{(i)} + a_j]}{\sum_{j=0}^{k} \exp[W_j^T x^{(i)} + a_j]} \tag{6-15}$$

式中,p 为当前输入样本;$x^{(i)}$ 属于第 j 类样本的概率;W 为当前网络层数。

5)Dropout 层

Dropout 是指在神经网络训练过程中,按照一定概率,将一些隐藏层节点暂时丢弃,停止其权重的工作,被丢弃的节点可以暂时认定不属于网络结构的一部分,之后更新权重时不再更新这些节点[6]。如图 6-8 所示,Dropout 的过程其实可以看作对多个不同神经网络取平均,由不同神经网络产生的不同过拟合会在这个过程中互相抵消,从而达到整体上降低过拟合的效果。同时由于 Dropout 过程导致两个神经元不一定每次都在同一个 Dropout 网络中出现,因此权重更新不再依赖于有固有关系的隐藏层节点的共同作用,避免了某些特征仅仅在其他特定特征下才有效果的情况,从而提高网络的鲁棒性。

6.3.2 车辆颜色识别

本书采用的基于卷积神经网络的车辆颜色识别模型结构见表 6-1,整个卷积神经网络包含六个隐藏层,输入图像为 64 ×128 的三通道图像,第一层采用大小为 3 ×3 的卷积核 32 个,激活函数选择 ReLU,连接 2 ×2 的池化层;第二层同样采用大小为 3 ×3 的卷积核 32 个,激活函数选择 ReLU,连接 2×2 的池化层;第三层采用大小为 3×3 的卷积核 64 个,激活函数选择 ReLU,连接 2×2 的池化层;提取出来的高维特征连接先进行 64 个神经节点的全连接层,并经过 ReLU 激活函数,使用丢弃率为 0.5 的 Dropout,最终连接到 6 个神经节点的全连接层,然后利用 Softmax 进行车辆颜色分类的概率计算。

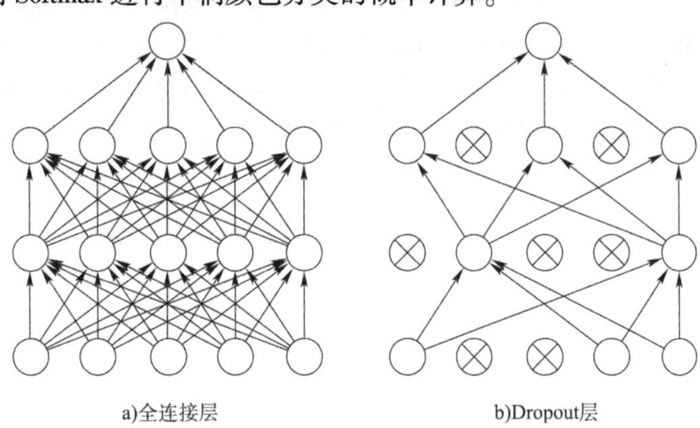

a)全连接层　　b)Dropout层

图 6-8　全连接层和 Dropout 层示意图

车辆颜色识别模型结构　　表 6-1

输入图像(64×128×3)	卷积层 2d(3×3,32,ReLU)	最大池化层(2×2)	Dropout(0.5)
卷积层 2d(3×3,32,ReLU)	最大池化层(2×2)	Flatten	全连接层(Softmax)
最大池化层(2×2)	卷积层 2d(3×3,64,ReLU)	全连接层(ReLU)	

6.4 实验分析

本章所述算法模型均在 Jupyter Notebook (Ipython)环境中基于 Python3.5 和 Keras 深度学习框架(TensorFlow 作为后端)中开展实验,计算机 CPU 配置为 Intel(R) Xeon E5-2640 V3 2.6GHz,显卡配置为 NVDIA GeForce GTX1060,显存为 6G,RAM 为 32GB 和 ROM 为 4TB。本实验基于构建的东南大学车辆颜色图像集,该图像集共有 1492 幅图像,分别采用图像集的 60% 作为训练图像,20% 作为验证图像,剩余 20% 作为测试图像,车辆颜色共分成 6 种类型:红色、蓝色、白色、黄色、绿色和黑色。将图像集分别转换到 HSV 颜色空间和 LAB 颜色空间,得到三种颜色空间下的图像样本,并将三类样本分别输入所搭建的卷积神经网络中训练。由于多数车辆前脸区域安装有与车身颜色不同的进风罩,且进风罩区域面积占车辆车脸比例较大,若直接将整张车脸局部前脸图像输入卷积神经网络进行训练,包含的冗余信息过多,影响模型精度。本章选择直接分割车辆前脸局部区域图像,提取不包含车辆进风罩的左右两个色块区域,将色块区域输入卷积神经网络中训练。在模型训练过程中,综合机器性能和样本数量级设置 Batch Size 大小,即一次迭代将 Batch Size 的数据送入网络中进行训练,而不是将整个数据集的数据都进行训练。在合理范围内,增大 Batch Size 可以提高内存利用率,提高大矩阵乘法的并行化效率,且训练全数据集所需的迭代次数减少,训练速度提高,模型收敛速度快,训练震荡小,模型不容易陷入局部最小值,精度高。模型训练过程中,损失函数选取交叉熵损失函数,优化器选用 RMSprop 和 Adam 进行对比实验。图 6-9 为 RGB 颜色空间下 CNN 使用 RMSprop 优化器的训练过程图，图 6-10 为 RGB 颜色空间下 CNN 使用 Adam 优化器的训练过程图，图 6-9a）和图 6-10a）为训练损失随着迭代次数增加的变化，图 6-9b）和图 6-10b）为训练精度随着迭代次数增加的变化，图 6-9c）和图 6-10c）为验证损失随着迭代次数增加的变化，图 6-9d）和图 6-10d）为验证精度随着迭代次数增加的变化。可以看出，不管是 RMSprop 优化器还是 Adam 优化器，在迭代 40 次 Epoch 后模型趋于收敛，模型收敛使训练精度与验证精度都基本持平，且两个优化器训练损失和验证损失都在经过 5 次 Epoch 后下降趋势减慢，训练精度和验证精度也都呈现上升趋势。

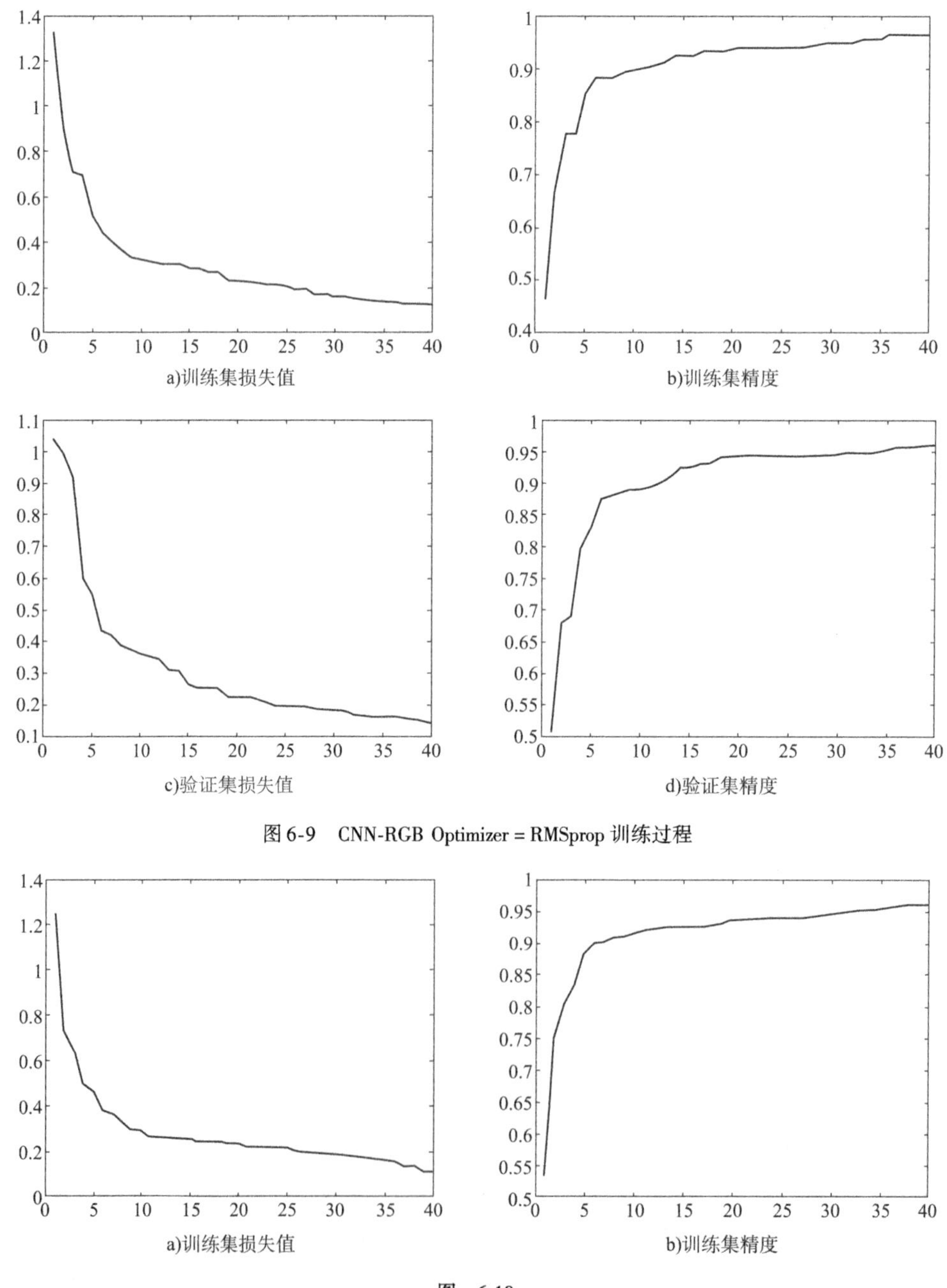

a)训练集损失值　b)训练集精度

c)验证集损失值　d)验证集精度

图 6-9　CNN-RGB Optimizer = RMSprop 训练过程

a)训练集损失值　b)训练集精度

图　6-10

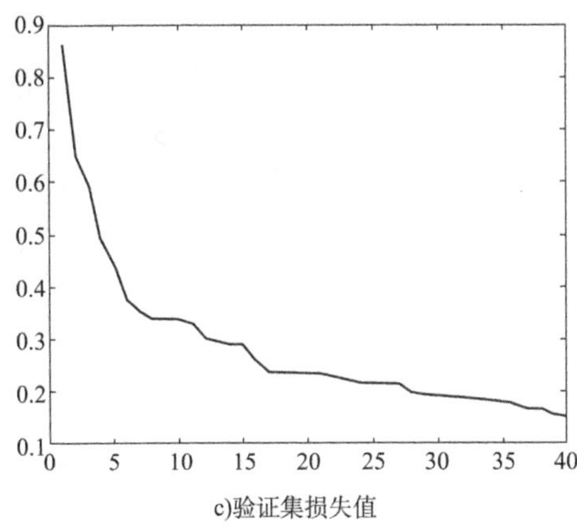
c)验证集损失值

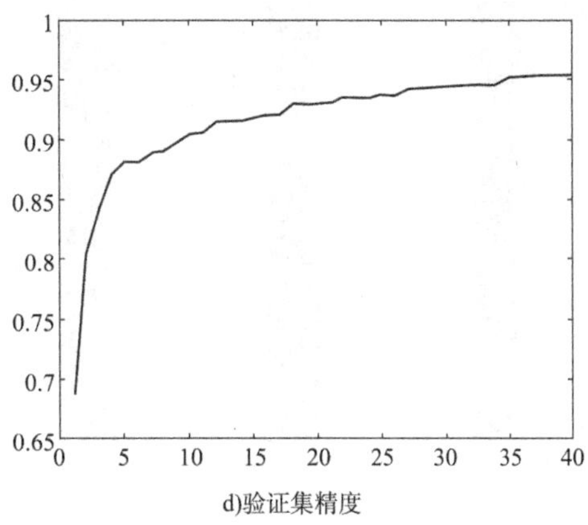
d)验证集精度

图 6-10 CNN-RGB Optimizer = Adam 训练过程

CNN-RGB、CNN-HSV 和 CNN-LAB 在采用不同优化器的实验结果见表 6-2,由表 6-2 可得,上述优化器对于模型精度影响较小,属于正常误差范围内,因此可以得出优化器的选取对卷积神经网络模型精度影响不大的结论。分别基于 CNN-RGB、CNN-HSV 和 CNN-LAB 三种颜色模型,采用基于卷积神经网络的车辆颜色识别方法的实验结果如图 6-11 所示。从图 6-11a) 柱状图对比分析,基于 LAB 颜色空间的卷积神经网络模型准确率略高于其他两种颜色空间下的卷积神经网络模型,验证准确率达到 96.34%;其次为基于 RGB 颜色空间的卷积神经网络模型;准确率最低的是基于 HSV 颜色空间的卷积神经网络模型,精度为 94.37%。图 6-11b) 为三种模型箱型图,基于 LAB 颜色空间的卷积神经网络模型准确率均值高于基于 RGB 颜色空间的卷积神经网络模型,且准确率分布跨度范围比基于 RGB 颜色空间的卷积神经网络模型小,这表明基于 LAB 颜色空间的卷积神经网络模型不仅性能佳,还具有较好的鲁棒性和稳定性。基于卷积神经网络模型的车辆颜色实验结果的混淆矩阵见表 6-3。混淆矩阵每一行代表一个预测类,每一列代表真实类,例如,第一行第一列表示真实类别为 Red 的识别类为 Red 的样本数为 316,第二行第三列表示真实类为 Blue 而识别类为 White 的样本数为 1,以此类推。对角线表示样本正确分类的数目,每种颜色被正确识别的样本数为:316、93、135、17、7、6。由于颜色类别为 Black 和 Green 的样本总数相比于其他类别较低,因此混淆矩阵分类率不高。从表 6-3 中可得,红色与黄色正确分类率较高,其次为蓝色,可能是因为这两类颜色与其他颜色相比特征较为丰富。

不同优化器模型精度对比 表 6-2

颜色模型	optimizer = RMSprop		optimizer = Adam	
	Train-Accuracy	Valid-Accuracy	Train-Accuracy	Valid-Accuracy
CNN-RGB	0.9648	0.9595	0.9708	0.9538
CNN-HSV	0.9536	0.9438	0.9615	0.9437
CNN-LAB	0.9769	0.9651	0.9808	0.9634

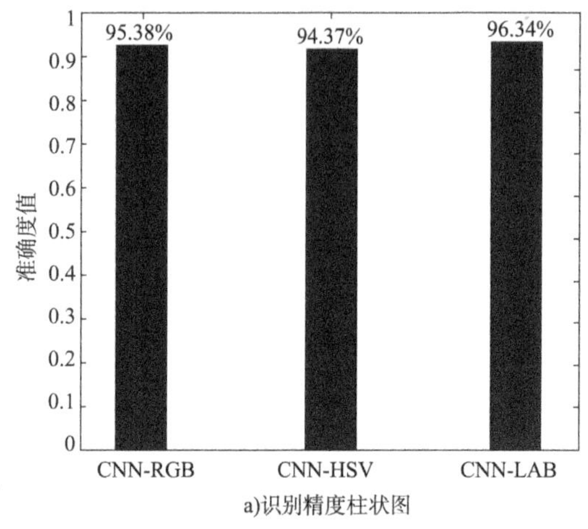

a)识别精度柱状图

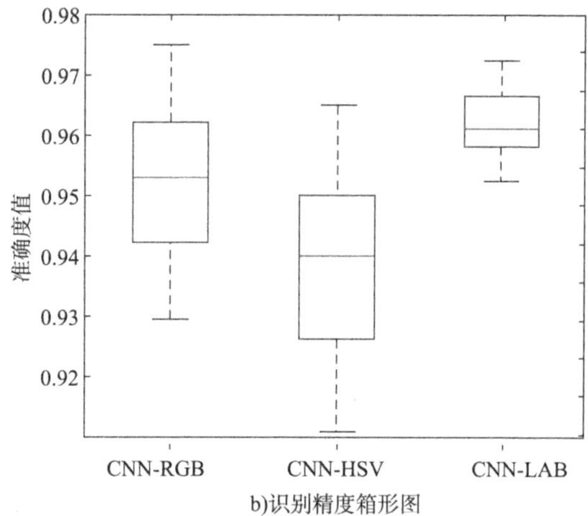

b)识别精度箱形图

图 6-11　三种模型准确率对比图

基于 LAB 颜色空间的卷积神经网络模型混淆矩阵　　表 6-3

类别	红色	蓝色	白色	黄色	绿色	黑色
红色	99.06%	0.31%	0	0.63%	0	0
蓝色	0	96.88%	1.04%	0	2.08%	0
白色	2.07%	0	93.10%	4.83%	0	0
黄色	0	0	0	100%	0	0
绿色	0	12.5%	0	0	87.5%	0
黑色	0	14.29%	0	0	0	85.71%

6.5 小　　结

本章开展了基于卷积神经网络模型的智慧交通场景中车辆颜色识别方法研究。首先，基于车辆号牌及车辆对称性的车脸区域定位方法，构建东南大学车辆颜色图像集；其次，对比分析了 RGB 颜色空间、HSV 颜色空间和 LAB 颜色空间三种颜色空间，并将车辆图像样本分别转换到 RGB、HSV 和 LAB 三种颜色空间中；然后，构建了一种车辆颜色识别的卷积神经网络模型，并对比分析 RMSprop 优化器和 Adam 优化器及迭代次数对模型精度的影响；最后，基于东南大学车辆颜色图像集，开展了实验研究，实验结果表明：采用 RMSprop 优化器的车辆颜色识别的卷积神经网络模型精度优于采用 Adam 优化器的模型精度，其识别精度达到 96.34%。

本章参考文献

[1] 连捷，赵池航，张百灵，等. 基于车辆轮廓对称与车辆号牌定位信息融合的车辆检测方案[J]. 东南大学学报(英文版)，2012，28(2)：240-244.

[2] Süsstruk S，Buckley R，Swen S. Standard RGB color spaces：Proceedings the 7th Color Imaging Conference[C]. USA：Arizona Press，1999.

[3] 胡焯源,曹玉东,李羊.基于HSV颜色空间的车身颜色识别算法[J].辽宁工业大学学报(自然科学版),2017,37(1):10-12.

[4] Ciobanu A,Păvăloi I,Luca M,et al. Color feature vectors based on optimal LAB histogram bins:International Conference on Development and Application Systems[C]. NYC:IEEE Press,2014.

[5] 陈昌涛,仇国庆,杨平,等.Lab空间色彩分割在快速车辆号牌定位中的应用[J].计算机应用研究,2010,27(8):3191-3193.

[6] Krizhevsky A,Sutskever I,Hinton G E. Imagenet classification with deep convolutional neural networks:Advances in neural information processing systerms[C]. United States:Nevada Press, 2012.

第7章 基于联合特征的智慧交通场景中车辆异常行为的识别方法研究

为了实现智慧场景中车辆异常行为的自动识别,本章首先构建了车辆行为数据库;其次,对比分析了HOG特征、LBP特征和EOH特征三种特征提取方法,提出了基于HOG特征与LBP特征联合的车辆行为描述方法;然后,采用SVM分类器进行车辆行为的识别实验;最后,结合城市交通场景中交通信号灯状态检测,进行了车辆异常行为的判别实验。

7.1 构建车辆行为图像集

车辆行为的判断,不仅需要定位车辆区域,而且需要清楚标出车辆与道路标线所处的位置关系。本书在车辆区域定位的基础上,构建车辆行为数据库,以进行最终判定。通过对城市交通场景中车辆图像的分析,发现交通场景中车辆与道路标线包含有四种位置关系:在车道线内,车辆轮廓线未与车道线及斑马线相交;车辆前轮越过停止线,并与行人斑马线平行相交;车辆轮廓线与车道分界线相交压线;车辆转弯,轴线方向偏转,并与车道线或斑马线相交。四种位置关系如图7-1所示,这四种位置关系在不同交通信号灯状态下便形成了不同的车辆行为。例如,车辆闯红灯这一异常行为是在红色信号灯状态下,车辆前轮越过或超出道路停止线,并且车辆区域和行人斑马线有一定程度的相交;若是在绿灯或黄灯状态下,该场景下车辆行为便是正常行为,因此,获取车辆与道路位置的类别关系对车辆行为的判定至关重要。在上一章车辆区域检测的基础上,扩大车辆的定位区域,便可获得车辆与道路标线的位置关系。本书构建的东南大学车辆行为图像集包括图7-1中的四类车辆行为,每类50张图片,共200张,该图像集的部分图片如图7-2所示。

a)在车道线内

b)越过停止线

c)压车道分界线

d)轴线方向偏转

图7-1 四种车辆与道路标线的位置关系

图 7-2　车辆与道路标线扩大区域定位结果

7.2　特征变换方法分析

7.2.1　梯度方向直方图

梯度方向直方图,即 HOG(Histograms of Oriented Gradient)[1,2]特征,是法国国家计算机科学及自动控制研究所的 Dalal 等人提出的一种解决人体目标检测的图像描述方法。开始时,HOG 特征主要应用于静态图像的行人检测,后来逐渐推广到静态图像中车辆和其他常见物体的检测,并取得良好的效果。HOG 特征向量的核心思想是所检测的局部物体外形可以被光强梯度或边缘方向的分布所描述,它并不是从图像的整体出发来考察图像的特征,而是通过将整幅图像细分为一个个大小相同的细胞单元(cell),每个细胞单元(cell)生成一个方向梯度直方图或者细胞单元中像素点的边缘方向,这些直方图的组合可表示为描述子;同时为了提高准确率,局部直方图可以通过计算图像中一个较大的块(block)的梯度方向作为标准,然后用该标准值归一化这个块中的所有细胞单元,归一化过程很好地完成了光照不变性。HOG 特征的提取过程如图 7-3 所示。

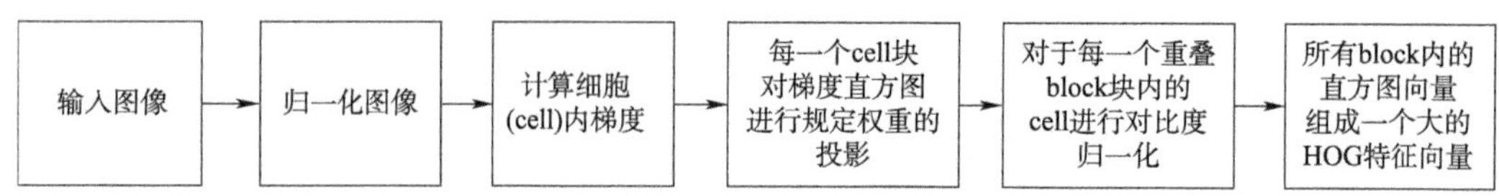

图 7-3　HOG 特征提取步骤流程

HOG 特征的优势主要有:①由于 HOG 特征是在图像的局部方格单元上操作,所以它对图像几何和光学的形变都能保持很好的不变性;②通过细胞方式进行梯度方向量化,使特征描述子具有一些平移和旋转不变性。因此,对于行人、车辆等静态物体,即使有一些细微的动作和形状的变化,也不会影响到 HOG 特征最终的检测效果。本书实验中,首先将车辆行为图像归一化为 512×512 的标准尺寸,将其细胞单元设为 128×128,并在每个细胞单元内统计 9 个直方图通道的无向梯度(即在 0 ~ 180°之间的梯度方向划分为 9 个区间);然后,设置归一化块(block)的大小为 256×256(即 4 个细胞单元组成独立的一个块),块在水平和竖直方向的步进大小均为 128;最后,将所有细胞单元的直方图组合起来形成 HOG 特征描述子,得到的特征描述子维数为 $9 \times 4 \times 3 \times 3 = 324$ 维。对图 7-1 中的车辆四种位置关系图片进行 HOG 特征提取,其相应结果如图 7-4 所示。

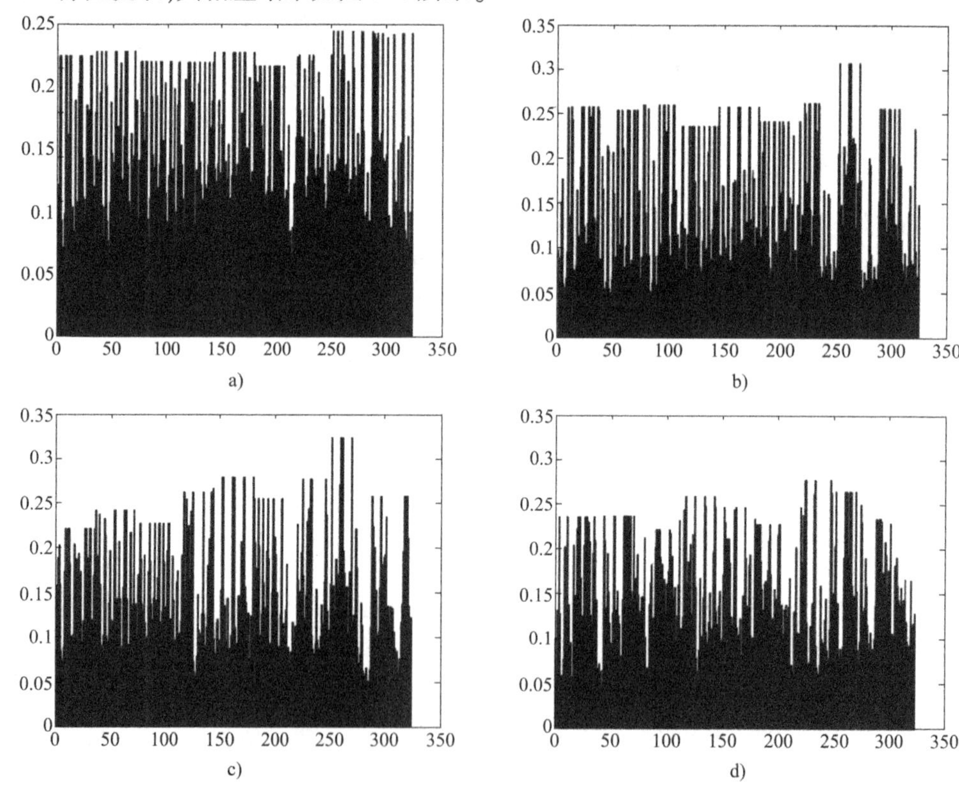

图 7-4　四种车辆位置图像的 HOG 特征直方图

7.2.2　局部二值模式

局部二值模式[3](Local Binary Pattern,LBP)是一种简单有效的纹理分类特征提取算法,该方法是由 Ojala 等人于 1996 年提出的用来描述纹理局部结构性的特征提取算子。从纹理分析的角度来看,图像上某个像素点的纹理特征大多数都是指这个点和周围像素点的关系,也就是说这个点和它邻域内点的关系,从不同角度对这种关系提取特征,便形成了不同种类的特征。而LBP算子就是通过比较图像中某一像素点与其周围相邻像素点之间的灰度变化来确定该点所在位置的纹理变化模式,LBP算法的优点是对光照变化和图像旋转具有不变性,能够较好地提取出图像边缘、角点等局部特征。对于基本的LBP算子,它是定义在3×3像素的邻域内,以邻域中心像素为阈值,将相邻的8个像素点的灰度值与其进行比较,若周围像素值大于中心像素值,则该像素点的位置被记为1,否则为0。这样,3×3邻域内的8个点经过比较就产生了8位二进制数(通常转化为十进制数即LBP码,共256种),即得到该邻域中心像素点的LBP值,并用这个值来反映该区域的纹理信息,该过程如图7-5所示。LBP特征值用公式可以定义为:

$$LBP(x_C, y_C) = \sum_{P=0}^{P-1} 2^P s(i_P - i_C) \tag{7-1}$$

式中,(x_C, y_C)为3×3邻域内的中心元素,为(x_C, y_C)的像素值i_C;i_P为邻域内其他像素的值。

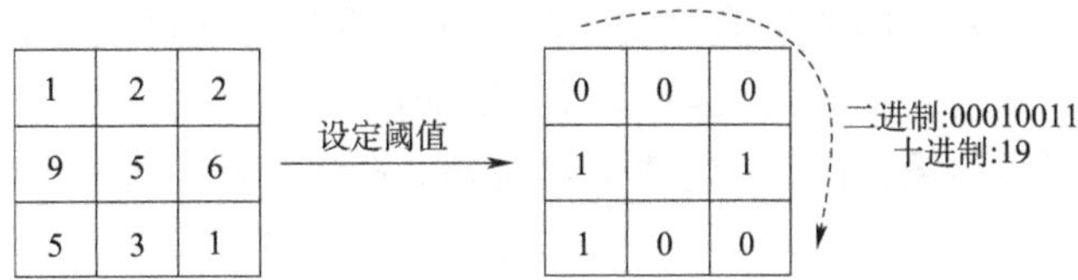

图7-5　LBP算子原理

$s(x)$是符号函数,即:

$$s(x) = \begin{cases} 1, \text{if } x \geqslant 0 \\ 0, \text{else} \end{cases} \tag{7-2}$$

本书实验中,将车辆行为图像划分为64×64的小区域,这样就形成了一个特征维数是256的特性向量。对于每个小区域的每个像素,采用3×3窗口大小来计算中心像素点的LBP值,然后形成每个小区域的直方图,并统计每个数字出现的频率,再对直方图归一化处理后,将每个小区域的统计直方图连接,这样就最终生成了图像的LBP特征向量。对图7-1中的车辆四种位置关系图片进行LBP特征提取,其相应结果如图7-6所示。

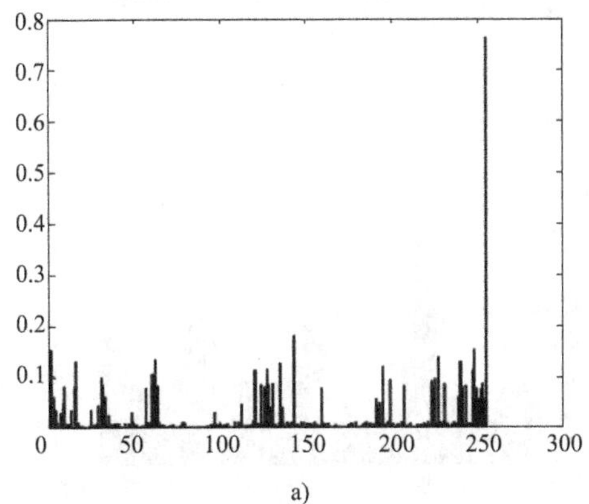

a)

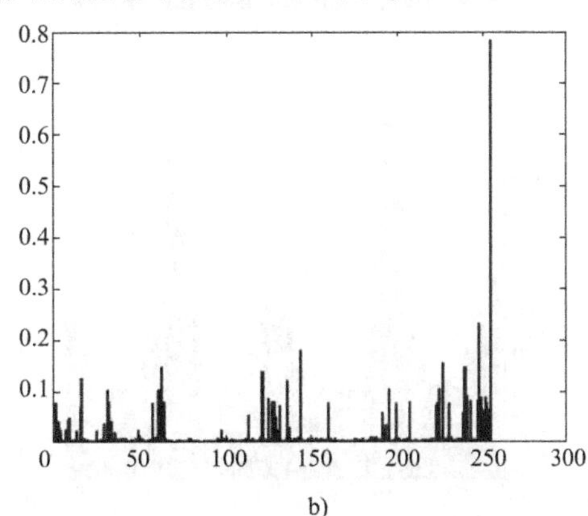

b)

图　7-6

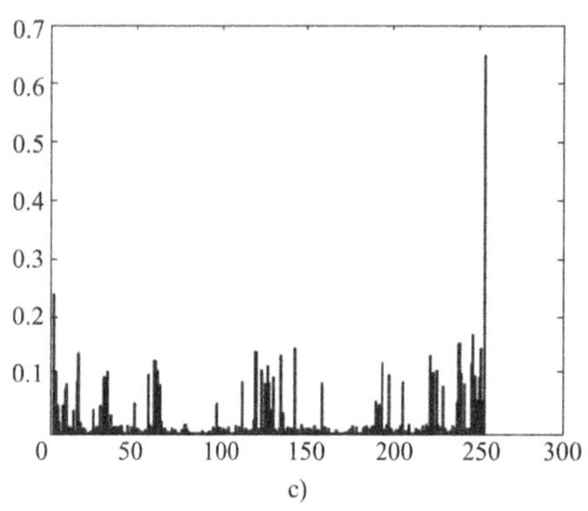

c)

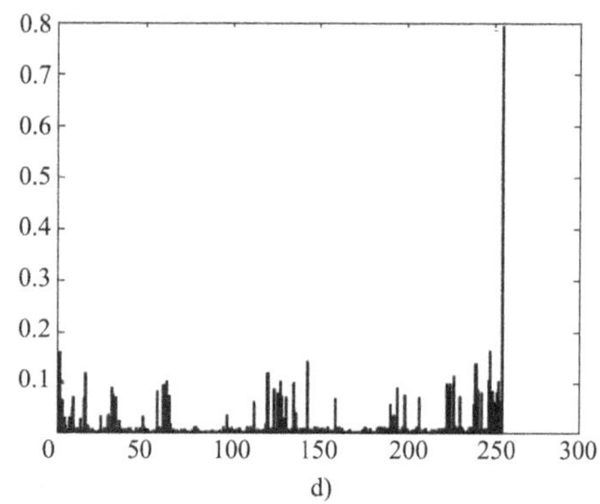

d)

图 7-6　四种车辆位置图像 LBP 直方图

7.2.3　边缘方向直方图

边缘方向直方图[4]（Edge Orientation Histogram，EOH）是一种针对图像边缘信息及梯度信息的特征描述算子。其具体算法流程是：首先，对图像进行灰度化处理，并通过边缘算子（例如 Canny 算子）对图像进行边缘提取；其次，对各个像素的梯度和方向（包括水平边缘方向、垂直边缘方向、对角边缘方向（包括两个斜对角）和无边缘方向五个方向）、对其梯度直方图进行统计分类，最终得到的边缘方向直方图。本书实验中，输入归格化为 512 × 512 的车辆行为图像，最终得到的 EOH 特征向量维数是 36 维，对图 7-1 中的车辆四种位置关系图进行 EOH 特征提取，其相应结果如图 7-7 所示。

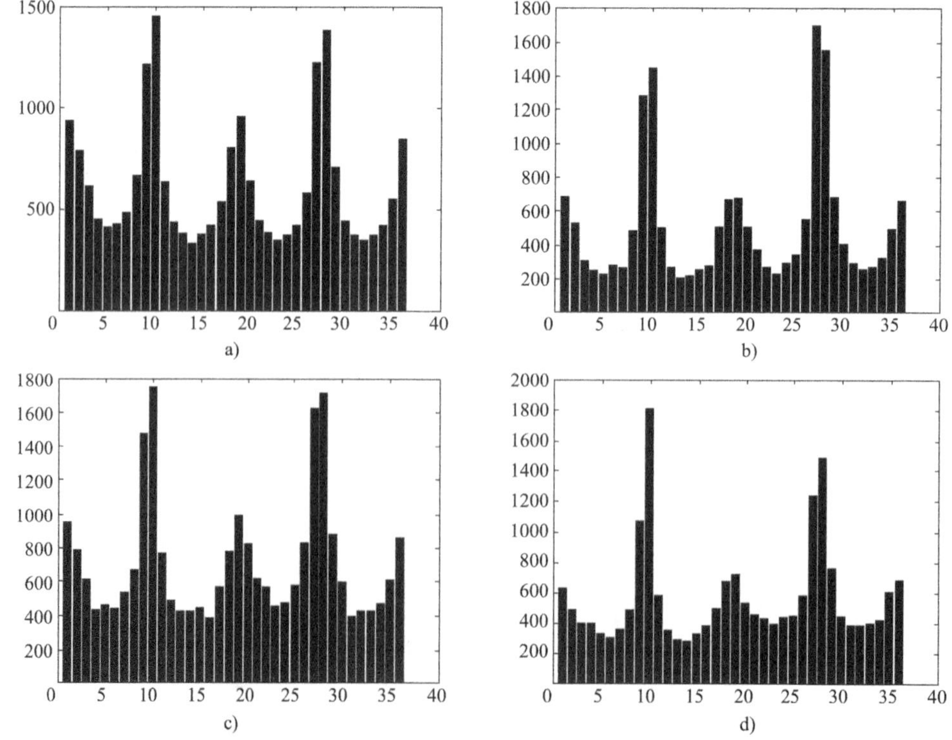

图 7-7　四种车辆位置图像 EOH 特征表示

7.2.4 联合特征提取

采用单一特征对车辆行为的描述在性能上各有优劣[5]。例如,HOG 特征在光学变换和几何变换方面有显著优势,而在图像纹理方面却不尽人意;同时 LBP 特征却有着较好的局部纹理表达能力和单调灰度不变性。为了能够有效兼顾图像的形状和纹理两方面的特征,书中提出采用联合特征的方法对车辆行为进行描述。所谓联合特征[6,7](Combined Features)就是多种特征的融合,一般情况下,比较常用的特征联合方法为特征加权联合和特征串联联合。由于特征加权联合需要对各个特征的加权进行计算而使问题变得更复杂,因此书中采用特征串联规则提取车辆行为的联合特征。采用 HOG 特征和 LBP 特征的联合特征[8],其具体步骤为:首先,分别对同一张车辆行为样本图片的 HOG 特征和 LBP 特征进行特征提取;其次,将第 i 个样本的 HOG 特征和 LBP 特征首尾串联形成该样本的联合特征 f_i,($1<i<N$,N 为训练样本数),则 f_i 是一个 $324+256=580$ 维的特征向量。在联合特征向量中,f_i 的第 1 列至 324 列为特征数据为第 i 个样本的 HOG 特征,第 325 列至 580 列为第 i 个样本的 LBP 特征,对图 4-1 的车辆四种位置关系图采用 HOG + LBP 联合特征提取的结果如图 7-8 所示,采用 EOH + HOG 联合特征提取的结果如图 7-9 所示,采用 EOH + LBP 联合特征提取的结果如图 7-10 所示。

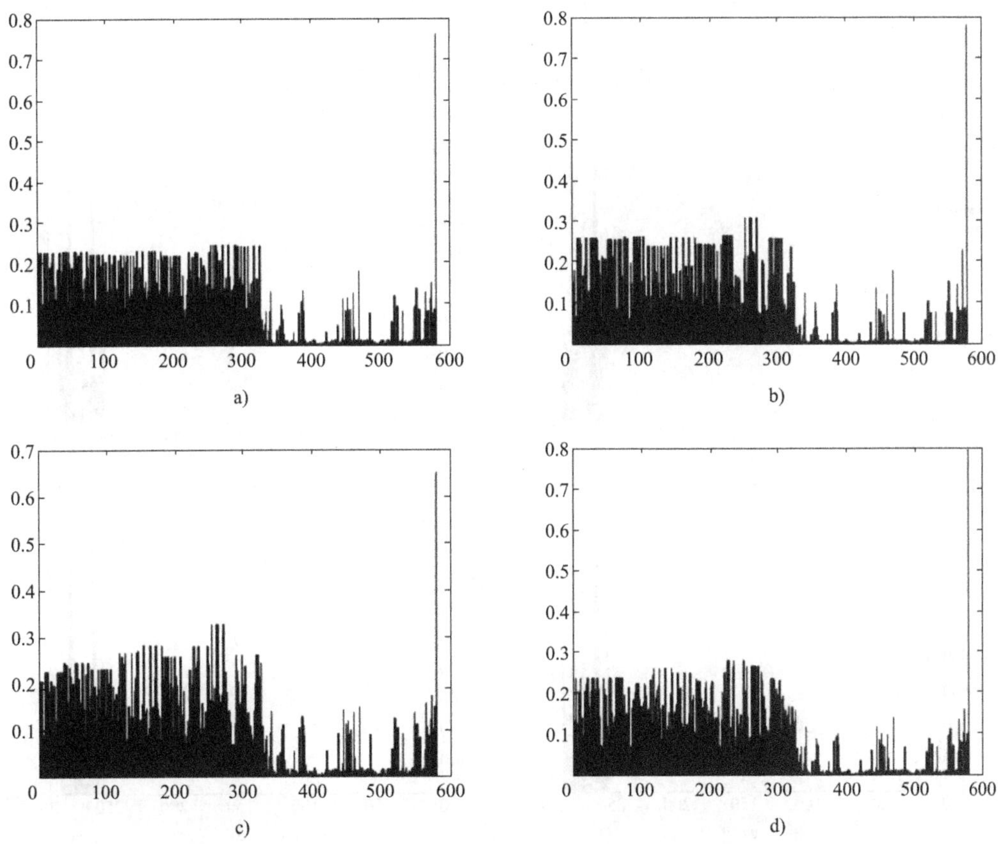

图 7-8 四种车辆位置图像 HOG + LBP 联合特征表示

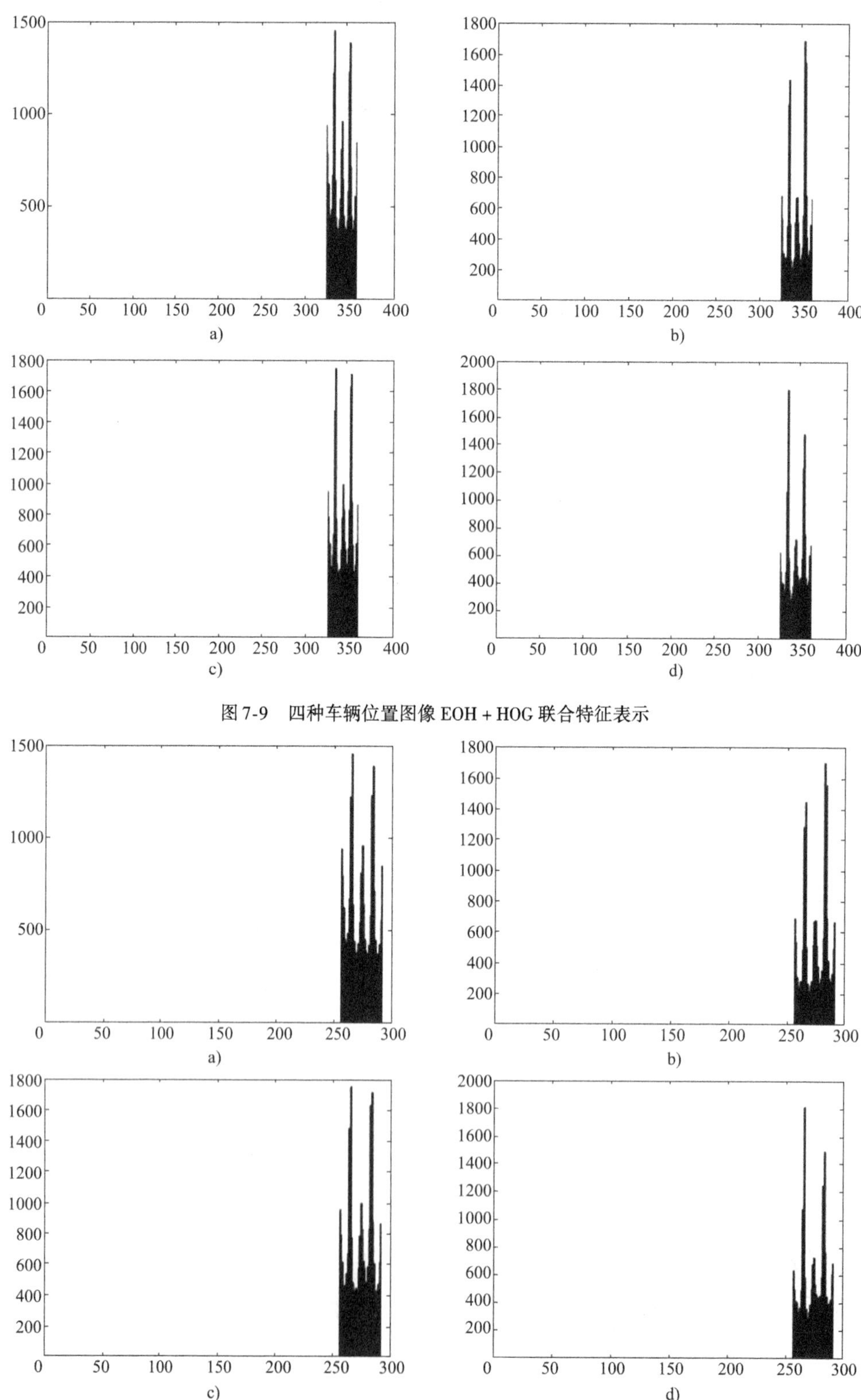

图 7-9　四种车辆位置图像 EOH + HOG 联合特征表示

图 7-10　四种车辆位置图像 EOH + LBP 联合特征表示

7.3 支持向量机分类器

支持向量机(Support Vector Machines,SVMs)分类器最初是由Corinna Cortes和Vapnik[9-11]等人提出的一种新型模式识别学习方法,该方法在解决小样本、非线性以及高维模式识别问题中表现出许多特有的优势。SVMs的主要思想是针对两类分类问题,寻找一个超平面作为两类样本点的分割,以保证最小的分类错误率。在线性可分的情况下,存在一个或多个能将训练样本完全分开的超平面,SVMs的目标就是找到其中的最优分类面,如图7-11所示,空心点和实心点分别表示两类样本,H为正确分开两类样本的最优分类线。H_1、H_2分别为过各类中离分界线最近的样本并且平行于分界线的直线,他们之间的距离称为分类间隔,H_1、H_2上的点称为支持向量。最优分类面不仅要使分类线能将两类正确分开(训练错误率为0),而且要让分类间隔达到最大,并要保证经验风险最小(为0)。

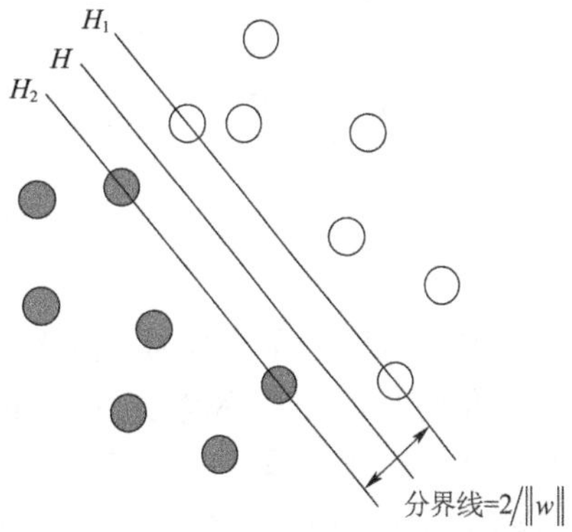

图7-11 最优分类线

SVMs数学模型的样本模式集合$\{x[i]\}\in R_n$是由两类点组成,如果$x[i]$属于第一类,则$y[i]=1$;如果$x[i]$属于第二类,则$y[i]=-1$。训练样本集合$\{x[i],y[i]\}$,$i=1,2,3,\cdots,n$,d维空间的线性判别函数为:

$$g(x)=w\cdot x+b \tag{7-3}$$

最优分类面可表示为:

$$w\cdot x+b=0 \tag{7-4}$$

该最优分类面应满足条件如下:

①$f(x_i)=y_i,i=1,2,3,\cdots,n$;

②$2/\|w\|$在所有分类面中达到最优;

③支持向量x满足$f(x)=0$,非支持向量x满足$|f(x)|\geqslant 0$;

根据上述条件我们可把求解二分类的最优分类面转换成求解w、b的凸二次问题,即求:

$$\min_{w,b}\frac{1}{2}\|w\|^2 \tag{7-5}$$

$$y_i[(w\cdot x_i)+b]\geqslant 1,i=1,2,3,\cdots,n \tag{7-6}$$

然而在多数情况下,数据样本并不是线性可分的,即并不完全满足式4-4。此时我们可以在条件$y_i[(w\cdot x_i)+b]\geqslant 1,i=1,2,3,\cdots,n$上增加一个松弛项$\xi_i\geqslant 0$,则公式(7-6)转换为:

$$y_i[(w\cdot x_i)+b]-1+\xi_i\geqslant 0,i=1,2,3,\cdots,n \tag{7-7}$$

将目标改求$\frac{1}{2}\|w\|^2+C(\sum_{i=1}^{n}\xi_i)$最小,其中,C是一个常数,它控制对分错样本惩罚的程度。根据泛函的相关理论,只要一种核函数$K(x_i,y_i)$满足Mercer条件,它就对应某一空间变换的内积,因此,在最优分类面中采用合适的核函数$K(x_i,y_i)$就能实现某一非线性变换后的线性分类。本论文中,支持向量机采用以下三类核函数。

①线性核函数：

$$k(x,x_i)=(x\cdot x_i) \tag{7-8}$$

②多项式核函数：

$$k(x,x_i)=[s(x\cdot x_i)+c]^d \tag{7-9}$$

式中，s,c,d 为参数。

③径向基核函数：

$$k(x,x_i)=\exp(-\gamma\ |x-x_i|^2) \tag{7-10}$$

式中，γ 为参数。

7.4 实验分析

基于构建的车辆行为图像库开展相关实验，该图像库包括200张图片，图像尺寸大小均归一化为512×512像素，包括车辆在车道线内、车辆与斑马线平行重合、车辆碾压车道标线和车辆轴线方向偏转四种车辆行为，每种类型均50张。在样本图像中随机选取80%作为训练样本，余下20%作为测试样本，分别使用HOG特征、LBP特征、EOH特征、HOG-LBP联合特征、HOG-EOH联合特征和EOH-LBP联合特征来表征车辆行为图像，并采用支持向量机进行分类识别。实验基于台湾大学林智仁教授开发的libsvm软件包与matlab平台进行。其中，支持向量机的核函数分别选取线性核函数、多项式核函数和径向基核函数，一共进行100次随机试验，取100次试验的平均结果为最终结果，六种特征提取方法的最终结果见表7-1所示。由表7-1中实验结果可得，三种核函数中，线性核函数的表现相对稳定，优于其他两种核函数；而在特征识别中，基于HOG特征与LBP特征串联的联合特征提取方法优于其他五种方法，可见HOG-LBP联合特征兼顾了图像的纹理和形状信息，使得分类识别的准确率整体提高；在HOG-EOH和EOH-LBP联合特征中，由于EOH特征本身是由HOG特征演化而来，并不具备HOG特征的梯度信息，故整体准确率不如EOH特征。EOH特征的识别率最低，主要原因是EOH特征注重对图像边缘的表达，而车辆图像中的边缘区域整体而言都处于停止线与斑马线的区域，故不同类型之间的边缘差异不大，导致识别效果较低。

六种特征提取实验结果　　表7-1

核函数	特征					
	HOG	LBP	EOH	HOG-LBP	EOH-HOG	EOH-LBP
线性	83.5%	79.8%	73.4%	93.6%	84.4%	87.3%
多项式	79.8%	78.7%	69.6%	87.7%	80.2%	82.3%
径向基	82.1%	77.5%	71.2%	90.1%	82.4%	85.6%

由于在不同的交通信号灯状态下，车辆与道路标线的位置关系会产生不同的车辆行为，因此，在对车辆与道路标线位置类型识别的基础上，需要结合信号灯状态来判定车辆的异常行为。不同信号灯状态下的车辆与道路位置关系所对应的具体行为见表7-2。对于获取的城市交通场景下的原始图像，首先，采用基于HSV颜色空间对其交通信号灯状态进行检测，并在车辆感兴趣区域内采用基于对称特征方法定位车辆区域；其次，扩大车辆检测区域，提

取出车辆与标线位置关系区域图像;然后,对输出区域提取 HOG-LBP 联合特征,并使用支持向量机对其进行分类;最后,根据表 7-2 判定城市交通场景下的车辆行为。对于济宁市洸河路和供销路交叉路口,其三车道均为直行车道(右车道虽然可以右转,但不受交通信号灯约束),并均受交通直行信号灯约束。采用上述方法对 340 张城市交通场景中原始图像的车辆行为进行判定,其结果见表 7-3。由表 7-3 可得,四种车辆行为中车辆闯红灯的判定率最高,正常行为次之,这是因为车辆闯红灯和正常行为与道路标线分别有较明显的位置关系;非法转向行为的判定率最低,这是因为车辆在转向时转向幅度不一,且以与压线行为出现一定程度的混合,从而导致判定率较低。

信号灯状态下车辆具体行为对应关系 表 7-2

车辆正常	车辆压线	车辆闯红灯	非法转向
1. 不同信号灯状态下,车在车道线内,未与车道线和斑马线重合; 2. 绿灯状态下,车辆越过斑马线直行	不同信号灯状态下,车辆与车道线相压	红灯状态下,车辆越过停止线与斑马线重合	绿灯状态下,车辆轴线方向偏转,且与车道线重合

四种车辆行为判定准确率 表 7-3

行为类型	正常	压线	闯红灯	非法转向
准确率	91.30%	85.46%	92.52%	82.70%

7.5 小　　结

本章开展了基于联合特征的智慧交通场景中车辆异常行为的识别方法研究。首先,构建了东南大学城市交通场景中车辆行为图像库;其次,提出了一种基于联合特征的城市交通场景中车辆异常行为检测方法,该方法基于梯度方向直方图(Histograms of Oriented Gradient,HOG)特征和局部二值模式(Local Binary Pattern,LBP)特征的串联联合,并采用支持向量机(SVM)进行自动分类;最后,采用东南大学城市交通场景中车辆行为图像库进行了对比实验,实验结果表明:在选取线性核函数的条件下,基于 HOG-LBP 的联合特征的车辆行为识别优于其他三种单特征,其识别率达到 93.6%;车辆异常行为中闯红灯行为判定率最高,非法转向行为最低。

本章参考文献

[1] Datal N, Triggs B. Histograms of Oriented Gradients for Human Detection: IEEE Computer Society Conference on Computer Vision and Pattern Recognition[C]. NYC: IEEE Press, 2005.

[2] Zhu Q, Yeh M C, Cheng K T, et al. Fast human detection using a cascade of histograms of oriented gradients: IEEE Computer Society Conference on Computer Vision and Pattern Recognition[C]. NYC: IEEE Press, 2006.

[3] Suruliand A, Meena K. Local binary pattern and its variants for face recognition. IET Computer Vision[J], 2012, 6(5): 480-488.

[4] Yang Y,Wang Z,Sun D,et al. Automatic Object Tracking Using Edge Orientation Histogram Based Camshift:International Conference on Information and Computing[C]. NYC:IEEE Press,2010.

[5] 韩宏,杨静宇. 神经网络分类器的组合[J]. 计算机研究与发展,2000,37(12):1488-1492.

[6] 杨先风,杨燕. 一种基于 HOG-LBP 的高效车辆检测方法[J]. 计算机工程,2014,40(9):210-214.

[7] Liu P,Jia K,Wang Z. A New Image Retrieval Method Based onCombined Features and Feature Statistic:Congress on Image and Signal Processing[C]. NYC:IEEE Press,2008.

[8] 郭顺超. 基于特征联合和偏最小二乘降维的手势识别[D]. 秦皇岛:燕山大学,2012.

[9] P. Zhang,T. D. Bui,C. Y. Suen. A Novel Cascade Ensemble Classifier System with A High Recognition Performance on Handwritten Digits[J]. Pattern Recognition,2007,40(12):3415-3429.

[10] 丁世飞,齐丙娟,谭红艳. 支持向量机理论与算法研究综述[J]. 电子科技大学学报,2011,40(1):2-10.

[11] Osuna E,Freund R,Girosit F. Training support vector machines:an application to face detection:IEEE Computer Society Conference on Computer Vision and Pattern Recognition[C]. NYC:IEEE Press,1997.